Frank Dammasch/Dieter Katzenbach/Jessica Ruth

Triangulierung

Seit den 1970er Jahren wird im Konzept der Triangulierung die Notwendigkeit des Zusammenwirkens von Mutter und Vater für die kindliche Entwicklung diskutiert. Der emotionale Abstimmungs- und Anerkennungsprozess in der familialen Triade gilt seitdem als Basis für einen gesunden psychischen Strukturaufbau.

In der Moderne werden die Bedeutung des Vaters und das väterliche Prinzip – trotz der feuilletonistisch verkündeten neuen Väterlichkeit – allerdings zunehmend an den Rand gedrängt. Damit stellt sich die Frage, wie die Rolle des Dritten auch durch pädagogische oder psychotherapeutische Institutionen übernommen werden kann. In neun Beiträgen widmen sich die Autoren aus entwicklungspsychologischer, pädagogischer und psychoanalytischer Forschungs- und Handlungsperspektive der Bedeutung der Triangulierung für die Subjektentwicklung. Neue Perspektiven für Ausbildung, Lehre und Forschung werden eröffnet.

Die Herausgeber:

Frank Dammasch, Prof. Dr., analytischer Kinder- und Jugendlichen-Psychotherapeut in eigener Praxis, lehrt und forscht an der Fachhochschule Frankfurt, Fachbereich Soziale Arbeit und Gesundheit, Kontrollanalytiker am Institut für Analytische Kinder- und Jugendlichen-Psychotherapie in Hessen. Veröffentlichungen als Herausgeber bei Brandes & Apsel: *Lernen und Lernstörungen bei Kindern und Jugendlichen* (2004), *Die Bedeutung des Vaters* (2006), *Jungen in der Krise* (2008).

Dieter Katzenbach, Prof. Dr., lehrt an der Johann Wolfgang Goethe-Universität Frankfurt a. M. am Institut für Sonderpädagogik, Veröffentlichungen bei Brandes & Apsel: *Lernen und Lernstörungen bei Kindern und Jugendlichen* (Hrsg.) (2004).

Jessica Ruth, Diplom-Pädagogin, wissenschaftliche Mitarbeiterin an der Johann Wolfgang Goethe-Universität Frankfurt a. M., mehrjährige Tätigkeit an Förderschulen.

Frank Dammasch/Dieter Katzenbach/
Jessica Ruth

Triangulierung

Lernen, Denken und Handeln aus psychoanalytischer und pädagogischer Sicht

Mit Beiträgen von Frank Dammasch,
Wilfried Datler, Tamara Fischmann,
Nina Hover-Reisner, Dieter Katzenbach,
Heinz Krebs, Luise Läzer,
Marianne Leuzinger-Bohleber, Walter Lotz,
Bernd Niedergesäß, Tomas Plänkers,
Jessica Ruth, Inken Seifert-Karb,
Kornelia Steinhardt, Kathrin Trunkenpolz

Brandes & Apsel

Sie finden unser Gesamtverzeichnis mit aktuellen Informationen
im Internet unter: www.brandes-apsel-verlag.de
Wenn Sie unser Gesamtverzeichnis in gedruckter Form wünschen,
senden Sie uns eine E-Mail an: info@brandes-apsel-verlag.de
oder eine Postkarte an:
Brandes & Apsel Verlag, Scheidswaldstr. 22, 60385 Frankfurt a. M., Germany

1. Auflage 2008

Korrektorat: Caroline Ebinger, Brandes & Apsel Verlag, Frankfurt am Main
Umschlag und DTP: Franziska Gumprecht, Brandes & Apsel Verlag, Frankfurt am Main, unter Verwendung von: August Macke, Leute am blauen See, 1913
Druck: Impress, d.d., Printed in Slovenia
Gedruckt auf säurefreiem, alterungsbeständigem und chlorfrei gebleichtem Papier.

Bibliografische Information Der Deutschen Nationalbibliothek:
Die Deutsche Nationalbibliothek verzeichnet diese Publikation in der Deutschen Nationalbibliografie; detaillierte bibliografische Daten sind im Internet über http://dnb.ddb.de abrufbar.

ISBN 978-3-86099-873-1

Inhalt

Frank Dammasch/Dieter Katzenbach/Jessica Ruth

Einleitung

Jahrzehntelang wurden die frühen kindlichen Lern- und Entwicklungsprozesse des Kindes beinahe ausschließlich im Kontext der Mutter-Kind-Beziehung betrachtet. In der Entwicklungspsychologie und Pädagogik allgemein und in der Selbstpsychologie, der Bindungs- und Mentalisierungstheorie im Besonderen sieht man bis heute die zuverlässige und einfühlsame Fürsorge der Mutter in den ersten Lebensjahren als Voraussetzung eines gesunden Wachstums an. Die Bedeutungsaufladung der frühen Dyade hat zur negativen Folge, dass dem mütterlichen Beziehungshandeln alleinige Verursachungsschuld bei eventuellen Entwicklungsstörungen aufgebürdet wird. Die Bedeutung des Vaters wird ebenso wie die Bedeutung der elterlichen Paarbeziehung vernachlässigt. Dabei begann die Psychoanalyse schon in den 70er Jahren zögerlich damit, sich der Bedeutung des präödipalen Vaters zu widmen. Abelin entwickelte das Konzept der frühen Triangulierung, das zum ersten Mal systematisch dem väterlichen Dritten und dem elterlichen Paar im Rahmen des Separationsprozesses von der Mutter eine strukturbildende Funktion beimisst.

Die Bedeutung des Konzepts und seine vielfältigen Anwendungsmöglichkeiten werden erst Ende der 90er Jahre vom Mainstream der Psychoanalyse entdeckt. Seitdem wird das Konzept der Triangulierung in unterschiedlichen Kontexten benutzt, wird zwischenzeitlich zur Leitwährung der Psychoanalyse. Die Psychoanalyse wird zur Drei-Personen-Psychologie. Dies hat allerdings zur Folge, dass es bisweilen zu begrifflichen Unschärfen kommt. Der verständliche Wunsch, die Vielfältigkeit der Begriffsverwendung durch eine generalisierbare Klarheit abzulösen, scheint so verständlich wie uneinlösbar. Dies liegt unserer Meinung nach auch darin begründet, dass der Begriff in unterschiedlichen Kontexten und zur Beschreibung verschiedener Phänomene benutzt wird.

- Für die klinische Psychoanalyse ist Triangulierung immer mit der Bedeutung eines abwesenden Dritten verbunden. Als psychisches Drittes, als innere Repräsentanz bleibt das Dritte abstrakt und unsichtbar. Die rekonstruierende Einzelfallforschung im psychoanalytisch-klinischem Rahmen benutzt den Begriff »trianguliert« einerseits diagnostisch in Abgrenzung zum Dyadisch-symbiotischen zur Beschreibung der inneren Struktur eines Patienten, andererseits aber auch zur Konzeptualisierung des psychoanalytischen Prozesses. Der Analytiker deutet aus einer dritten Position heraus, die sich sowohl auf die Funktion des Analytikers für den Patienten beziehen kann als auch auf die innere Reflexionskompetenz des Analytikers selbst. Andere sehen die psychoanalytische Zweiersituation als einen Ort, an dem das psychische Dritte in einem gemeinsamen Schöpfungsakt erschaffen wird.

- Im supervisorischen Rahmen wird gemeinhin der Supervisor als der trennende, beobachtende und reflektierende Dritte verstanden, der dem mit seinem Klienten dyadisch verstrickten Supervisanden triangulierend dabei hilft, wieder in eine dritte verstehende Position zu gelangen.
- In der empirischen Entwicklungsforschung wird der Begriff Triade oder Triangulierung häufig bei der Beschreibung von sichtbaren Interaktionen eines Kindes mit zwei anwesenden Personen verwendet, um sie von sichtbaren Interaktionen zweier Personen abzugrenzen.

Erschwert wird die eindeutige Klärung auch dadurch, dass der Begriff Triangulierung sich in permanenter Modifikation befindet und auch immer wieder neu seinen Wert in Abgrenzung zu anderen Konzepten, z. B. der aktuellen Mentalisierungstheorie, neu bewähren muss.

Das Schicksal der vielfältigen und bisweilen unscharfen Verwendung teilt die Triangulierung mit dem psychoanalytischen Basisbegriff »Objekt«. Die Schärfe beider Begriffe leidet darunter, dass sie Phänomene erfassen wollen, die im Spannungsfeld zwischen beobachtbaren äußeren Beziehungsereignissen und unsichtbaren inneren Beziehungserlebnissen angesiedelt sind. Da die innere Welt der Objekte nicht direkt beobachtbar ist, besteht auch bei Psychoanalytikern häufig die Angewohnheit, das sichtbare Beziehungsverhalten allzu selbstverständlich als Ausdruck von inneren Beziehungsmustern zu nehmen. Da die unbewusste Erlebniswelt des Subjekts sich positivistischer Messmethodik per definitionem entzieht, ist man auf tiefenhermeneutisches Verstehen im Wechselspiel von Konstruktion und Rekonstruktion angewiesen. Dabei werden die Erkenntniswege bisweilen pragmatisch abgekürzt und aus dem sichtbaren Äußeren zu schnell auf das unsichtbare Innere geschlossen. Tatsächlich ist aber die Entwicklung einer Methode zur Erfassung der inneren Erlebniswelt, die dem Ideal positivistischer Objektivität nahe kommt, ein unmögliches Unterfangen.

Wie die anderen Forscher, die im Buch ihre Projekte vorstellen, sind auch wir in unserem langjährigen Forschungsprojekt über den Zusammenhang von Triangulierungskompetenz und Lernfähigkeit immer wieder von neuem mit der Frage konfrontiert gewesen, wie man die Triangulierungskompetenz eines Kindes methodisch sauber herausarbeiten kann. Die Mehrdimensionalität (projektiver Bildertest, kognitionspsychologischer Test, biografischer Fragebogen) unter Einbeziehung der Gegenübertragungsdynamik in der Forscher-Beforschten-Beziehung ist für uns die Methode der Wahl geworden. Die Gefahr subjektivistischer Verzerrungen, die jedem hermeneutischen Verfahren inhärent ist, hoffen wir durch die Reflexion in der Forschungsgruppe zu minimieren.

Jenseits der Methodenreflexion bleibt aber die Annäherung an eine Begriffsklärung bedeutsam. Grob können wir zwei Aspekte unterscheiden:

1. Aus entwicklungspsychologischer Perspektive stellt die Triangulierung einen Prozess dar, in dem die Erfahrungen des kleinen Kindes mit der Mutter alleine, mit dem Vater alleine und mit Mutter und Vater als Paar verinnerlicht werden und als innere Objektrepräsentanzen die intrapsychische Struktur des Kindes bestimmen.

Er verdankt seine Herkunft den Beobachtungsstudien Margaret Mahlers, die den zentralen Entwicklungsschritt des Kindes in seinem Weg von der Symbiose zur Individuation sieht. Die psychische Bearbeitung dieser frühen Trennung stellt den Dreh- und Angelpunkt der menschlichen Subjektwerdung dar. Ein Mitarbeiter Mahlers, Ernst Abelin, erkannte, dass die Beziehung zum Vater und die Beziehung des Vaters zur Mutter mit der Fähigkeit des 18 Monate alten Kindes, die Erfahrungen mit den äußeren Bezugspersonen innerlich zu repräsentieren, ein wichtiges Medium ist, um den Loslösungsprozess zu bewältigen. Die von der Außenwelt und der Innenwelt an das Ich des Kindes herangetragene Notwendigkeit, einen inneren Gleichgewichtszustand aufzugeben, führt zu Angstgefühlen. Diese Angstgefühle führen nur progressiv zur Etablierung eines neuen Gleichgewichtszustandes, wenn das kindliche Ich nicht allein gelassen wird. Im familialen Beziehungsgeschehen kommt hier der Vater ins Spiel, der als personales Übergangsobjekt und Hilfs-Ich die notwendige Trennung von der Mutter moderieren und das narzisstische Gleichgewicht auf neuem trianguliertem Niveau wieder herstellen kann. Sichert der Vater als familialer Dritter in Verbindung mit dem Übergangsobjekt (Winnicott) einerseits die Brücke zur außermütterlichen Welt der Kultur, so konfrontiert er andererseits durch seine Beziehung zur Mutter das Kind immer wieder mit dem Gefühl des Ausgeschlossenseins. Diese doppelte Funktion des Vaters macht ihn zum geliebten und gehassten Objekt. Die Triangulierung stellt einen progressiven Schritt bei der Subjektentwicklung dar, wird aber immer von der regressiven Tendenz zur Rückkehr in die Dyade begleitet.

2. Aus struktureller Perspektive ist die Triangulierungskompetenz verwandt mit der Reflexionskompetenz und der Mentalisierung, bezieht sie sich doch auf die intrapsychische Fähigkeit, aus einer dritten Position heraus auf sich selbst in Beziehung zum anderen zu schauen. Die Fähigkeit zur Selbst- und Fremdreflexion basiert sowohl auf der Theorie des Mentalen – der gesicherten Erkenntnis, dass der andere ein denkendes und fühlendes motivationales Wesen ist – als auch auf der Fähigkeit, innerlich einen Perspektivenwechsel vornehmen zu können, sich also mit dem eigenen Selbst und dem Objekt wechselseitig identifizieren zu können. Unserer Meinung nach beinhalten die Reflexions- und Triangulierungskompetenz miteinander verbundene kognitive und emotionale Anteile, die in frühen Beziehungserfahrungen wurzeln. Insofern sind die strukturelle und die entwicklungspsychologische Perspektive miteinander verbunden und stellen nur zwei Seiten einer Medaille dar.

Im vorliegenden Buch wird die Theorie der Triangulierung sowohl in klinisch-psychoanalytischen als auch in pädagogischen Handlungsfeldern angewendet. Alle Beiträge sind von Forschern geschrieben, auf deren jeweiligen Untersuchungsfeldern sich sowohl der strukturelle wie der entwicklungspsychologische Aspekt der Triangulierung als außerordentlich fruchtbar bei der Konzeptualisierung der eigenen Beobachtungen und Ergebnisse erwiesen haben. Der Band bestätigt damit zugleich die Breite der Anwendungsmöglichkeiten und die beschriebene Notwendigkeit der weiteren begrifflich-theoretischen Schärfung des Konzepts der Triangulierung.

Teil I

Theoretische und begriffliche Grundlagen

Frank Dammasch

Triangulierung und Geschlecht

Das Vaterbild in der Psychoanalyse und die Entwicklung des Jungen

Einleitung

Im Konzept der Triangulierung nimmt der Vater als familialer Dritter eine besondere Bedeutung ein. Nachdem Anfang des letzten Jahrhunderts die Psychoanalyse durch Freud dem Vater in der Entwicklung des Kindes als ödipalem Dritten Bedeutungshoheit zubilligte, verschwand er nach dem Zweiten Weltkrieg und der massiven Verunglimpfung alles Väterlichen durch den Nationalsozialismus in der wissenschaftlichen Versenkung. Er wurde durch die Bedeutungsaufladung der frühen Mutter und der Brust in den Hintergrund gedrängt. Erst Ende des letzten Jahrhunderts ist eine zögerliche Renaissance der Vaterbedeutung in der Entwicklungspsychologie zu beobachten. Vor allem in Amerika, wo Familienverhältnisse weit mehr als in Europa durch reale Vaterlosigkeit gekennzeichnet sind, wird dem Vater wieder eine wachsende Rolle im Sozialisationsprozess zugesprochen. Demgegenüber ist festzustellen, dass die ersten schüchternen psychoanalytischen Versuche, Anfang der 70er Jahre den präödipalen Vater in Gestalt des Konzepts der sogenannten »frühen Triangulierung« in den entwicklungspsychologischen Diskurs einzubeziehen, sich vergleichsweise mager in der psychoanalytischen Entwicklungstheorie und Krankheitslehre niedergeschlagen haben. Die an der Mutter-Kind-Dyade orientierte Psychologie des Selbst, die Bindungstheorie wie auch aktuell die Mentalisierungstheorie sind nach wie vor die Leitwährungen psychoanalytischer Theoriebildung. Nicht nur der Vater als familiäre Bezugsperson, sondern das Männliche – also die Bedeutung des Geschlechts – insgesamt werden auffallend aus der Konzeptdebatte über die frühe Kindesentwicklung und deren Störungen herausgehalten. Während in der Sozialisationstheorie das Geschlecht eine wesentliche Formungskategorie darstellt, gibt die Psychoanalyse dem männlichen Geschlecht – von Ausnahmen abgesehen – erst mit der ödipalen Phase eine strukturbildende Bedeutung. Der vor allem durch die

Mentalisierungs- und Bindungstheorie geförderte Trend, die Entwicklung geschlechtsunabhängig im Spiegel der Mutter zu konzeptualisieren, beeinflusst auch die Vorstellungen von den Ursachen kindlicher Pathologien. So wird beispielsweise das Störungsbild ADHS erstaunlicherweise im Wesentlichen auf der Folie früher Regulationsstörungen zwischen Mutter und Kind und nicht auf der Folie Mutter, Sohn und Vater diskutiert, obwohl es etwa 80% männliche Kinder betrifft und in Kinderpsychiatrien beobachtet wurde, dass bei etwa 70% der Fälle der Vater fehlte (vgl. Klitzing 2008).

Das Konzept der Triangulierung zumindest im Zusammenhang mit der Bedeutung des männlichen Dritten scheint in Gefahr, im klinischen und metatheoretischen Diskurs wieder verloren zu gehen. Vor allem das Männliche – das Phallische – gerät in Verruf und wird gerne konstruktivistisch in eine strukturelle, entkörperlichte Dimension aufgelöst. Wird *das* strukturelle Dritte als geschlechtsneutrales Abstraktum zwar inzwischen befruchtend für die Konzeptualisierung des Verstehensprozesses in der psychoanalytischen und supervisorischen Situation anerkannt, so ist *der* Dritte als geschlechtsdifferenzierende Repräsentanz von Männlichkeit in Gefahr, in der Bedeutungslosigkeit zu verschwinden. Dies berührt ganz entwicklungspraktisch vor allem die Entwicklung des Jungen. In der Moderne hat es der männliche Dritte in Familie und Entwicklungsforschung schwer, nachhaltig anerkannt zu werden.[1] Jungen haben es zunehmend schwerer, in Zeiten phallischer Desorientierung der anwesenden oder abwesenden Väter bei gleichzeitiger weiblicher Gestaltungsdominanz in der Frühsozialisation innerhalb und außerhalb der Familie eine reife männliche Geschlechtsidentität zu entwickeln und die Bildungsanforderungen der Moderne zu erfüllen (vgl. Dammasch 2008a).

Einige sich verbreitende Symptome wie z. B. die Ruhelosigkeit, schulische Leistungsschwäche oder das »Verschwinden« in der virtuellen Welt des Computers können auch als Zeichen fehlender Spiel-, Lern-, und Anerkennungsräume für das spezifisch Jungenhafte verstanden werden.

Die Anerkennung durch den männlichen Dritten hat im Prozess der frühen

---

1 Insgesamt sind die Psychotherapie und die Psychoanalyse nicht nur konzeptionell, sondern auch konkret personell dabei, zu verweiblichen. Nach jüngsten Erhebungen der Psychotherapeutenkammern sind 80% aller Ausbildungskandidaten der Psychotherapie Frauen. Eine weibliche Dominanz, die man bisher nur in der Kinder- und Jugendlichen-Psychotherapie kannte, die allerdings als solches noch nichts über die Anerkennung oder Nicht-Anerkennung des Männlich-Phallischen aussagt.

Triangulierung für den Jungen nicht alleine eine strukturell mentalisierende Bedeutung, sondern betrifft fundamental – anders als beim Mädchen – auch die Entwicklung seiner Geschlechtsidentität.

Dieser Aspekt wird aktuell in den Modifikationen der Triangulierungstheorie wenig beachtet, gilt in Zeiten des strukturalistischen und konstruktivistischen Denkens gar als unmodern. Und auch unsere Forschungsbemühungen, den Zusammenhang zwischen Triangulierungskompetenz und Lernfähigkeit (Katzenbach und Ruth in diesem Band) herauszuarbeiten, müssen im Weiteren noch um die Geschlechtsspezifität erweitert werden. Mein Beitrag kann nur erste Gedankenlinien zum Zusammenhang von Triangulierung und männlicher Identitätsbildung zeichnen. Dazu werde ich im ersten Abschnitt zur Einordnung chronologisch die Entwicklung des Triangulierungskonzepts anhand des Vaterbildes in der psychoanalytischen Theorie nachzeichnen und im zweiten Teil den Entwurf einer Synthese psychoanalytischer Triangulierungskonzepte grafisch darstellen. Im dritten Teil werden dann Gedanken zum Zusammenhang von männlicher Entwicklung und Triangulierung entfaltet.

Geschichte der psychoanalytischen Triangulierungsmodelle

Wir können grob vier Dimensionen des Vaterbildes der Theorieentwicklung unterscheiden, die mein Konzept des Triangulierungsprozesses beeinflussen:

- der begrenzend ödipale Vater des kulturellen Gesetzes,
- der befreiend präödipale Vater der frühen Triangulierung,
- der symbolische Vater des Inzesttabus,
- der frühe Vater als gleichberechtigter Dritter des Systems Familie.

Das ödipale Dreieck und das väterliche Gesetz

Zu Freuds Zeiten war die Familienwelt noch übersichtlich, aber nicht immer in Ordnung. Der Vater als Patriarch vertrat die kulturelle Normen- und Werteordnung, die auch von den Frauen in der bürgerlichen Familie an die Kinder weitergegeben wurde. In Abwesenheit des Familienvaters wurde das Gesetz der Kultur auch durch die Mutter vertreten. Im Rahmen der patriarchalen Gattenfamilie waren die gesicherte Generationendifferenz wie die Geschlechterdifferenz der strukturbildende Rahmen für die kindliche Entwicklung. Die

Strenge der allgemein gültigen bürgerlichen Moral kam allerdings in Konflikt mit den individuellen Triebbedürfnissen des Individuums. Sigmund Freud war es, der dem subjektiven Leiden unter den gesellschaftlichen Verhältnissen einen wissenschaftlichen Namen gab und die psychischen Brüche der bürgerlichen Sozialisation aufdeckte. Freud zeigte detailliert in seinen Falldarstellungen, dass das menschliche Sein sowohl im Konflikt zwischen biologischen und sozialen Determinanten steht, als auch zwischen bewussten und unbewussten psychischen Kräften changiert. Im Zentrum der Entwicklung steht für Freud die reale oder phantasierte aggressive Auseinandersetzung des Kindes mit dem Vater als Vertreter des Inzesttabus. Freud konzeptualisiert den Vater in drei Kontexten:

- Der phylogenetisch-mythische Vater der Urhorde, der im Alleinbesitz der Mutter ist, grausam seine Söhne beherrscht und dafür von ihnen ermordet wird.
- Der reale Vater der Familie, der dem Sohn für seinen sexuellen Liebeswunsch und Besitzanspruch der Mutter gegenüber mit Kastration droht.
- Das väterliche Gesetz, das die Wiedervereinigung mit der Mutter, die Rückkehr in den Mutterleib für immer zum Tabu erklärt.

Während die Söhne den Vater der Urhorde, den Vater der Familie und den Vater des kulturellen Gesetzes hassten, weil er ihnen die Rückkehr ins Innere der Mutter verweigerte, waren die Töchter ihm liebevoll-idealisierend zugewandt. Wenn bei der bürgerlich eingezwängten Sexualmoral das erotische Begehren der Tochter zu leidenschaftlich wurde, musste es abgewehrt werden, was zu den schillernd heftigen Symptomen der Hysterie führte.

Bereits im Oktober 1897 erkennt Sigmund Freud, dass der Beseitigungswunsch gegen den Vater ein allgemein männlich-menschlicher Impuls in der familialen Triade ist. Er schreibt in einem Brief an seinen damaligen Freund Wilhelm Fließ, in dem er en passant die Methode der Selbstreflexion als ein wissenschaftlich relevantes Forschungsinstrument einführt:

»Ich habe die Verliebtheit in die Mutter und die Eifersucht gegen den Vater auch bei mir gefunden und halte sie jetzt für ein allgemeines Ereignis früher Kindheit.« (1897: 293)

Die ödipale Auseinandersetzung mit dem stets wechselhaften Bild des Vaters als gefürchteter Kastrator und als bewunderte gottähnliche Gestalt gehörte von da an in seiner Selbstanalyse wie in seinen Schriften zum Zentrum seines

Denkens. Ihren theoretischen Niederschlag findet die ödipale Triade im Strukturmodell ES, ICH und ÜBER-ICH. Das ÜBER-ICH beinhaltet die Normen und Werte der Kultur, die durch die Interaktionserfahrungen mit dem Vater ihren Niederschlag in der Persönlichkeitsstruktur finden.

In seinem wissenschaftlichen Mythos der Urhorde beschreibt Freud, wie der grausame Urvater, der den Alleinbesitz der Mutter für sich beansprucht, von seinen Söhnen – der Bruderhorde – schließlich getötet wird. Freud konstatiert, dass der Mord am Vater durch eine Mischung aus nachträglichem Schuldgefühl und verdrängter präödipal libidinöser Bindung die Sehnsucht des Sohnes nach einem starken Vaterideal aktiviert und damit das Über-Ich/Ich-Ideal konstituiert. Der Mord steigert die intrapsychische Bedeutung des Abwesenden:

»Der Tote wurde nun stärker, als der Lebende gewesen war.« (Freud 1913: 173)

Im Freudschen Konzept ist der Vater vornehmlich der Vertreter der Realität, der der gewünschten sexuellen Vereinigung mit der Mutter ein machtvolles Nein entgegenhält. Er bedroht dadurch potenziell den Jungen für seinen Inzestwunsch und den Todeswunsch gegen den Vater mit der Bestrafung durch Kastration. Über dessen schließliche Identifikation mit dem Vater überwindet der kleine Junge den Ödipuskonflikt und bildet ein stabil strukturiertes Ich, unterstützt von den verinnerlichten väterlichen Geboten, die schließlich nach der *Zertrümmerung* des Ödipuskomplexes das Über-Ich bilden.

Die ödipale Triangulierung wurde von Freud wesentlich auf das männliche Geschlecht und seine Auseinandersetzung mit dem Vater bezogen. Die weibliche ödipale Triangulierung konzeptualisiert Freud ganz anders. Für das Mädchen ist der Vater im Besitz des wertvollen Penis, den es sich nach der Wahrnehmung der eigenen Kastration wünscht. Die Feindseligkeit gegenüber der präödipalen Mutter ist der Motor für den Wechsel zum Vater. Vier bedeutende Quellen der Feindschaft, die aus der ursprünglich starken Liebe zur Mutter der präödipalen Zeit entspringen, in der der Vater nur als »lästiger Rivale« wahrgenommen wird, markiert Freud (1933):

Erstens: die Gier des Kindes, das das Entziehen der mütterlichen Brust im Abstillen als einen Liebesentzug wertet.

Zweitens: die Entthronung durch ein weiteres Geschwister.

Drittens: das Verbot der lustvollen Betätigung am Genitale.

Die vierte Quelle der Feindschaft ist als spezifisch für die weibliche Entwicklung anzusehen: Die Mutter zeigt durch ihre Weigerung, das Mädchen mit dem begehrten Penis auszustatten, ihre mangelnde Zuneigung. Deshalb wendet es sich mit Defizienz- und Schamgefühlen auf der Suche nach einem neuen Liebesobjekt dem Vater zu. Das kleine Mädchen hofft, dass der idealisierte Vater sie durch seine Liebe und ein Baby längs der vorgezeichneten »Gleichung Penis=Kind« (Freud) für den Mangel des Penis entschädigen wird.

Freuds Überlegungen zum ödipalen Konflikt des Mädchens wurden innerhalb und außerhalb der Psychoanalyse ausgiebig als phallischer Monismus kritisiert, aber auch modifiziert. Benjamin (1992) sieht die Vorzüge des ödipalen Vaters vor allem in der Möglichkeit des Mädchens, durch die Identifizierung mit der Differenz – der Männlichkeit – sich von der Mutter lösen zu können. Ogden (1995) bezweifelt gegen Freud, dass die Identifizierung mit der Defizienz zu einem gesunden ödipalen Objektwechsel zum Vater führen kann. Er geht davon aus, dass das Mädchen zunächst den Vater im Inneren der Mutter findet, der einen Übergang zum ödipalen Vater der Realität darstellt. Die ödipale Triangulierung der Mutter und deren Angebot an die Tochter, den inneren Vater in ihr libidinös zu besetzen, bildet die Folie, auf der ein gesunder heterosexueller Objektwechsel möglich wird.

Freud hat die ödipale Triangulierung zum Kern der Subjektentwicklung ernannt. Der Vater als Mann und Vertreter des kulturellen Gesetzes hat die zentrale Funktion bei der Über-Ich- und Ich-Ideal-Bildung des Sohnes ebenso wie bei der Entwicklung des libidinös besetzten Kinderwunsches bei der Tochter.

Der präödipale Vater der frühen Triangulierung

Nach dem Tode des ödipalen Denkers Freud rückt die präödipale Entwicklung des Kindes und die Fokussierung auf die frühe Mutter-Kind-Dyade ins Zentrum der Theorieentwicklung. Der Vater und die Bedeutung der Triade verschwinden aus dem entwicklungstheoretischen Diskurs. Die Selbstpsychologie und die Bindungstheorie fokussieren auf die Bedeutung mütterlicher Einfühlungsfähigkeit. Dorothy Burlingham beklagt den Umstand, »dass für die analytischen Autoren in Bezug auf die ersten Lebensjahre die Bedeutung der Mutter die des Vaters weit überragt« (1973 [dt. 1980]: 257). Peter Neubauer (1986) kritisiert die verbreitete Annahme, die orale und anale Phase sei nur durch eine Eins-zu-Eins-Beziehung des Kindes zur Mutter gekennzeichnet, als einen auf genetischen Rekonstruktionen beruhenden *klinischen Reduktionismus*.

Eine erste Ergänzung der rein dyadischen Konzeption präödipaler Entwicklung formuliert Loewald:

> Der Bedrohung durch den verschlingenden überwältigenden Leib der Mutter steht das Veto des Vaters gegen die libidinöse Beziehung zur Mutter gegenüber. Angesichts der Bedrohung, von der Mutter verschlungen zu werden, stellt die väterliche Position keine neue Bedrohung oder Gefahr dar, sondern eine große Stütze. [...] Die ursprüngliche, undifferenzierte und unstrukturierte Einheit und Identität von psychischem Apparat und Umgebung stellt für das Ich ebenso sehr eine Gefahr dar wie die Forderung der väterlichen Kastrationsdrohung, die Einheit ganz aufzugeben. Der drohenden Möglichkeit, in der strukturlosen Einheit, aus der heraus sich das Ich entwickelte, zu verbleiben oder wieder in ihr zu versinken, steht die kraftvolle Stärke des Vaters entgegen. Mit dieser Kraft wird eine frühe Identifikation versucht, eine Identifikation, die dem Ödipuskonflikt vorausgeht und ihn vorbereitet. (1951 [dt.1982]: 780)

Die Entwicklungspsychologin Mahler sieht die Funktion des Vaters ähnlich:

> Der Vater ist eine mächtige und notwendige Unterstützung gegen die Bedrohung der Wiederverschlingung des Ichs durch den Strudel des primären undifferenzierten Zustandes. (Mahler/Gosliner 1955: 209f.; eigene Übersetzung)

Während die innere Mutterrepräsentanz durch frühe unbewusste Wünsche und Enttäuschungen verzerrt wird, entspricht das Vaterbild ihrer Meinung nach eher der Repräsentation realer Vatererfahrungen, denn der Vater kommt zum Kind von außen, vom *outer space* als »etwas Glänzend neues und Aufregendes, genau zu der Zeit, wenn das Kleinkind das brennende Bedürfnis nach Expansion hat« (Mahler 1966, zit. nach Abelin 1971: 232; eigene Übersetzung).

So wird der Vater im Erleben des kleinen Kindes zum *Ritter in der glänzenden Rüstung* und manchmal auch zum *Retter vor der bösen Mutter*.

Ernst L. Abelin (1971, 1975), ein Mitarbeiter Mahlers, versucht die Bedeutung des Vaters für die innere Strukturbildung im Bezugsrahmen von Mahlers Individuationskonzept mit Bezug auf Piaget systematisch zu fassen in dem Mechanismus der *frühen Triangulierung*. Die frühe Triangulierung beinhaltet den Prozess, durch den die Spiegelerfahrungen des Kindes mit Mutter und Vater im Rahmen der Wiederannäherungsphase allmählich zu inneren Imagines werden. Die Selbstrepräsentanzen des Kleinkindes, die sich bisher aus den dyadischen Spiegelungen von Mutter oder Vater gebildet haben, entwickeln sich etwa ab dem 18. Lebensmonat im Spiegel der Beziehung von Mutter und

Vater als Paar. Jetzt erfährt das Kleinkind, dass Mutter und Vater in irgendeiner Weise verbunden sind. Es nimmt sich erstmals als ausgeschlossen aus der elterlichen Paarbeziehung wahr. Zur Überwindung dieses Ausgeschlossenheitsgefühls aus der Urszene ist das Selbst des Kindes gezwungen, sich mit dem Dritten zu identifizieren. In der Identifizierung mit dem Dritten kann es sich wieder mit der Mutter vereint fühlen und das Ausgeschlossenheitsgefühl symbolisch überwinden. Abelin betrachtet dies als kopernikanische Wende der Selbstentwicklung:

> Es muß hier ein Ich geben, das nach ihr verlangt, so wie er dort.« In der stereoskopischen Doppelspiegelung durch seine Eltern erlebt das Kind also zum ersten Mal sich selbst. Aus der unbewußten Imitation des symbiotischen Objekts entstehen zugleich der Wunsch nach dem Objekt und die Entdeckung des Selbst. (Abelin 1975 [dt. 1985]: 205)

Durch die frühe Triangulierung lernt das Kleinkind, die Perspektive eines anderen einzunehmen und gleichzeitig es selbst zu bleiben. Neben der Fähigkeit, den Dritten in der Beziehung zum Zweiten wahrzunehmen, wächst die Kompetenz, sich zu identifizieren und so auch die Rolle des Beobachters einer Beziehung einzunehmen. Die Fähigkeit, eigenen Interaktionen gegenüber eine Beobachtungsperspektive einnehmen zu können, stellt einen Kern der frühen Triangulierung und der Reflexionskompetenz dar. Sowohl die Fähigkeit zur Neutralisierung aggressiver und libidinöser Impulse in den Objektbeziehungen als auch das Selbstbild und die Besetzung abstrakter Denkprozesse werden durch diesen Prozess beeinflusst.

Der symbolische Dritte des französischen Strukturalismus

Jacques Lacan stellt die Funktion des Vaters als Symbol des Gesetzes, das die Trennung von der Mutter beinhaltet, ins Zentrum seines Persönlichkeitskonzepts. Er geht davon aus, dass der Vater zunächst irgendwo im Unbewussten der Mutter als Signifikant des Phallus präsent sein muss, bevor er in der späteren Entwicklung als realer Vater Bedeutung erlangt. Das Begehren der Mutter dem Vater gegenüber bildet die Basis für den notwendigen Mangel, die symbolische Kastration, mit der das Kind konfrontiert wird, das den Desillusionierungsprozess begleitet und die Konstitutionsbedingung des Menschen als Subjekt beinhaltet. Für Lacan ist der Vater zunächst der symbolische Vater-im-Namen, den ihm die Mutter verleiht:

> Nachdrücklich betonen wollen wir aber, daß man sich nicht nur darum kümmern sollte, wie die Mutter sich mit der Person des Vaters abfindet, sondern darum, welchen Wert sie seinem Wort beimißt, seiner, sprechen wir das Wort aus, Autorität, anders gesagt, welchen Platz sie dem Namen-des-Vaters bei der Errichtung des Gesetzes einräumt. (1975: 112)

Der Mangel des Kindes – das Inzestverbot – verbindet sich über die Mutter mit dem symbolischen Phallus, dem Namen-des-Vaters als Gesetz. In phonetischer Doppeldeutigkeit beinhaltet Nom-*du-père* auch das Non-*du-père.*

Die triangulierende Bedeutung des Dritten besteht in seiner Funktion als Signifikant des Mangels. Während Lacan die rein strukturell symbolische Funktion des väterlichen Neins überpointiert, die von der Mutter vertreten werden muss, bekommt neuerdings auch der empirisch erfahrbare Vater Bedeutung zugesprochen. Borens sieht drei miteinander verknüpfte Funktionen des väterlichen Dritten.

> Der jeweilige Vater ist also strukturell insuffizient, der Vater der Realität erfüllt die symbolische Funktion, das Kind von der Mutter zu trennen, nie ganz. Um diese Insuffizienz zu kompensieren, entsteht der imaginäre Vater auch als eine Konstruktion der Mutter, des Kindes, der Familie und der Gesellschaft – und, selbstverständlich, des Vaters selbst. (2006: 93)

Die strukturelle Funktion des Dritten besteht in der Vertretung des Gesetzes, das die Wiedervereinigung mit der Mutter verbietet. Dabei muss betont werden, dass der Vater nicht das Gesetz selbst ist, sondern es lediglich in der Familie vertritt.

> Er ist derjenige, der sich dem Gesetz unterstellt, auch dem Gesetz der Sprache (sprechen heißt immer auch begrenzen), der Kastration (und damit der Geschlechtsdifferenz als einer narzisstisch begrenzenden: Es fehlt etwas), dem Verbot des Inzestes, und der sich auf Grund der dadurch entstehenden Mängel als Begehrender auf das Begehren eines Anderen hin öffnet. (Borens 2007: 92)

André Green folgt Lacans Vorstellungen von dem Vater im Inneren der Mutter, misst aber der Präsenz eines realen Vaters für die Mutter-Kind-Beziehung mehr Bedeutung zu als Lacan, wenn er schreibt:

> [...] daß die Qualität einer guten Beziehung von Seiten der Mutter von der Liebe der Mutter zum Vater abhängt und von der Art und Weise, wie sie sich von ihm geliebt fühlt, auch wenn die Beziehung des Kindes zum Vater in der frühesten Lebensphase noch nicht in Betracht gezogen werden kann. (Green 1996: 94f.)

Green macht auch klar, dass sich die Vaterrepräsentanz im Inneren der Mutter nicht nur aus dem wirklichen Kindesvater zusammensetzt, sondern aufgeladen wird mit frühen ödipalen Objektbesetzungen. Das bedeutet, dass

> das Kind durch Präsenz des Vaters in den Gedanken der Mutter und ihren Phantasien über ihn beeinflußt wird. [...] Darüber hinaus beschränkt sich das dritte Element nicht auf die Person des Vaters allein – es ist symbolisch. Dies drückt aus, daß in den Gedanken der Mutter das dritte Element redupliziert wird. Neben der wirklichen Person des Vaters können ihr eigener Vater oder ihre eigene Mutter stehen als Repräsentanten ihrer Kindheitsphantasien, daß sie einen Penis oder ein Kind von ihren Eltern bekommt. (Green 1996: 95)

Wenn auch die aktuellen Varianten des lacanianischen Strukturalismus die Bedeutung des realen Vaters anerkennen, bleibt doch der Kern des Konzepts dessen symbolische Bedeutung als Träger des Gesetzes, des Nein zum Inzest. Die Trägerin der symbolischen Dimension des Vaters ist primär die Mutter. Der Geschlechtsdifferenz wird keine Bedeutung gegeben.

Der Vater als gleichberechtigter Dritter

Insbesondere die Basler Forschungsgruppe um Bürgin und von Klitzing hat die entwicklungsfördernde Bedeutung des früh präsenten Vaters in der Familie betont. Dabei beziehen die Forscher sich auch auf den amerikanischen Vaterforscher Herzog, der im Gegensatz zur symbolischen Dimension die realen Interaktionserfahrungen für prägend hält. Er folgert aus psychotherapeutischer Praxiserfahrung und Familienbeobachtungsforschungen, dass der sinnlich erfahrbare Vater vor allem durch seine disruptiven Spielangebote die männliche Differenz einbringt. Er fungiere als autonomiefördernder Störenfried der mütterlichen Dyade und fördere die Modulation und Organisation der intensiven Affekte. Das Ergebnis seiner Untersuchungen:

> Die frühe triadische Erfahrung hängt von der Anwesenheit des Vaters ab. Seine An- und Abwesenheit beeinflußt die Fähigkeit zu differenzieren, sich zu individuieren, Affekte zu organisieren und zu modulieren, zu repräsentieren und sich der Realität anzupassen. (Herzog 1998:177)

Das Forschungskonzept der Basler Gruppe wird auch von der systemischen Perspektive von Fivaz-Depeursinge beeinflusst, die das Design des »Spiels zu Dritt« entwickelt hat (Näheres im Beitrag von Seifert-Karb). Auf der Basis der

Erkenntnisse der Säuglingsforschung (Stern 1992) gehen Bürgin und von Klitzing davon aus, dass das Kind von Beginn an zu triadischen Interaktionen mit Mutter und Vater fähig ist. Es werden zwei prospektive Längsschnittstudien mit 38 und 80 Familien durchgeführt mit dem Ziel, die Faktoren zu bestimmen, die die Triadifizierung (das sichtbare Spiel zu Dritt) und die Triangulierungskompetenz (die intrapsychische Repräsentation der Triade) des Kindes beeinflussen.

Schon während der Schwangerschaft führt man Tiefeninterviews mit dem zukünftigen Elternpaar (Triadeninterviews) mit dem Ziel, die innere Präsenz des imaginären Kindes und des gegengeschlechtlichen Partners in der inneren Beziehungswelt zu erforschen. Die Fähigkeit der Mutter und des Vaters, sich die zukünftige familiale Triade lebendig vorstellen zu können, ohne jemanden ausschließen zu müssen, wird als Indikator für die triadische Kompetenz der Eltern genommen.

Im Alter von vier Monaten (Spiel zu Dritt), von einem Jahr (modifizierter Ainsworth-Fremden-Test) und von vier Jahren (Mc Arthur Stem Battery) werden die Interaktionsmuster des Kindes untersucht.

Ich fasse die Ergebnisse dieser aufwendigen psychoanalytischen Forschung kurz zusammen:

a) Es zeigt sich ein hochsignifikanter Zusammenhang zwischen der triadischen Kompetenz der werdenden Eltern und der Fähigkeiten des Kindes zum Trilog mit vier Monaten. Bei Jungen ist dieser Zusammenhang ausgeprägter als bei Mädchen (Bürgin/Klitzing 2001: 528).

b) Die Fähigkeit des vier Monate alten Kindes korreliert insbesondere mit der triadischen Kompetenz der Väter:

> Je mehr die Väter sich in ihren Phantasien bereits als einen aktiven Beziehungspartner für das kommende Kind erlebten, ohne dabei die Mutter auszuschließen, desto aktiver waren die Säuglinge später in den Dreierinteraktionen und desto mehr waren sie auch fähig, mit beiden Eltern in einen ausgeglichenen Beziehungskontakt zu kommen. (Klitzing 2002: 878)

c) Je höher die elterliche Beziehungskompetenz pränatal eingeschätzt wird, desto eher sind die Kinder am Ende des vierten Lebensjahres in den projektiven Erzähltests in der Lage, die dargebotenen Konflikte mittels positiver Erzählinhalte zu lösen, und desto kohärenter sind ihre Geschichten.

d) Je höher die triadische Kompetenz, desto weniger aggressive Verhaltensprobleme weisen die Kinder am Ende des vierten Lebensjahres auf. Bürgin und von Klitzing gehen mit Herzog davon aus, dass die besondere Andersartigkeit der eher disruptiven Interaktionen des Vaters zur Stimulation der Triangulierung und Mentalisierungsfähigkeit des Kindes beiträgt.

e) Im Widerspruch zur Hochschätzung der Bindungsqualität und dyadischen Affektregulierung bei der Fähigkeit zur Mentalisierung durch Fonagy et al. (2004), wird die Erfahrung der Differenz betont:

> Das Erleben von Unterschieden zwischen den wichtigen Beziehungspersonen, Unterschieden in ihren Interaktionsstilen, ihrem Umgang mit den Bedürfnissen des Kindes etc., führt dazu, dass das Kind sich nicht einfach nur im Gegenüber spiegelt, sondern im Umgang mit den unterschiedlichen Beziehungspersonen sich selber finden kann. (Klitzing 2002: 883)

Der unschätzbare Verdienst der Basler Forschung besteht vor allem darin, das Konzept von Abelin zur frühen Triangulierung anschaulich in die psychische Struktur der Eltern hinein erweitert zu haben und auf solide empirische Füße zu stellen. Deutlich ist geworden, wie sehr der elterliche Innenraum, in den das Baby hineingeboren wird, die kindlichen Interaktionsmuster beeinflusst. Zudem werden zum ersten Mal Differenzen zwischen der Triangulierungskompetenz von Mädchen und Jungen beobachtet, was als Impuls zur weiteren Erforschung geschlechtsspezifischer Differenzen bei der frühen Triangulierung genommen werden kann.

Entwicklungsmodell der Triangulierung

Im Rahmen von naturalistischen Familienbeobachtungsstudien an der Universität Frankfurt, die ich gemeinsam mit meinem Kollegen Hans-Geert Metzger (2000) durchführte, konnten wir detailliert beobachten, dass die kindlichen Alltagsinteraktionen durch Bewegungen zwischen dyadischen und triadischen Beziehungsformen gekennzeichnet sind. Neben der Bedeutung des Vaters in der Familie konnten wir auch untersuchen, ob und wie der Beobachter als zunächst Fremder vom Kind einbezogen und langsam zum Bekannten wurde. Die beobachteten Fähigkeiten zu triadischen Interaktionen mit Mutter und Vater korrelierten dabei mit der Fähigkeit, den fremden Dritten – den Beobachter – in einem langsamen Prozess einzubinden. Dabei ist die Betonung der

Langsamkeit von Bedeutung. Denn bei Familienbeobachtungen von alleinerziehenden Müttern fiel auf, dass die Kinder sich schnell und distanzlos auf den Beobachter »stürzten« und ihn nicht als Fremden anerkennen konnten. In diesen Fällen ließ sich vom Beobachter nur schwer ein Beobachtungs- und Gedankenraum entwickeln. In der Reflexion der Protokolle der Familienbeobachtungen erschien uns dann die Fähigkeit eines Kindes, flexibel zwischen dyadischen und triadischen Interaktionsmustern changieren zu können, als Zeichen für eine genügend gute seelische Entwicklung:

> Aufgrund unserer Beobachtungen gehen wir davon aus, dass die Grundlage menschlicher Beziehungen durch ein dynamisches Wechselspiel von dyadischen und triadischen Erlebnismustern geprägt ist. Psychische Krankheiten entstehen möglicherweise dort, wo die Möglichkeit einer innerpsychischen dialektischen Bewegung zwischen dyadischen und triadischen Erlebnismodalitäten zum Stillstand kommt. (Dammasch/Metzger 1999: 305).

Die beobachtbare Kompetenz eines Kindes, zwischen der Sicherheit der Dyade und dem Interaktionswunsch mit einem Fremden wechseln zu können, basiert intrapsychisch auf der libidinösen Verknüpfungsfähigkeit von dyadischen und triadischen Beziehungsmustern. Wie die Säuglingsbeobachter konnten auch wir sehen, dass die Kontaktaufnahme des Kindes zum fremden Beobachter von der Art und Weise, wie die Mutter mit dem Dritten in Beziehung tritt, unmittelbar beeinflusst wird. Der Zugang zum Dritten geschieht also über die Mutter. Dies bestätigt in gewisser Weise die strukturalistische Theorie, dass die libidinöse Besetzung des Dritten im Inneren der Mutter – ihr Begehren dem Vater gegenüber – als Türöffner den Zugang zum Dritten steuert. Metatheoretisch bedeutet dies, dass wir davon ausgehen, dass die intrapsychische Bedeutung des Dritten für das Kind sich zunächst aus der Qualität der Beziehung der Mutter zum Vater entwickelt. In der frühen Entwicklung – der symbolischen Triangulierung – steuert der Vater-in-der-Mutter die allmähliche Bedeutungsaufladung des real anwesenden Vaters für das Kind. In der Phase der frühen Triangulierung nimmt das Kind (vor allem der Junge) dann in den familiären Interaktionen sowohl die Beziehung der Eltern als auch die Mutter-im-Vater wahr und bildet die innere Vaterrepräsentanz sowie die innere Elternrepräsentanz.

Entwicklungsstörungen basieren häufig auf strukturellen Disharmonien bei der flexiblen Verknüpfung von dyadischen und triadischen Interaktionsmustern im psychischen Innenraum. Die Wiederherstellung der Fähigkeit zum inneren Pendeln zwischen dyadischen und triadischen Interaktionsmustern – zwischen unmittelbarem Erleben und selbstbeobachtender Reflexion – ist eine wesentliche Aufgabe des klinisch-psychoanalytischen Prozesses. Eine reife Triangulierungskompetenz ist immer auch durch die Fähigkeit gekennzeichnet, zwischen dyadischen und triadischen Objektbeziehungsmustern wechseln zu können.

Wie entwickelt sich nun die Triangulierungskompetenz? An anderer Stelle (2000, 2001) habe ich bereits den Versuch unternommen, die Triangulierung als einen mehrdimensionalen Entwicklungsprozess zu konzeptualisieren. Geriet mir das damalige Konzept etwas unübersichtlich, so möchte ich nun versuchen, in vereinfachter Form die Bausteine der Triangulierung auch visuell zusammenzutragen. Auf der Basis der referierten psychoanalytischen Konzepte schlage ich ein vierstufiges Modell einer sich entwickelnden Triangulierung vor, die als genetisches Potenzial bereits vorhanden ist, sich aber im Rahmen der Interaktionserfahrungen erst entfaltet. Die angebotenen Skizzen stellen einen Versuch dar, die interpersonelle mit der intrapsychischen Dimension der Triangulierung zu verbinden. Dabei wird der Vorteil der Übersichtlichkeit vom nicht zu vermeidenden Nachteil der Komplexitätsreduktion begleitet.

1. Entwicklungsstufe: Die potenzielle Triangulierung in der Vorstellungswelt der Eltern

Ausgehend von den Ergebnissen des Basler Forschungsprojekts beginnt der Triangulierungsprozess in der Vorstellungswelt von Vater und Mutter als Paar schon während der Schwangerschaft. Die Fähigkeit oder Unfähigkeit der zukünftigen Eltern, sich ihr noch nicht präsentes Kind vital im Rahmen der familialen Triade vorzustellen, bereitet den dreidimensionalen psychosozialen Raum vor, in den das Kind hineingeboren wird. Das Überwiegen der Liebe des Elternpaares untereinander und die potenzielle Liebe zum werdenden Leben im Leib der Mutter bilden die triebdynamische Basis für die potenzielle Triangulierung. Die trianguläre Matrix der Familie wird beeinflusst von der Art und Weise der ödipalen Triangulierung von Mutter und Vater. D. h.: Die strukturellen Niederschläge der biografisch gebildeten Objektrepräsentanzen von Mutter und Vater sind prägend für den Übergang von der dyadischen Paarbeziehung zur triadischen Elternschaft.

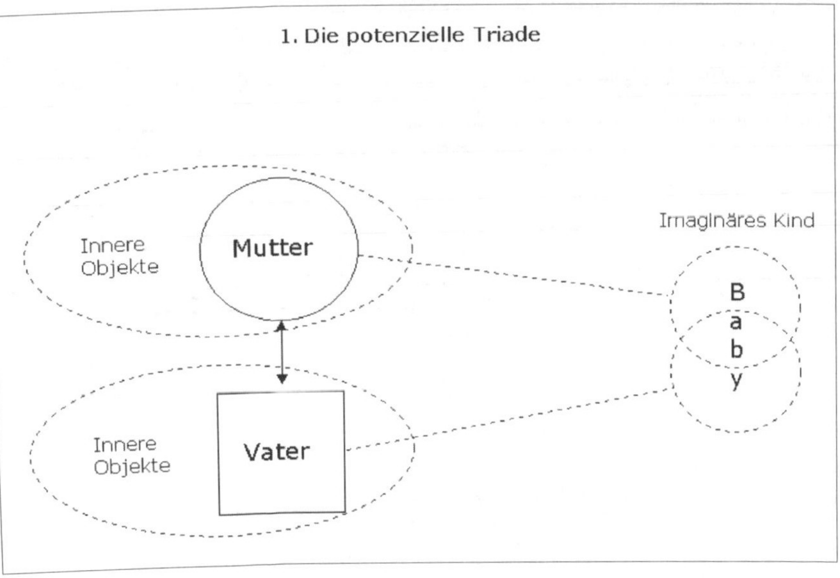

2. Entwicklungsstufe: Die symbolische Triangulierung innerhalb der affektregulierenden Dyade

Nach der Geburt wird die Entwicklung des Säuglings wesentlich durch Einfühlungsfähigkeit und Affektregulation innerhalb der Interaktion mit der primären Bezugsperson – meist der Mutter – geprägt. Im psychischen Innenraum der Mutter ist das Begehren dem Vater gegenüber präsent. Die Anwesenheit des Dritten im Inneren der Mutter sichert den Prozess der Überwindung der Illusion einer exklusiven Mutter-Kind-Einheit und bereitet die Fähigkeit des Kleinkindes vor, sich aus der Mutter-Kind-Einheit zu lösen. Der beobachtende, reflektierende Dritte im Inneren der Mutter bildet auch die Basis der genügend guten Affektregulation und des späteren kindlichen Mentalisierungsprozesses. Die libidinöse Bindung der Mutter an ihr Kind und an ihren Mann sichert das erste symbolische Dreieck und bereitet den Übergang zur frühen Triangulierung vor. Ohne die symbolische Präsenz im Inneren der Mutter kann der Vater als realer Dritter keine genügend starke Bedeutung erlangen.

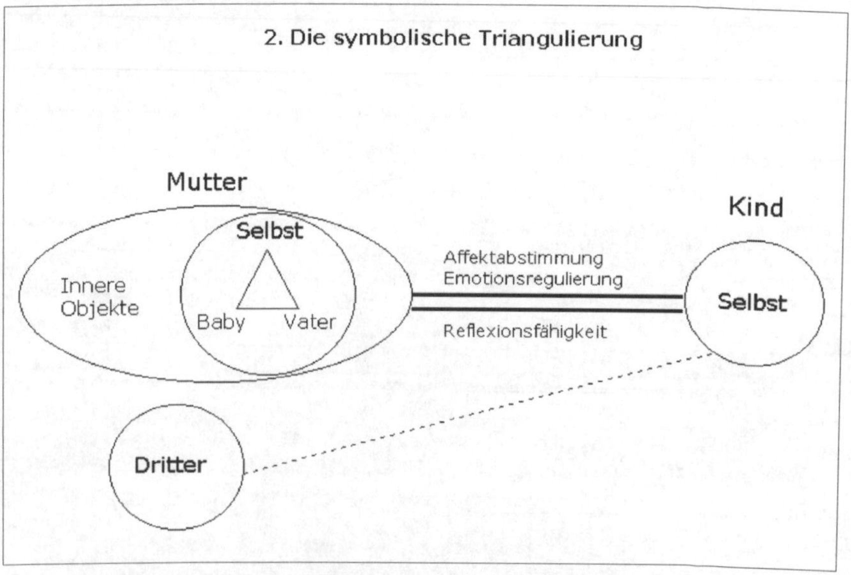

3. Entwicklungsstufe: Die frühe Triangulierung

Etwa ab dem 18. Lebensmonat bekommt der sinnlich präsente Vater in seiner An- und Abwesenheit eine strukturbildende Bedeutung für das Kind. Der Dritte wird nicht nur – wie schon zuvor – wahrgenommen, sondern die Interaktionserfahrungen mit dem anderen werden als Kontrastrepräsentanz verinnerlicht. Das Kleinkind nimmt nun nicht mehr nur die Mutter und den Vater dyadisch wahr, sondern entwickelt Vorstellungen über die Beziehung des Elternpaares. Es beginnt zu spielen und aktiv die An- und Abwesenheit des Objekts symbolisch zu bearbeiten. Aufgrund der sich entwickelnden Objektkonstanz kann es sich Vater und Mutter über die Worte des anderen auch in seiner Abwesenheit vorstellen. Auf der sicheren Basis einer haltenden, zur Affektregulierung fähigen Bindung zur primären Bezugsperson interessiert das Kind sich nun aktiv für den Dritten, beginnt damit, die Perspektiven zu wechseln. Die Eltern, aber auch andere bedeutungsvolle Personen werden nun nicht mehr nur als handelnde, sondern auch als denkende Wesen mit separaten mentalen Einstellungen erahnt. Das bedeutet, dass das Kind vor allem die innere Besetzung von Vater und Mutter – den Vater-in-der-Mutter, die Mutter-im-Vater – nicht nur wahrnimmt, sondern auch innerlich repräsentiert. Die psychische Struktur beinhaltet nun zunehmend stabil verinnerlichte Repräsentanzen von Selbst und

Mutter, Selbst und Vater, Selbst und Elternpaar. Für den Jungen ist die Männlichkeit des Dritten zur Sicherung und Spiegelung des eigenen männlichen Selbstanteils von zusätzlicher Bedeutung.

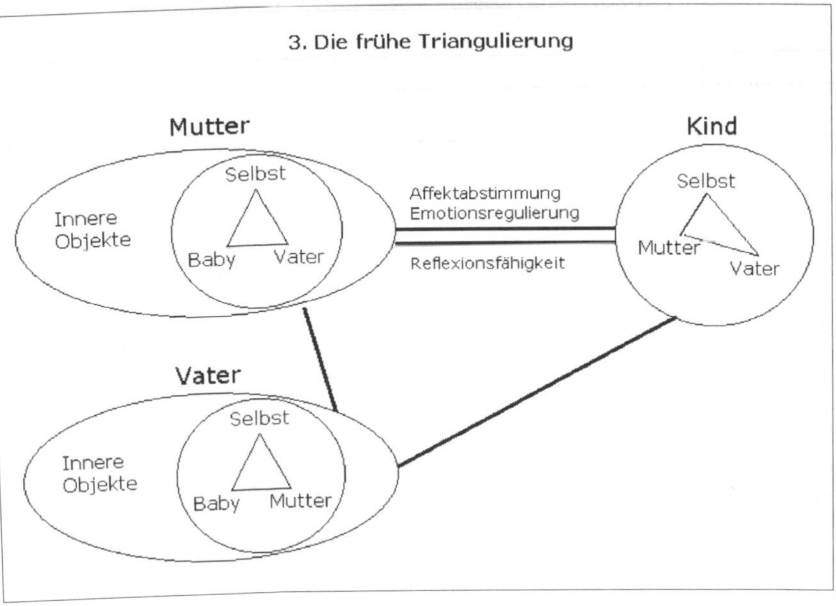

4. Entwicklungsstufe: Die ödipale Triangulierung

Im ödipalen Dreieck werden die vorher gebildeten dyadischen und triadischen Repräsentanzen geschlechtsspezifisch differenziert und triebdynamisch aufgeladen. Auf der Basis eines entwickelten mentalen und biografischen Selbst wird die bereits strukturell internalisierte triangulierte Repräsentanzenwelt mit heterosexuell-libidinösen und aggressiv-zerstörerischen Triebrepräsentanzen besetzt. Obwohl der ödipale Triebimpuls auf die Herstellung einer exklusiven libidinösen Zweisamkeit Mutter-Sohn oder Vater-Tochter zielt, bleibt der ausgeschlossene Dritte immer repräsentiert und findet seinen intrapsychischen Ort z. B. im Schuldgefühl des Über-Ich. Bei genügend guter früher Triangulierung und libidinösen präödipalen Objektbesetzungen kommt es im ödipalen Dreieck zu flexiblen spielerischen Rotationen der Objektbesetzungen. Das Durchleben der ödipalen Dramen bei entsprechender Festigkeit der Objektrepräsentanzen sichert schließlich die intrapsychisch triangulierte ödipale Struktur des Subjekts und ermöglicht auch in der Adoleszenz die gefahrlose, wenn auch nicht konfliktlose libidinös heterosexuelle Besetzung des anderen Geschlechts.

Die Skizze stellt nur die Geschlechtsdifferenz dar. Eine einigermaßen angemessene Darstellung der inneren Objektbeziehungen und dynamischen Prozesse im ödipalen Dreieck ist nicht möglich.

4. Die ödipale Triangulierung

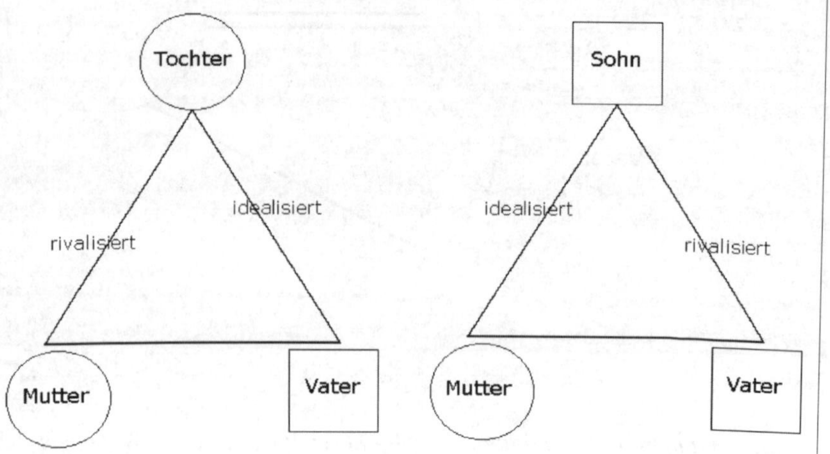

Der mehrstufige Triangulierungsprozess mündet in den Aufbau eines dreidimensionalen Innenraums, in dem Vorstellungen und triebdynamisch aufgeladenes Probehandeln möglich sind und spielerisch unterschiedliche Perspektiven eingenommen werden können. Die ödipale Triangulierungskompetenz beeinflusst sowohl die Denk- als auch die Beziehungsfähigkeit des Subjekts. Auf den jeweiligen Stufen bis zur ödipalen Triangulierung kann es zu Störungen kommen, die den Aufbau eines mentalen dreidimensionalen Innenraums mit der Möglichkeit zum spielerischen Perspektivenwechsel negativ beeinflussen. Die Bedeutung des männlichen Dritten besteht wesentlich darin, dem Kind zu ermöglichen, aus einer geschlechtsdifferenzierenden Perspektive auf die Welt und die Mutter zu schauen und sich probeweise mit dem väterlichen Blick auf eine Beziehung, in der man sich selbst befindet, zu identifizieren. Der mit der Mutter verbundene Vater hat zentrale Bedeutung bei der Entwicklung der Fähigkeit zum Perspektivenwechsel, der eine Grundlage der Mentalisierungs- und Lernfähigkeit des Kindes darstellt. Darüber hinaus bringt er das männliche Andere in die Beziehungswelt des Kindes ein, was bei spielerischer Beziehungskompetenz des mit der Mutter verbundenen Vaters zur libidinösen Besetzung der Differenz und der Heterosexualität führt.

Gedanken zur Gender-Triangulierung des Jungen

Psychoanalytisch klinische Erfahrungen aus der Arbeit mit Söhnen und Töchtern alleinerziehender Mütter und aus der therapeutischen Arbeit mit ruhelosen Jungen, die heute gerne mit dem biologisch-medizinischen Etikett ADHS belegt werden, haben mir gezeigt, dass der Prozess der Triangulierung sich bei Jungen und Mädchen von klein auf unterscheidet.

Jungen sind schon auf der Stufe der symbolischen Triangulierung, spätestens aber auf der Stufe der frühen Triangulierung darauf angewiesen, zur Entwicklung ihrer nicht-weiblichen Identität mit dem männlichen Dritten vertraut zu werden. Während das Mädchen zwar zur Lösung von der Mutter im Separations- und Individuationsprozess auch die triangulierende Differenzerfahrung braucht, muss diese jedoch nicht konkret männlich sein.

In einer wenig rezipierten Arbeit weist schon Abelin (1980) auf die Geschlechtsdifferenz bei der frühen Triangulierung und Identitätsbildung hin. Er unterscheidet eine *generationale Identität* beim Mädchen von einer *Gender-Identität* beim Jungen. In der weiblichen Triangulierung ordne sich das kleine Mädchen in die geschlechtshomogene Generationenfolge von Mutter – Selbst – Baby ein: »Ich bin kleiner als meine Mutter und größer als ein Baby« (158). Ihr generationales Selbstbild speise sich aus dem früh konstellierten Dreieck »Mutter-Baby-Selbst«, das er »Madonna-Konstellation« nennt. Diese beinhaltet die wechselnde Identifizierung mit der aktiv versorgenden Mutter und dem passiv versorgten Baby. Der Vater als geschlechtsfremdes und sexuell begehrtes triangulierendes Objekt werde für das Mädchen erst in der ödipalen Phase wirklich relevant.

Die Triangulierung des Jungen hingegen laufe im Rahmen seiner Geschlechtsidentitätsentwicklung entlang der heterologen Dichotomie männlich/weiblich. Der Vater wird für ihn zum zweiten Bindungsobjekt. Der kleine Junge identifiziere sich früh mit dem Vater als triangulierendem Objekt, weil seine Geschlechtsidentität auf dieser männlichen Identifizierung aufbaue. »Nur beim Jungen gibt es eine frühe sexuelle Identifizierung, die später auf einem höheren symbolischen Niveau in der ödipalen Triangulierung repliziert wird« (Abelin 1980: 159; eigene Übersetzung).

Er identifiziert sich mit dem aktiv die Mutter liebenden Vater des elterlichen Paares, das er mit etwa 18 Monaten wahrnimmt. Die Wahrnehmung und Integration der Paarbeziehung zwischen Mutter und Vater und die partielle Identifizierung mit dem männlichen Rivalen bei der Mutter bilden die Grundlage männlicher Triangulierung. Daher ist ein real wie emotional abwesender Vater für die männliche Identitätsentwicklung schwerwiegend: »Die frühe Triangulierung des Jungen basiert auf einer Identifikation mit der aktiven Art des Vaters, die Mutter zu lieben. Mütterliche Dominanz verhindert diesen Prozess und hat deshalb denselben Effekt wie Vater-Abwesenheit« (Abelin 1980: 163; eigene Übersetzung).

Der Junge nimmt im Gegensatz zum Mädchen den Unterschied der Geschlechter – die An- und Abwesenheit des Phallus – schon im Rahmen der frühen Triangulierung wahr und macht die Geschlechterdifferenz zum Kern seiner Identität. Aus diesem Grund – so Abelin – suche der Junge auch eher die Diskrepanz, die im Phallus symbolisiert werde, während das Mädchen eher die homologe Redundanz suche.

Wirft Abelins Konzept zwar einige Fragen auf, z. B. woher das Mädchen so früh das Baby als Teil seiner generationalen Identitätsbildung erkennt und integriert, warum man dies gleich mit dem Begriff Madonna-Konstellation mythologisieren muss, und wieso bei der Entwicklung des Jungen frühe mütterliche Dominanz die Bedeutung des Vaters gleich ganz schwinden lässt, so bleiben doch seine Grundhypothese und einige Beobachtungen der Geschlechtsunterschiede bei der Identitätsbildung und Triangulierung plausibel.

Stoller (1968) und Greenson (1968) hatten bereits darauf hingewiesen, dass die männliche Identität des Jungen darauf angewiesen ist, sich mithilfe des Vaters von der Weiblichkeit der Mutter zu entidentifizieren. Diamond (2004) bemerkt, dass die Entidentifizierung des Jungen von der Mutter nicht generell, sondern eher in narzisstischen Familienkonstellationen vonnöten ist, wo die

Subjektivität des Jungen nicht anerkannt wird und keinen eigenständigen Platz in der Familiendynamik einnehmen kann. In der eher normalen Entwicklung sieht Diamond weniger den Gegensatz zur Mutter, sondern eher die Möglichkeit zur reziproken Identifizierung mit einem emotional erreichbaren Vater und einer einfühlsamen Mutter, die die Männlichkeit des Sohnes anerkennt als Grundlage einer differenzierten männlichen Identitätsbildung.

> A »watchful, protective« father, typically in conjunction with a sufficiently »attuned« mother able to recognize her son's masculinity, helps to mitigate the severity of what might be potentially traumatizing for the boy who is engaged in the separation-individuation process. (Diamond 2004: 362)

Diamond stimmt mit Fast (1999) darin überein, dass es zwar durchaus zu einer Identifikation des Jungen mit der Männlichkeit des Vaters und zu einer Fortbewegung von der Weiblichkeit der Mutter kommt, dass dies allerdings keine endgültige Trennung – Entidentifikation im Sinne Greensons – bedeute, sondern eine Übergangsphase der notwendigen Loslösung sei, die von einer Wiederhinwendung zur Mutter abgelöst werde. In den Worten von Fast: »[...] when he feels securely a member of the male community, he re-engages his mother, now with a focus on sex-difference issues, himself as boy with his gender-different mother« (Fast 1999: 657, zit. nach Diamond 2004: 364).

Auch wenn der Fokus der Entidentifizierungsthese von Greenson sich hin zur Übergangsbeziehung verschiebt, gibt es doch weitgehende Einigung darüber, dass die Identifizierung mit der Männlichkeit des Vaters ein Grundbaustein der Separation von der Mutter und der Triangulierung des Jungen ist.

Ebenso wie Abelin betonen auch Fast und Diamond die Notwendigkeit einer auf elterliche Anerkennung der Männlichkeit des Sohnes basierenden Gender-Triangulierung beim Jungen zum Aufbau einer reifen Geschlechtsidentität.

Ogden problematisiert die Schwierigkeit des kleinen Knaben, sich auf ödipalem Niveau in das gleiche Objekt zu verlieben, das bereits das primäre präödipale Liebesobjekt gewesen ist. Der Schatten der präödipalen Mutter bedroht die ödipale Triangulierung.

> Der Eintritt in eine erotische und romantische Beziehung mit der ödipalen Mutter ist mit großer Angst verbunden, zum Teil, weil letztere der omnipotenten präödipalen Mutter unheimlich ähnlich ist. (1995: 148)

Der Übergang in die ödipale Triade gelingt dem Jungen durch einen Übergang, der in seiner Beziehung zum inneren ödipalen Dreieck der Mutter besteht. Wie

Green (1996, s. o.) geht Ogden davon aus, dass der ödipale Dritte als Vater-in-der-Mutter im Innenleben der Mutter präsent sein muss, bevor er als realer Vater für den Knaben Bedeutung erlangt:

> Die Mutter bringt den phallischen Vater in die entstehende ödipale Beziehung mit ihrem Sohn ein, und zwar durch ihren eigenen inneren ödipalen Vater, mit dem sie identifiziert ist. (1995: 155)

Das Fehlen des begrenzenden phallischen Vaters-in-der-Mutter und des realen ödipalen Vaters konfrontiert den Jungen mit dem Inzest, mit dem Schrecken der unbegrenzten weiblichen Sexualität.

Die Folgen für die Entwicklung des Jungen sind dramatisch:

> Es ist eine Sexualität, die von der Katastrophe der Zerstörung des phallischen Vaters nicht getrennt werden kann und insofern eine Sexualität, die den Eintritt des kleinen Knaben in die sexuelle und emotionale Reife blockiert und eine reife, maskuline Geschlechtsidentität verhindert. (1995: 168)

In meiner langjährigen psychoanalytischen Arbeit mit Kindern alleinerziehender Mütter und mit ADHS-Jungen zeigt sich immer wieder, wie die mütterlichen Konflikte mit der Anerkennung der Männlichkeit, des libidinös besetzten phallischen Vaters-in-der-Mutter bei gleichzeitiger Abwesenheit eines realen Vaters die Basis einer pathologischen Entwicklung darstellen. Insbesondere die bewussten und unbewussten Phantasien, die die Mutter mit Männlichkeit verbindet, wirken auf die Interaktionsangebote und die Affektregulierungskompetenz der Mutter schon im Säuglingsalter ein. Die Geschlechtsdifferenz zum Sohne aktiviert in der unbewussten mütterlichen Phantasie sogleich ihr inneres Vater- bzw. Männerbild. Die Art der libidinösen Besetzung des Vaters und seiner Männlichkeit prägt auch die libidinöse Besetzung des Sohnes und der Männlichkeit des Sohnes. Oft wird gerade von Müttern, die schon in der Schwangerschaft in der Vorstellungswelt keine potenzielle Triangulierung mithilfe des männlichen Dritten herstellen konnten, bei der Geburt des Sohnes ein Gefühl der Fremdheit wahrgenommen, das am Geschlecht festgemacht wird. Auf der Stufe der symbolischen und der frühen Triangulierung kann eine Mutter ihren Sohn als Junge und zukünftigen Mann nur wohlwollend betrachten, wenn sie den Vater und die männliche Differenz, und d. h. auch den körperlichen Geschlechtsunterschied – den Penis – libidinös besetzen kann, und wenn sie weder bewusst noch unbewusst den kleinen körperlichen

Unterschied mit negativen Konnotationen belegt (z. B. aufgrund eigener traumatischer Erfahrungen) oder ihn in zu früher Sexualisierung stimuliert. Kurz gesagt: Die Mutter muss genügend gute Erfahrungen mit Männlichkeit haben, den Vater ihres Sohnes schätzen können und ihn im Zusammensein mit ihrem Sohn als positives Vaterbild in sich tragen. Dann ist der Vater liebevoll präsent, auch wenn er gar nicht sichtbar ist: über die Gedanken und das Begehren der Mutter. So entsteht im genügend guten Fall ein entwicklungsförderndes Beziehungsfeld, das den Triangulierungsprozess auf den Stufen der potenziellen, der symbolischen und der frühen Triangulierung fördert.

Die libidinös gefärbte Beziehung zum Männlichen, die im Kern immer auch eine eigene genügend gute frühe Vaterbeziehung voraussetzt, ist deshalb so wichtig, weil der Sohn fremdgeschlechtlich ist und die Mutter nicht einfach wie bei der Tochter die eigenen psychobiologischen Erfahrungsmuster als Grundlage des phantasierten und realen Zusammenseins nehmen kann. Die Tochter wächst von klein auf in der basalen Sicherheit gemeinsam geteilter weiblicher Lebens- und Beziehungsentwürfe mit ihrer Mutter auf. Darüber hinaus findet sie auch im sozialen Feld bis zum zehnten Lebensjahr die durchgängige Spiegelung und Wertschätzung ihrer Weiblichkeit in den Interaktionserfahrungen mit ihren Erzieherinnen und Lehrerinnen. Diese kontinuierlichen homologen Spiegelungserfahrungen innerhalb und außerhalb der Familie im Verbund mit der ödipalen Besetzung des männlichen Dritten bilden den Kern einer sicheren weiblichen Identität. Die Nähe zur Mutter, die zunächst die Kerngeschlechtsidentität des Mädchens so stabil werden lässt, führt bei labiler ödipaler Triangulierung in der Adoleszenz zu oft heftigen Ablösungskonflikten, die im pathologischen Fall zu internalisierenden Störungen führt, bei denen der Körper zum Austragungsort eines selbstschädigenden Triangulierungskonflikts werden kann.

Im Unterschied zu ihrer Tochter erkennt die Mutter im Sohn das kleine abhängige Kind und den zukünftigen Mann, den Sohn des Vaters. So wird im psychischen Innenraum der Mutter in der Schwangerschaft und nach der Geburt eines Sohnes eine heterosexuelle Triade aktiviert. Ob die Mutter die Bedeutung der Geschlechtsdifferenz neutralisieren kann, ob diese frühe triadische Erfahrung positiv oder negativ ist, wird wesentlich von der libidinösen Besetzung und Repräsentanz des Vaters mitbestimmt. Im schlechten Fall – wenn die Mutter keine libidinöse Vaterrepräsentanz in sich trägt – entsteht möglicherweise eine Pseudotriangulierung, in der der Sohn den Vater ersetzen soll und viel zu früh zum überforderten Partnerersatz wird. Dies führt zu einer frühzeitigen Fremdheitserfahrung und zur unbewussten Sexualisierung des kleinen Kindes. Allgemein erleben Jungen kürzer als Mädchen die primäre Identifikation mit der Weiblichkeit der Mutter und müssen sich deshalb auch nicht mithilfe des Vaters entidentifizieren. Im Gegenteil: Jungen machen vor allem bei der zunehmenden Zahl von Müttern ohne libidinöse Besetzung erwachsener Männlichkeit häufig schon früh eine verdeckte Fremdheitserfahrung, werden zu früh aus der Abhängigkeitsbeziehung entlassen und zum heimlichen Partnerersatz. Konkret erfahre ich in meiner kindertherapeutischen Praxis immer häufiger, dass Jungen mehr und länger im Bett ihrer alleinerziehenden Mütter schlafen und regelmäßig vor allem in der Pubertät von Inzestängsten heimgesucht werden (Dammasch 2008b). In diesen Fällen wird deutlich, wie wichtig eine mit der Mutter verbundene väterliche Bezugsperson ist, auch als Schutzfunktion vor den mannigfaltigen Ungeheuern des bedrohlichen Inzestwunsches. Selbstverständlich ist der kleine Junge darauf angewiesen, neben der Mutter, die das Männliche schätzt, auch auf einen Vater zu treffen, der genügend gut trianguliert ist, der das Weibliche seiner Frau und seine eigene phallische Männlichkeit libidinös besetzt und intrapsychisch integriert hat.

Zusammenfassung

Für die reife Identitätsentwicklung des Jungen ist die Gender-Triangulierung von essentieller Bedeutung. Sie basiert auf der psychischen Anerkennung der Männlichkeit durch die Mutter mithilfe der libidinösen Besetzung des Vaters-in-der-Mutter. Auf der Ebene der frühen Triangulierung wird die so vorbereitete Beziehung zum realen Vater als Träger der phallischen Männlichkeit bedeutungsvoll, der mit der Mutter, der Mutter-im-Vater, in einer libidinösen Beziehung steht. Auf der Ebene der ödipalen Triangulierung wird die phallische Sexualität des Jungen im Wechsel von spielerischem Ausprobieren und väterlicher Begrenzung als Kern männlicher Identität, die das Weibliche begehrt und anerkennt, gefestigt. Erst die Sicherheit des Jungen, anerkannter Teil des männlichen Kollektivs zu sein, ermöglicht ihm die gefahrlose Rückkehr zur Weiblichkeit der Mutter ohne in Gefahr zu stehen, vom Geist der primären präödipalen Mutterrepräsentanz und ihrer Sexualität überwältigt zu werden.

In pathologischen Fällen ist das Fehlen einer reifen Gender-Triangulierung, die das Weibliche und Männliche integriert, ein verbreitetes Strukturmerkmal. Psychische Gesundheit basiert auf der Fähigkeit, situationsabhängig flexibel und spielerisch zwischen dyadischen und triadischen Beziehungsmustern hin und her wechseln zu können. Im Kern ist es das intrapsychische Fehlen eines libidinös besetzten Vaterbildes, das mit dem Mutterbild positiv verbunden ist, der den Bodensatz der meisten psychosozialen Störungen von Jungen bildet. Die fehlende stabile Verinnerlichung des frühen und des ödipalen Dreiecks als Grundmuster des Fühlens und Denkens tangiert die männliche Identitätsbildung und führt speziell bei Jungen zur Ausbildung unflexibler Abwehrmechanismen zur Vermeidung von Abhängigkeitsgefühlen, die das Selbst in Kontakt mit der frühen Abhängigkeit von einer Mutter bringen, die das Männliche nicht positiv in sich trägt. Die Ruhelosigkeit so vieler Jungen lässt sich auch durch die mangelnde Anerkennung der Männlichkeit erklären, die sich heutzutage interpersonell über die Familie hinaus in der verweiblichten Pädagogik bis zum Ende des Grundschulalters ziehen kann (vgl. Dammasch 2008a). Die pseudotriangulierte Abwehr der Angst vor der dyadischen Wiedervereinigung mit einer Mutterrepräsentanz, die das Phallisch-Männliche des Jungen nicht schätzt, bildet die psychodynamische Grundlage für die Schwierigkeit, sich in eine therapeutische Abhängigkeitsbeziehung zu begeben und ist die Grundlage männlicher Veränderungsresistenz, wie sie sich sogar schon im Kindergartenalter zeigen kann.

Literatur

Abelin, E. L. (1971): Role of the Father in the Separation and Individuation Process. In: Mc Devitt, J. B./Settlage, C. F.: Separation – Individuation, Essays in Honour of Margaret Mahler. New York: International Universities Press.

Abelin, E. L. (1975): Some Further Observations and Comments on the Earliest Role of the Father. In: International Journal 56, 293-302; dt. in: Beobachtungen und Überlegungen zur frühesten Rolle des Vaters. In: Bittner, G./Harms, E.: Erziehung in früher Kindheit. München: Piper 1985.

Abelin, E. L. (1980): Triangulation, the Role of the Father and the Origins of Core Gender Identity during the Rapprochement Subphase. In: Lax, R. F./Bach, S./Burland, J. A. (Hrsg.): Rapprochement. New York: Jason Aronson.

Beck, U./Beck-Gernsheim, E. (1990): Das ganz normale Chaos der Liebe. Frankfurt:

Suhrkamp.

Freud, S. (1897): Brief 142. In: Freud, S.: Briefe an Wilhelm Fließ. Masson, J. M. (Hrsg.): Frankfurt a. M.: Fischer 1986.

Freud, S. (1913): Totem und Tabu. GW IX. Frankfurt a. M.: Fischer.

Freud, S. (1933): Die Weiblichkeit. GW XV. Frankfurt a. M.: Fischer, 119-145.

Benjamin, J. (1992): Vater und Tochter: Identifizierung mit Differenz. In: Psyche, 46. Jg., 821-846.

Borens, R. (2006): Unser Vater/Vater unser. In: Dammasch, F./Metzger, H.-G. (Hrsg.): Die Bedeutung des Vaters. Frankfurt a. M.: Brandes & Apsel.

Bürgin, D./Klitzing, K. v. (2001): Triadische Kompetenz: Ressource für die psychische Entwicklung. Aus der Forschung über die Entwicklung der Eltern-Kind-Triade. In: Bohleber, W./Drews, S. (Hrsg.): Die Gegenwart der Psychoanalyse – Die Psychoanalyse der Gegenwart. Stuttgart: Klett-Cotta.

Burlingham, D. (1973): The Pre-oedipal Infant-Father Relationship. In: Psychoanalytic Study of the Child 28, 23-47; dt. in: L. Salber: Labyrinth Kindheit. München 1980.

Dammasch, F./Metzger, H.-G. (1999): Die Suche nach der Differenz – Zur Bedeutung des Vaters in der familialen Dyade. In: Zeitschrift für psychoanalytische Theorie und Praxis, XIV, 284-305.

Dammasch, F. (2000): Die innere Erlebniswelt von Kindern alleinerziehender Mütter. Frankfurt a. M.: Brandes & Apsel.

Dammasch, F. (2001): Das Vaterbild in den psychoanalytischen Konzepten zur kindlichen Entwicklung. Analytische Kinder- und Jugendlichen- Psychotherapie, XXXII, 215-243.

Dammasch, F. (2008a): Die Krise der Jungen. In: Ders. (Hrsg.): Jungen in der Krise. Frankfurt a. M.: Brandes & Apsel.

Dammasch, F. (2008b): Vaterlose Jungen zwischen Größenphantasien und Verfolgungsangst. In: Ders. (Hrsg.): Jungen in der Krise. Frankfurt a. M.: Brandes & Apsel.

Diamond, M. J. (2004): The shaping of masculinity: Revisioning boys turning away from their mothers to construct male gender identity. In: Int. J. Psychoanal 85, 359-380.

Fast, I. (1999): Aspects of core gender identity. Psychoanal. Dialogues 9, 633-61.

Fonagy, P./Gergely, G./Jurist, E. L./Target, M. (2004): Affektregulierung, Mentalisierung und die Entwicklung des Selbst. Stuttgart: Klett-Cotta.

Green, A. (1996): Über die Natur des Psychischen. In: Zwettler-Otte, S./Komarek, A. (Hrsg.): Der psychoanalytische Prozeß. Wien: Turia & Kant.

Greenson, R. (1968): Dis-identifying from mother – it´s special importance for the boy. In: International Journal of Psychoanalysis 49, 370-374.

Herzog, J. (1998): Frühe Interaktionen und Repräsentanzen: Die Rolle des Vaters in frühen und späten Triaden; der Vater als Förderer der Entwicklung von der Dyade zur Triade. In: Bürgin, D. (Hrsg.) Triangulierung – Der Übergang zur Elternschaft. Stuttgart: Schattauer.

Klitzing, K. v. (2002): Frühe Beziehungswelt im Längsschnitt – Von der Beziehungswelt der Eltern zur Vorstellungswelt des Kindes. In: Psyche, 56. Jg., 863-887.

Klitzing, K. v. (2008): ›Du bist wie dein Vater‹ – Die Bedeutung früher Familienbeziehungen für die Identitätsentwicklung des Jungen. In: Dammasch, F. (Hrsg.): Jungen in der Krise. Frankfurt a. M.: Brandes & Apsel.

Loewald, H. (1951, dt. 1982): Ich und Realität. In: Psyche, 36. Jg., 769-787.

Mahler, M. S./Gosliner, B. J. (1955): On Symbiotic Child Psychosis: Genetic Dynamic and estitutive Aspects. In: The Psychoanalytic Study of the Child, 10, 195-212.

Metzger, H.-G. (2000): Zwischen Dyade und Triade. Psychoanalytische Familienbeobachtungen zur Bedeutung des Vaters im Triangulierungsprozeß. Tübingen: edition diskord.

Ogden, T. H. (1995): Frühe Formen des Erlebens. Wien/New York: Springer.

Stern, D. (1992): Die Lebenserfahrung des Säuglings. Stuttgart: Klett-Cotta.

Stoller, R. (1968): Sex and gender, Vol. 1: The development of masculinity and feminity. London/New York: Science House.

Tomas Plänkers

Dimensionen des psychischen Raums

Zur Struktur psychischer Triangulierung[1]

Die Metapher des psychischen Raums ist eines der neueren Konzepte der Psychoanalyse, die sich klinischen Erfahrungen mit nicht-neurotischen Patienten verdanken: Patienten, die über keine oder nur geringe Fähigkeiten der Symbolisierung verfügen, die in psychischen Rückzugswelten leben, bei denen Spaltungen und dissoziative Zustände vorherrschen.

Diese neuartigen Erfahrungen reflektieren zugleich einen Verlust: den Verlust der Selbstverständlichkeit psychischen Raums. Denn erst durch diesen Verlust ergibt sich die Notwendigkeit, ihn zu problematisieren. Die Psychoanalyse nimmt daher den psychischen Raum von einem Ort her in den Blick, wo dieser verschwunden, bedroht oder fragmentiert ist.

Damit ist sie Teil einer gesellschaftlichen Entwicklung, in der die Jahrhunderte alte Selbstverständlichkeit der räumlichen Existenz beginnt aufzubrechen: Die Entdeckung neuer Räume durch den Vorstoß in den Weltraum einerseits und in molekulare und biologische Strukturen andererseits, sowie die Konstruktion virtueller Räume in den Teletechniken, erschüttern althergebrachte Sichtweisen des Menschen von sich selbst und seinen Objekten. Die mit Albert Einsteins Relativierung von Raum und Zeit und mit Sigmund Freuds Entdeckung des inneren Raums im 20. Jahrhundert begonnene Infragestellung des Raumbegriffs markiert damit Vorgänge sowohl in der äußeren wie der inneren Realität.

Der vor über 200 Jahren verstorbene Immanuel Kant (1724-1804) war für Freud nicht nur bedeutsam, weil er die subjektive Bedingtheit jeder Wahrnehmung unterstrich (Freud 1915e: 270), sondern auch wegen seiner Thesen zu Raum und Zeit als a priori, d. h. vor jeder Erfahrung gegebenen Formen, in

1 Vortrag im Rahmen der Arbeitstagung Triangulierung. FB Erziehungswissenschaften. Institut für Sonderpädagogik. Johann Wolfgang Goethe-Universität. Frankfurt a. M., 8. Juni 2007

denen sich unsere geistige Tätigkeit vollziehen soll (Freud 1920g: 27f.). Bekanntlich meinte Freud dies in Frage stellen zu können infolge seiner Einsichten in die Natur des psychischen Apparats als auch in die Zeitlosigkeit des Unbewussten. Freud behauptete eine psychodynamische Ableitung des Raumbewusstseins durch die räumliche Ausdehnung des psychischen Apparats. Er hinterließ uns dazu allerdings keine entwickelte Theorie, sondern eher kryptisch wirkende Formulierungen:

»Räumlichkeit« – sagte Freud kurz vor seinem Tode – »mag die Projektion der Ausdehnung des psychischen Apparats sein. Keine andere Ableitung wahrscheinlich. Anstatt Kants a priori Bedingungen unseres psychischen Apparats. Psyche ist ausgedehnt, weiß nichts davon« (Freud 1941f [1938]: 152).

Freuds Vorstellung einer räumlichen Ausdehnung der Psyche findet sich in verschiedenen Bestandteilen seiner Arbeiten wieder: angefangen mit dem Camera-Obscura-Modell (Freud 1900a: 542), gefolgt von der sogenannten ersten Topik mit den Systemen Ubw-Vbw-Bw (Freud 1900a), bis hin zur zweiten Topik mit Es-Ich-Über-Ich (Freud 1923b). Auch in seiner Metapsychologie unterschied Freud (1915e: 281) den dynamischen und den ökonomischen Gesichtspunkt von dem *topischen*, womit er dem psychischen Ort, an dem die jeweiligen Prozesse spielen, eine entscheidende Bedeutung zuwies. Die von Freud entwickelte Sichtweise einer Psychodynamik beschreibt bekanntlich den Verkehr zwischen verschiedenen psychischen Räumen, die sich vor allem hinsichtlich ihrer Wahrnehmbarkeit und der ihr eigenen Funktionsdynamik unterscheiden.

Mit der Formulierung des Ödipuskomplexes hat Freud die Grundlage gelegt für den Grenzbegriff der Triangulierung – ein Begriff, den er selbst nie verwandt hat, der aber später in der entwicklungspsychologischen Theoriebildung einen besonderen Platz einnahm. Hier ist das Hinzutreten des Vaters zu der Beziehung von Mutter und Kind gemeint, sowie die damit einhergehenden psychischen Entwicklungsprozesse für das Kind. Der Vater »löst die zunächst innige und in ihrer Ausschließlichkeit zunehmend zur Blockierung führende Zweierbeziehung auf und ermöglicht dadurch Entwicklung« (Metzger 2000: 16). Die hier auf ganze und distinkte Objekte bezogene Dreiheit hat ihre Entsprechung in psychischen Prozessen und Strukturen, in Denkverläufen ebenso wie im Aufbau der Persönlichkeit. Trianguliertes Denken gibt den Beziehungen äußerer Objekte in gleicher Weise Perspektivität wie der Beziehung innerer Objekte.

Ideengeschichtlich hat sich im Verständnis der Triangulierung eine bemerkenswerte Entwicklung vollzogen. Im Kontext der Annahme Margaret Mahlers (1975) einer symbiotischen Phase in der frühen Mutter-Kind-Beziehung hatte Abelin (1971) die Idee einer »frühen Triangulierung« formuliert, einer Auflösung dieser Symbiose durch die Wahrnehmung und Integration des Vaters als hinzutretendem Dritten. Seitdem ging der wissenschaftliche Streit um die Angemessenheit der Annahme einer Aufeinanderfolge von dyadisch-symbiotischer und triadisch-differenzierter Phase hin und her, insbesondere angefacht durch neuere Ergebnisse der Säuglingsbeobachtung. Statt einer Aufeinanderfolge geht man heute auch in der Entwicklungspsychologie von einer *triadischen Struktur* aus, die von Beginn des Lebens an prozessiert, allerdings auf qualitativ verschiedenen Stufen der Objektbeziehung (vgl. Metzger 2000: 66ff.). Damit wurde zum einen eine theoretische Konzeptualisierung nachvollzogen, wie sie durch Melanie Klein bereits Ende der 20er Jahre des 20. Jahrhunderts mit ihrer Theorie des frühen Ödipuskomplexes eingeleitet wurde. Zum anderen trägt man damit der dialektischen Struktur unserer Erfahrungswelt Rechnung, denn die Erfahrung von Symbiose ist nur denkbar auf einer Erfahrung von Getrenntheit, wie auch umgekehrt das Erleben von Trennung eine Erfahrung von Nicht-Getrenntheit impliziert.

Die weiteren Beiträge dieses Bandes tragen u. a. der Beziehung zu äußeren Objekten Rechnung. Ich werde im Folgenden die Seite der inneren triangulären Strukturierung thematisieren, wobei ich mich in Anlehnung an Bion auf die Entwicklung und Struktur psychischen Raums beziehe.

Das geographische Konzept psychischer Prozesse

Die Rede von »Raum« meint nicht einen physischen Raum, wie man ihn in der äußeren Realität vorfindet. Innerhalb der Psychoanalyse wird von Raum vielmehr auf der Ebene einer Metapher, eines Symbols gesprochen, und eher peripher bezogen auf konkretes Erleben, das zu Beginn des Lebens tatsächlich auf einem physischen Raum gründet.

Raumvorstellungen im analytischen Stundenmaterial beschreiben eine spezifische psychische Realität, deren Verständnis wiederum abhängig ist von den Modellen des Seelenlebens, von denen der zuhörende Analytiker ausgeht. Diese Modelle, innerhalb derer auch Konzepte des psychischen Raums formuliert wurden, haben infolge der Arbeiten Melanie Kleins und Wilfred R. Bions eine grundlegend andere Richtung als die von Freud angelegte gewonnen. Dies werde ich im Folgenden darstellen, wobei ich die Arbeiten von Donald Meltzer, der sich von kleinianischer Seite am weitestgehenden mit der Raumthematik beschäftigt hat, in den Mittelpunkt stelle.

Die Beobachtungen besonders an Kindern führten Melanie Klein zu einem Modell psychischen Prozessierens, in dem innere Objektbeziehungen eine zentrale Rolle spielen. »Die Folgerung war,« – so Meltzer – »dass man dieser Innenwelt die volle Bedeutung eines Ortes zuschreiben muß, eines Lebensraums, vielleicht des Ortes, wo Bedeutung erzeugt wird« (Meltzer 1984: 40). Dieses Konzept einer inneren Welt enthält gute, hilfreiche, aber auch ängstigende und verfolgende Objekte, deren Beziehung die Dramatik psychischer Prozesse ausmacht (Klein 1929, 1935). Melanie Klein hat mit diesen grundlegenden Annahmen die Voraussetzung für Bions Entwicklungstheorie psychischen Raums (mental space) gegeben. Diese beruht im Wesentlichen auf den Modellen von Container-Contained und projektiver Identifizierung, von paranoid-schizoider und depressiver Position, sowie seinen denktheoretischen Annahmen von Präkonzept-Konzept-Realisierung und geht über das Raummodell M. Kleins hinaus (Haas 1997).

Entscheidend für Bions Raumkonzept ist seine Theorie der Alpha-Funktion. Bion nennt die nicht zu Gedanken gewordenen, unverdauten emotionalen Erfahrungen Beta-Elemente. Sie werden mittels projektiver Identifizierung vom Kind in die Mutter »ausgeschieden«. Deren Fähigkeit, diese Projektionen in sich aufzubewahren, zu modifizieren und zu einem geeigneten Zeitpunkt dem Kind zurückzugeben, ist entscheidend dafür, dass das Kind die Erfahrung eines mütterlichen »Behälters« (Container) macht, der eine denkende Verarbeitung ermöglicht, aus der dann etwas Neues und Kreatives entstehen kann.

Heute gehen wir davon aus, dass das Kind diese mütterliche Funktion introjizieren kann und so selber einen Container erwirbt, wenn dieser Prozess, der seine Beta-Elemente in Alpha-Elemente überführt, sich genügend häufig und ausreichend ereignet. So wird ein interaktioneller Prozess durch die Introjektion zu einem intrapsychischen (vgl. auch Meltzer 1984: 78). Eine Erfahrung des Mangels oder der Abwesenheit des befriedigenden Objekts kann dann gedacht werden, was den emotionalen Charakter dieser Erfahrung entscheidend verändert: Statt der unerträglichen Erfahrung der Anwesenheit eines bösen Objekts herrscht nun eine erträgliche Erfahrung der Hoffnung innerhalb eines *umgrenzten* psychischen Raums vor. Psychischer Raum bei Bion geht also einher mit der Alpha-Funktion, die Denken und Träumen bedingt. Bedingung für die Entstehung eines dreidimensionalen psychischen Raums, was Bion (1965: 190) die *geometrische Entwicklung* nennt, ist also die wiederholte und mit ertragbaren Gefühlen einhergehende Erfahrung von An- und Abwesenheit des Objektes und die Verknüpfung von konstanten Verbindungen zwischen diesen Erfahrungen. Und dieses Modell impliziert zugleich, worauf Haas (1997) besonders hinweist: dass die Geburt dreidimensionalem psychischen Raums einem vorgängigen n-dimensionalen Raum (dem psychotischen Persönlichkeitsanteil) mit Hilfe der Funktionen von Container↔Contained und Paranoid-Schizoid↔Depressiv abgerungen wird – eine Vorstellung, die eine gewisse Analogie zu Freuds Idee einer Geburt des Ichs aus dem Es heraus aufweist. Während Freud und auch Melanie Klein psychischen Raum von vornherein als dreidimensional begriffen, war die innere Welt für Bion zunächst jenseits der Dreidimensionalität gedacht, d. h. n-dimensional, psychotisch. Der Begriff der geometrischen Entwicklung meint also den allmählichen Aufbau einer inneren psychischen Welt.

In diesem Prozess wird zugleich etwas vorher Unnennbares benennbar, wodurch Bedeutungsgrenzen anstelle n-dimensionaler Unbegrenztheit innerhalb der von Bion postulierten K-Verbindungen (Kind = Knowledge, d. h. also Wissens-Verbindungen) geschaffen werden. Als letztlich entscheidend für die Entwicklung eines triangulären psychischen Raums (Britton 1990) betrachtet Bion also die Bewältigung einer Verlusterfahrung i. S. der depressiven Position. Es sind also die Erfahrungen von Mangel und Verlust, die mit einer hinreichenden Toleranz für Versagungen ertragbar sein müssen, sowie ein introjizierter Container und eine wirksame Alpha-Funktion, welche die Bildung von Gedanken ermöglichen, als auch die Integrationsprozesse, wie Melanie Klein sie im Begriff der depressiven Position zusammengefasst hat, welche zusammen die entscheidende Grundlage für die Entwicklung psychischen Raums bilden. Britton (1989) sieht in der depressiven Position auch einen Ausdruck der frühen Stadien des Ödipuskonfliktes, welcher zentral die Fähigkeit beinhaltet, das Zusammensein von zwei Objekten zu beobachten, d. h. auch die eigene Ausgeschlossenheit ertragen zu können. Darin stellt sich eine trianguläre Struktur dar, welche die Basis bildet für die grundsätzlich ödipale Struktur des Denkens. Erst sie ermöglicht die dritte Position der Beobachtung, der Reflexion – sie ist die Position des ödipalen Zeugen, die Position des »ich denke, dass...« (ebd.). Bions Denktheorie bindet somit die Fähigkeit des Denkens an die Herstellung eines inneren triangulären, ödipalen Raums (Britton ebd.). Er entwickelt sich aus einer nicht-reflexiven Verfassung, in der Gedanken oder Gefühle »einfach passieren«, und etabliert eine reflexive Verfassung, in der aufgrund der Möglichkeit des inneren Perspektivenwechsels nachgedacht werden kann. Dann fallen auch Symbol und Symbolisiertes nicht in eins (Segal 1957; Klüwer 1993), sondern sind unterschieden. Wenn z. B. für einen psychotischen Patienten, wie im Beispiel von Segal (ebd.), das Geigenspiel und Masturbation in ihrer Bedeutung zusammenfallen, dann kann weder über das Eine noch über das Andere wirklich nachgedacht werden. Dann fehlt die Distanz, die Triangulierung, welche eine denkende Perspektive erlauben würde.

Dimensionen psychischen Raums

Die geometrische Sichtweise der psychischen Entwicklung beschreibt den Aufbau des dreidimensionalen Raums auf der Basis *vorhergehender* Erfahrungswelten. Unser gewöhnliches psychisches Prozessieren kommt in der Regel so selbstverständlich dreidimensional daher, dass eine Veranschaulichung ein- bzw. zweidimensionaler psychischer Welten, so wie von Bions n-dimensionalem Unmöglichkeitsraum, kaum realisierbar erscheint. Psychisch sind es vorsprachliche Erfahrungswelten, die entwicklungspsychologisch und funktional zwar den Hintergrund des dreidimensionalen Prozessierens bilden, selber allerdings kaum fassbar sind (Klüwer 2002). Es sind nicht- oder prä-symbolisierte Welten, die gerade nicht gedacht, sondern nur erfahren werden können. Sie machen sich stets dann bemerkbar, wenn eine symbolvermittelte Kommunikation nicht (mehr) funktioniert und fusionäre Zustände vorherrschen, die bestimmt sind von sehr wirksamen Prozessen der Projektion bzw. projektiven Identifizierung.

Ich kann diese verschiedenen Dimensionen hier zum Zweck der Übersicht nur kurz skizzieren, da die dabei zu berücksichtigenden Aspekte theoretisch und klinisch sehr vielfältig sind. Auch werde ich nicht eingehen auf das Konzept eines n-dimensionalen Raumes, der sich geometrisch als Punkt, Linie, Fläche oder Raum nicht veranschaulichen lässt. Etwas ausführlicher werde ich mich mit dem pseudo-dreidimensionalen Raum des Klaustrums beschäftigen, da ich selber darüber in der Vergangenheit gearbeitet habe.

Ein- und Zweidimensionalität

Da der Begriff des Raums für uns schlechthin mit Dreidimensionalität identisch ist, ist die Rede von anders dimensionierten Räumen stets eine theoretische Konstruktion, die uns als Erfahrung nicht zugänglich ist. Denn jede Erfahrung erfordert notgedrungen ein Gegenüberstehen, eine Reflexion auch auf das Nicht-Trianguläre. Deshalb sind für uns die dem dreidimensionalen Raum vorausgehenden »Räume« eigentlich *raumlose* psychische Zustände, die geographisch betrachtet den Charakter eines *Punktes* oder einer *Linie bzw. Fläche* besitzen, also ein- oder zweidimensional ausgerichtet sind. Ich folge im Weiteren Meltzers Entwicklungsmodell, der diese Erfahrungswelten klinisch ausdifferenziert hat. Dabei fasse ich diese beiden Dimensionen raumloser psychischer Welten zusammen, weil eine klinisch anschauliche Trennung von ein- und zweidimensionalen Prozessen nur schwer möglich ist, und ich dies bisher auch nirgendwo in der Literatur gefunden habe. Selbst bei Meltzer werden z. B. Autisten mal als eindimensional (z. B. Meltzer et al. 1975: 225), mal als in zweidimensionalen Welten lebend (ebd.: 18) beschrieben. Lediglich metapsychologisch können wir klarer differenzieren.

Was wäre demnach ein eindimensionaler psychischer Zustand? Meltzer (ebd.: 224f.) bezeichnet ein fragmentiertes psychisches Geschehen als eindimensional, bei dem es lediglich singuläre Empfindungen konkretistischer Art gibt, die nicht miteinander verbunden sind. Es sind eben punktuelle Sinneserfahrungen, die unverbunden nebeneinander stehen, so wie wir es uns vielleicht beim Säugling nach der Geburt vorstellen. Die Beziehung zu Objekten ist dann lediglich davon bestimmt, ob sie punktuell befriedigend oder abweisend sind. Emotionalität beschränkt sich auf die einfachsten, polarisiertesten Formen. Es ist »eine substantiell geistlose Welt (mindless), die aus einer Abfolge von Ereignissen besteht, welche nicht dem Gedächtnis oder dem Denken zur Verfügung stehen« (Meltzer et al. 1975: 225, Übersetzung T. P.). Das »Denken« hat hier konkretistischen und synkretistischen Charakter, d. h. dass Denken im eigentlichen Sinn hier nicht stattfinden kann. Meltzer spricht von »dismantling«, womit er eine Suspendierung der Aufmerksamkeit zugunsten singulärer sensorischer Erfahrungen meint. Der geistige Apparat (mental apparatus) existiert in unverbundenen Stücken.

Wenn, wie Bion es versteht, ein wesentliches Merkmal psychischer Prozesse im Herstellen von Verbindungen besteht, dann ergibt die fortgesetzte

Verbindung singulärer Sinneserfahrungen zunächst die Möglichkeit einer zweidimensionalen Fläche. In einem häufig zitierten Beispiel Meltzers (1975: 18) für die Flächigkeit des psychischen Zustandes malte ein autistisches Kind ein Haus jeweils auf die Vor- und Rückseite desselben Blattes Papier, so dass das Hereingehen in die eine Tür zugleich das Herausgehen aus der anderen bedeutete. Damit ist der Zustand eines Selbst ohne Innenraum beschrieben, das folglich nichts aufnehmen, in sich verarbeiten und aus sich heraus entlassen kann. Meltzer spricht auch von der »In-Ein-Ohr-Rein-Aus-Dem-Anderen-Ohr-Raus-Persönlichkeit« (ebd.: 19f.), um das Fehlen eines inneren Raumes im Selbst und im Objekt der autistischen Persönlichkeit zu veranschaulichen. Auch in dieser zweidimensionalen Welt wird die Bedeutung eines Objekts anhand seiner sensorischen Qualitäten in seiner Oberfläche identifiziert. Dem entspricht auch ein Erleben des Selbst als sensorische Oberfläche. Die imaginativen Fähigkeiten sind hier verarmt, da gedankliche Objekte und Ereignisse, die sich von den tatsächlich erfahrenen unterscheiden, nicht konstruiert werden können. Hier gibt es nicht die von Bion aufgezeigte Möglichkeit, zwischen einem abwesenden guten Objekt und einem verfolgenden »Abwesenheits-Objekt« (Verfolger) zu unterscheiden. Es fehlt der innere Raum, in dem Phantasieren als Probehandeln stattfinden könnte. Die Fähigkeiten des Selbst, sich zu erinnern oder vorauszuschauen, sind nicht vorhanden oder beschädigt. Seine Erfahrungen resultieren nicht in der Introjektion von Objekten oder introjektiven Modifikationen existierender Objekte. Die Beziehung zu Zeit ist hier zirkulär, es ist eine Welt der Veränderungslosigkeit, in der Entwicklung und Wandel nicht wahrgenommen werden.

Das wesentliche Element narzisstischer Identifizierung in dieser zweidimensionalen Welt sieht Meltzer (ebd.; 1974) in der von ihm so genannten *adhäsiven* Identifizierung. Sie führt zu einer anklammernden Abhängigkeit, einer nachahmenden Identifizierung (Klöß-Rotmann 2002: 13), in der die psychisch getrennte Existenz des Objekts nicht wahrgenommen wird. Verweigert sich das Objekt dieser Beziehungsform, wird dies als katastrophisch erlebt und mit Zusammenbruch reagiert. Beim Vorherrschen adhäsiver Identifizierung kann nicht zwischen einer Verweigerung des Objekts und seinem Verschwinden unterschieden werden. Das Objekt wird also dringend für die anklammernd-sensorische Beziehung benötigt, um ein psychisches Gleichgewicht aufrechtzuerhalten. Die daraus resultierende Form der Identifizierung ist eine Art oberflächlicher Imitation, eine Karikatur, welche den geistigen Zustand des Objekts nicht erfasst. Dieser psychischen Welt fehlt die Dreidimensionalität, in der es Innen und Außen, Projektion und Introjektion gibt. Deshalb ist hier der für jede Kommunikation, d. h. auch der für die Entstehung von Übertragungsverwicklungen (Klüwer 1997: 157) notwendige Prozess der projektiven Identifizierung nicht gegeben (Meltzer ebd.: 18). Meltzer spricht von der hier vorherrschenden »Kopf-Leere« (empty-headedness), wie man sie häufiger bei Athleten, Tänzern, Schauspielern und sogenannten Models finden kann, die besonders auf das Herstellen sensorischer Erfahrungen orientiert sind. Hier finden wir die »Oberflächen-Objektbeziehung« (surface to surface relation to objects; ebd.: 238), die klinisch von Esther Bick (1968), von Meltzer und seinem Arbeitskreis (ebd.) und in Deutschland auch von Klöß-Rotmann (2002) beschrieben wurde anhand von Patienten, die versuchen, sich selbst mittels adhäsiver Identifizierung eine haltende Hülle zu schaffen. Unintegrierte Persönlichkeitsanteile sollen hier durch die sensorische Erfahrung einer Haut, einer Stimme, eines Geruches o. ä. zusammengehalten werden. Die sensorische Erfahrung bewirkt eine momentane Aufmerksamkeitsfokussierung und erzeugt so das Gefühl von innerem Zusammenhalt. Auf diese Weise können unterschiedliche sensorische Objekte wie eine zusammenhaltende Haut erfahren werden. Bick spricht deshalb in diesen Fällen von »Zweithaut-Bildungen«. In der psychoanalytischen Behandlung gewinnt die Übertragung dann auch primär die Funktion der Bildung einer haltgebenden Haut. Klüwer (2002: 14) spricht von einer *Tandem-Übertragung*, in welcher der Patient die Bewegungen des Analytikers mitvollzieht, um mit ihm eine gemeinsame Fläche zu bilden. Tustin (1986) bevorzugt deshalb den Begriff der »adhesive equation«, da eben das Objekt nicht als getrenntes wahrgenommen wird. In dieser zweidimensionalen Welt, in der kein internalisierter Container zur Verfügung steht, gibt es nur eine primitive Form des Denkens bzw. eine Flucht vor einem inneren geistigen Leben. Trennungen sind deshalb unerträglich, da sie nicht gedacht werden können. Diese sensorischen Bewältigungsversuche treten in Erscheinung, wenn im Verlauf der frühkindlichen Entwicklung die Introjektion eines bewahrenden Objekts misslingt, oder wenn durch traumatische Erfahrungen der Container zerstört wird. Bick beschreibt z. B. Kinder, die durch eine besondere Entwicklung ihrer Muskulatur die sensorische Erfahrung eines Behälters herstellen. Hier liegt ein grundsätzlicher Fehlschlag der Entwicklung dreidimensionalen psychischen Raums beim Selbst und beim Objekt vor, wie er durch ein gelingendes »Containing« i. S. Bions geschaffen wird (ebd.: 235).

Dreidimensionalität

Voraussetzung für die weitere Entwicklung der dreidimensionalen Welt ist zunächst die Erfahrung eines dreidimensionalen Objekts, also eines Objekts, das nicht »papier-dünn«, d. h. nicht zweidimensional ist (Meltzer et al. 1975: 226f.), das folglich Penetrationsversuchen widersteht und als dreidimensional mit Vor- und Rückseite und Innenraum erfahren werden kann. Eine weitere Voraussetzung ist die Entwicklung einer psychischen *Sphinkter-Funktion*, welche erlaubt, physische und psychische Öffnungen zu beschützen und zu kontrollieren. Die Erfahrung psychischen Raumes als etwas zu Bewahrendes ist die Voraussetzung dafür, sich selbst aggressiver Penetration zu enthalten, sich aber auch davor zu schützen. Dazu gehört auch die Erfahrung eines adäquaten Containments, das wiederum das Subjekt selbst befähigt, ein haltender, abschließender Container zu sein. Auf der Basis dieser Entwicklungen gewinnt das Innere von Selbst und Objekt dann die vorrangige Bedeutung eines geistigen Zustandes (state of mind) und die psychische Qualität eines dreidimensionalen Raumes (potential space) mit Inhalten. Und auf dieser früh erworbenen geistigen Basis kann dann die Beziehung zwischen Mutter und Vater als kreativ verstanden werden, verbunden mit jeweils spezifischen Beziehungen zum Kind. Und weil Selbst und Objekt räumlich erfahren werden, kommt das uns bekannte Spiel von sich öffnenden und verschließenden Ein- und Ausgängen, von Kontinenz und Inkontinenz, von Penetrieren und Penetriert-Werden, in Gang. Der Begriff der Identifizierung gewinnt jetzt eine Bedeutung im Kontext von räumlicher Hereinnahme bzw. Herausverlagerung, also von Introjektion und Projektion. Diese Entwicklungen sind eng verbunden mit dem Ertragen psychischer Separation und dem Erreichen der depressiven Position, die dann die Voraussetzung für die von Freud entdeckten Neurosen herstellen. Der Erwerb psychischer Dreidimensionalität lässt auch die Erfahrung von Zeit in besonderer Weise gerichtet werden: nämlich als eine Bewegung von Innen nach Außen (vgl. Meltzer 1975.). D. h., wenn sich das Subjekt nicht mehr in dem Objekt, sondern getrennt von diesem, außen, erlebt, gewinnt Zeit eine unerbittliche Gerichtetheit. Es ist das Thema der Vertreibung aus dem Paradies, das hier anklingt, sowie das des Lebens zum Tode hin. Gegen diese depressiven Erfahrungen arbeitet besonders die projektive Identifizierung, welche diese Richtung umkehren möchte von Außen wieder nach Innen.

Pseudo-Dreidimensionalität: Der Raum des Klaustrums

Mit dem Konzept der *projektiven Identifizierung* lernten wir besser verstehen, was in narzisstischen Objektbeziehungen passiert, wie also unerträgliche Anteile aus dem Selbst heraus *evakuiert* und *in ein Objekt hinein* gebracht werden. Es wurde auch verständlich, wie dadurch das Objekt im Erleben des Subjekts verändert wird, da es nun die evakuierten Selbstanteile enthält und die Getrenntheit zwischen Subjekt und Objekt auf diese Weise verleugnet wird. Projektive Identifizierung ist zugleich eine omnipotente, unbewusste Phantasie, da sie vollkommen unter der Regie des Subjekts stattfindet und das Objekt entsprechend benutzt wird.

Bion (1957, 1962a und b) führte darüber hinaus die Unterscheidung zwischen einer normalen projektiven Identifizierung, die der Kommunikation dient, und ihrer *pathologischen* Variante ein. Für diese pathologische Form, bei der unerträgliche Zustände mit projektiver Gewalt in ein Objekt hineinverlagert werden, hat Meltzer den Begriff der *intrusiven Identifizierung* vorgeschlagen. Anhand der analen Masturbation beschreibt er (Meltzer 1966) eine dort zugrundeliegende unbewusste Phantasie, in der in omnipotenter Weise hinterrücks in die Mutter eingedrungen wird. Das Motiv für diese Bewegung liegt allgemein in einem komplizierten affektiven Zustand, der unerträgliche oder traumatische Qualität hat, und den wir nur etwas formelhaft beschreiben, wenn wir davon sprechen, dass die mütterliche Brust wegen einer nicht ertragbaren Leere und den damit verbundenen Ängsten gehasst wird. Dieser Hass aufgrund einer unerträglichen Versagung gibt der Brust eine anale Qualität. Und über diese unerträgliche Befindlichkeit mit ihren analen Phantasien wird die intrusive Identifizierung ins Werk gesetzt.

Sich dann im Innern der Mutter zu befinden, schafft einerseits einen Zufluchtsort, denn es ist eine Welt, die eine bestimmte Ordnung und Beziehung jenseits der unerträglichen Trennungs- und Versagungsgefühle vorgibt. Diese psychischen Rückzugsorte sind neben D. Meltzer auch von John Steiner (1990, 1993) und J. H. Rey (1975) beschrieben worden. Sie werden einer Welt vorgezogen, die eine nicht handhabbare namenlose Angst bereithält. Zum anderen aber – und dies ist das Neuartige an Meltzers Gedankengang – ist damit ein Ort betreten, der aufgrund seiner spezifischen Eigenschaften zu einem *Klaustrum* wird. Den Begriff des Klaustrums hat bereits Erikson 1937 eingeführt (Homburger 1937; Willoughby 2001: 921), womit er bei seinen Beobachtungen kindlichen Spiels mütterliche Innenräume bezeichnete, in welche die Kinder fluchtartig eindringen wollten. Meltzer, der eine umfassende Theorie des Klaustrums entwickelte, vergleicht diese Patienten mit einem Schauspieler, der sich in einen bestimmten Aspekt eines von ihm phantasierten Menschen hineinversetzt und damit seine Identität verändert. So ermöglicht die intrusive Identifizierung einen omnipotenten Identitätswechsel um den Preis eines oft nachhaltigen Wirklichkeitsverlustes. Die Rolle, die unbewusst gefangen nimmt und zu einem Klaustrum wird, ist ein bestimmter Aspekt der inneren Mutter. Er bestimmt in der Folge als beherrschende unbewusste Phantasie die Identität des Subjekts. Dieser Klaustrum-Container unterscheidet sich deutlich von dem mütterlichen Container, wie ihn Bion (1959) beschrieben hat, der eine wirklich kommunikative Funktion erfüllt und einer verstehenden Verarbeitung emotionaler Erfahrungen dient. Die intrusive Identifizierung dagegen raubt dem Objekt seine Eigenständigkeit und beschädigt es. Aufgrund des Gefühls, ein Eindringling zu sein, leidet der intrusive Selbstanteil immer unter Ängsten, entdeckt zu werden, so wie ein Hochstapler oder ein Betrüger. Ich möchte diese Vorstellungen an einem kurzen klinischen Beispiel verdeutlichen.

Herr S. kam mit 42 Jahren voller Angst in Analyse, als seine Frau nach einigen Ehejahren darauf bestand, in einer gemeinsamen Wohnung anstatt in zwei übereinanderliegenden Wohnungen zu leben. Er dagegen meinte, sein eigenes, abschließbares Reich zu benötigen und fürchtete den gemeinsamen Wohnbereich, wo seiner Meinung nach ständig jemand in seinen Raum eindringen könnte. Im Erstgespräch konnte er sich nicht setzen, sondern ging, mit hoch geschlagenem Mantelkragen und Sonnenbrille, beständig vor mir auf und ab. Als er sich schließlich doch auf eine ihn täglich begleitende Analyse einlassen konnte, war damit zwar äußerlich ein gemeinsamer Arbeitsraum geschaffen, aber keineswegs innerlich. Stattdessen konnte es vor Trennungen am Wochenende oder vor den Ferien passieren, dass er plötzlich von Ängsten vor dem Finanzamt geplagt war: Er fürchtete, dass man ihm wegen bestimmter, nicht versteuerter Einnahmen, auf die Schliche kommen könnte. Und er fürchtete auch von mir deshalb verurteilt zu werden. Erst allmählich konnte ich verstehen, dass für ihn ein gemeinsamer Raum des Containments, in dem wir auf die aktuelle Trennung bezogene Gefühle und Phantasien hätten teilen können, nicht existierte. Stattdessen war er intrusiv in eine anale Klaustrum-Welt geraten und fürchtete nun als jemand, der sich unerlaubt etwas aneignet, entdeckt zu werden.

Von diesem intrusiven Selbstanteil wird die *Identität* dieser Patienten so sehr bestimmt, dass Meltzer von *Klaustrum-Bewohnern* spricht. Sie verkörpern in basaler Weise *Falschheit* und kommen dem nahe, was Helene Deutsch (1934) mit dem *Als-Ob-Charakter* und Winnicott (1960) als das *falsche Selbst* beschrieben hat. In ihrem Selbstgefühl sind sie bestimmt von einer Pseudo-Größe, da durch die intrusive Phantasie die Unterschiede zwischen der eigenen realen Größe und der des reifen Erwachsenen aufgehoben werden. Das Gefühl für das Erwachsen-Sein wird so nur vorgetäuscht, der Ödipuskomplex und damit eine wirkliche Triangulierung umgangen und Potenz durch Pseudo-Potenz ersetzt. Von dieser Klaustrum-Identität ausgehend wird auch die Wahrnehmung der Außenwelt, ihrer Objekte und ihrer Beziehungen in besonderer Weise bestimmt. Der äußere Objektraum erhält analog der Klaustrum-Phantasie eine Aufgliederung in mütterliche Innenräume und ist allgemein geprägt von einer klaustrophobischen Angst.

Die zu Beginn des Lebens undifferenzierte Vorstellung von der Mutter gewinnt aufgrund der zunehmenden Erfahrungen des Kindes mit den mütterlichen Funktionen vermehrt Struktur. Für die differenziertere Vorstellung von der Mutter sind besonders die Beziehungen zwischen den Körperöffnungen des Kindes und der mütterlichen Versorgung von Bedeutung. So integrieren sich auf der Ebene psychischer Repräsentanzen allmählich größere Bereiche wie Kopf/Brust, Genital und Rektum. Die Bezeichnung »Bereich« meint hier die zunächst konkretistische Welt innerer Teilobjekte. Führt die Beziehung zur Mutter nun aufgrund einer dominierenden Erfahrung von Uneinfühlsamkeit zu einer mangelhaften Entwicklung der symbolischen Welt und dadurch zur Vorherrschaft nicht verstehbaren und deshalb konkretistischen Erlebens, werden auch Trennungserfahrungen unerträglich. Die Beziehung zur Mutter wird dadurch mit massiven Aggressionen belastet, und die mütterlichen Bereiche integrieren sich nicht. Denn die mit den Ausscheidungen identifizierte Aggression darf mit den anderen Bereichen nicht in Berührung kommen, um sie nicht zu zerstören. In der unbewussten Wahrnehmung stellt sich folglich das Innere der Mutter als drei *separierte Abteile* dar, die alle die Funktion eines Klaustrums übernehmen können. Die daraus resultierenden Eigenarten der Klaustrum-Bewohner können am besten bei Borderline- oder psychotischen Patienten beobachtet werden. Im Folgenden will ich die drei Bereiche kurz skizzieren und zwei davon durch klinische Beispiele veranschaulichen.

Die intrusiven Bewohner des *Kopf-Brust-Bereiches* leben in der Illusion der

Allwissenheit und dem omnipotenten Gefühl, über alles verfügen zu können (vgl. Meltzer 1976). Hier finden wir den Typus des sich selbst stilisierenden Genius, des Genießers, des Ästheten, des Ruhmsüchtigen. Entscheidend ist, dass die inneren Werte, die mit diesem mütterlichen Bereich verbunden sind, durch die intrusive Identifizierung aufgrund der ihr anhaftenden analen Bemächtigung (Meltzer 1966) verändert werden: So wird Wissen zur Information, Verstehen zum Eindringen in Geheimnisse, Großzügigkeit wird zu purer Gegenleistung, Rezeptivität zur Überredung. Literarisch dargestellt ist dieser Typus z. B. in Goncharovs Roman *Oblomov*.

Im *genitalen Bereich* erinnern die Charaktere sehr an die von Adoleszenten, die in einer erotisierten Verfassung sind und ihre Objektbeziehungen primär unter diesem Aspekt gestalten. Auf der männlichen Seite finden wir hier die wahren Machos, den »He-Man«, auf der weiblichen Seite die kokette und verführerische Frau. Das zentrale Objekt ist für beide der erigierte Penis: Der Macho will ein solcher sein, die Verführerin will ihn beherrschen. Unbewusst wird die Identität dieser Charaktere bestimmt von infantilen Phantasien über einen elterlichen Koitus, bei dem die unwiderstehliche Weiblichkeit der Mutter Vaters ganze Phallizität auf den Plan ruft. Diese Phantasie bildet die Grundlage für viele Spielarten perverser Inszenierungen.

Die dritte Form des Klaustrums bezieht sich auf das *mütterliche Rektum*. Die Bewohner dieser Welt leiden unter den ernsthaftesten psychischen Störungen. Sie sind beherrscht von Sadismus, es geht um tyrannische Macht oder absolute Unterwerfung. Das zentrale Objekt des rektalen Klaustrums symbolisiert sich in einer Phantasie des fäkalen Penis, einem Führer, der absoluten Gehorsam fordert. Meltzer beschreibt den hier stattfindenden Abbau aller Werte: Wahr ist alles, von dem nicht das Gegenteil bewiesen werden kann, Gerechtigkeit ist Rache, Intimität wird eine Technik der Manipulation und Täuschung, Hingabe wird ersetzt durch Treue, Gehorsamkeit ersetzt Vertrauen, Gefühle werden durch Erregung simuliert. Der zentrale Wert ist das bloße Überleben. Hier ist der Anus Mundi, dessen intrusive Bewohner sich am deutlichsten in klaustrophobischer Weise gefangen fühlen.

Worte und Gedanken als analer oder genitaler Austausch schotten aufgrund ihrer konkretistischen Qualität die Klaustrum-Bewohner von der Möglichkeit symbolvermittelter Kommunikation ab. Es gibt kein Gespräch auf einer triangulären Ebene in dem Sinn, dass Subjekt und Objekt sich über etwas Drittes verständigen und darüber nachdenken. Denn die Kategorien von Subjekt und

Objekt werden durch den intrusiven Rückzug in die Klaustrum-Welt aufgehoben.

Ich fasse zusammen: Die Raummetapher bei Freud ist verbunden mit dem Zentralkonflikt der Neurosen, dem Ödipuskonflikt, dessen Dreierstruktur im Begriff der Triangulierung besonders in der psychoanalytischen Entwicklungspsychologie seinen Niederschlag fand. Die Auffassung der Triangulierung als eine von Lebensbeginn an vorhandene, sich inhaltlich jedoch wandelnde Struktur, trifft sich mit der von Melanie Klein formulierten Theorie des frühen Ödipuskomplexes. Darauf aufbauend hat Bion als neuen metapsychologischen Gesichtspunkt die Geometrie psychischer Prozesse in den Mittelpunkt gerückt. Ein dreidimensionaler psychischer Raum erscheint demnach als ein Ort psychischer Reife, dem ein- und zweidimensionale, aber auch pseudo-räumliche Strukturen, wie ich sie am Konzept des psychischen Klaustrums beschrieben habe, entgegenstehen.

Abschließend sei noch einmal an Freuds Formulierung erinnert, in der er davon sprach, dass die Psyche nichts von ihrer Ausdehnung wisse. Ich denke, dass die Psychoanalyse, so wie sie als klinische Methode für diese Klaustrum-Patienten psychischen Raum herstellt, auch als wissenschaftliche Disziplin ein Bewusstsein von der fundamentalen Bedeutung des psychischen Raumes geschaffen hat. Jetzt kann die Psyche um ihre Ausdehnung, aber auch um deren Bedrohung, wissen. Als Analytiker gewinnen wir mit diesen differenzierten Raummodellen eine Anschauung hinsichtlich des psychischen Ortes unserer Patienten und zugleich darüber, ob sie die psychischen Voraussetzungen für das Erleben und Gestalten von triangulierten Beziehungen besitzen. Behandlungstechnisch sind jetzt die Schwierigkeiten benennbar, die entstehen, wenn der Adressat unserer Deutungen keinen dreidimensionalen psychischen Raum besitzt bzw. gegen dessen Zumutungen regressiv ankämpft. Denn dann hört der Patient die Deutungen des Analytikers nicht als symbolvermittelte Überlegungen, über die er nachdenken kann, sondern im Sinne eines konkreten Handelns, das etwas mit ihm machen will. Der Analytiker ist dann ein Objekt jenseits einer dreidimensionalen psychischen Welt.

Literatur

Abelin, E. L. (1971): The role of the father in the separation-individuation process. In: McDevitt, A./Settlage, C. F.: Separation-Individuation. New York: International Universities Press.

Bick, E. (1968): Das Hauterleben in frühen Objektbeziehungen. In: Spillius, E. B. (Hrsg.) (1990): Melanie Klein heute, Band 1. München: Verlag Internationale Psychoanalyse, 236-240.

Bion, W. R. (1957): Zur Unterscheidung von psychotischen und nicht-psychotischen Persönlichkeiten. In: Spillius, E. B. (Hrsg.) (1990): Melanie Klein heute, Band 1. München: Verlag Internationale Psychoanalyse, 75-99.

Bion, W. R. (1959): Angriffe auf Verbindungen. In: Spillius, E. B. (Hrsg.) (1990): Melanie Klein heute, Band 1. München: Verlag Internationale Psychoanalyse, 110-129.

Bion, W. R. (1962a): Eine Theorie des Denkens. In: Spillius, E. B. (Hrsg.) (1990): Melanie Klein heute, Band 1. München: Verlag Internationale Psychoanalyse, 225-235.

Bion, W. R. (1962b): Lernen durch Erfahrung. Frankfurt a. M.: Suhrkamp, 1990.

Bion, W. R. (1965): Transformationen. Frankfurt a. M.: Suhrkamp, 1997.

Britton, R. (1990): Bions Theorie vom »Behälter« und dem »Gehaltenen« (containter/contained) anhand von Falldarstellungen. Unveröff. Vortragsmanuskript v. 20.01.90.

Deutsch, H. (1934): Über einen Typus der Pseudo-Affektivität (»Als-ob«). In: Internationale Zeitschrift für Psychoanalyse, 1934, 20, 323-335.

Freud, S. (1900a): Die Traumdeutung. Gesammelte Werke, Band 2/3. Frankfurt a. M.: S. Fischer.

Freud, S. (1915e): Das Unbewußte. Gesammelte Werke, Band 10. Frankfurt a. M.: S. Fischer, 264-303.

Freud, S. (1941f [1938]): ›Ergebnisse, Ideen, Probleme‹. Gesammelte Werke, Band 17. Frankfurt a. M.: S. Fischer, 149, 151f.

Haas, J.-P. (1997): Bions Beitrag zu einer psychoanalytischen Theorie der Emotionen. In: Jahrbuch der Psychoanalyse, 1997, 38, 137-193.

Homburger, E. (1937): Configurations in play–clinical notes. In: Psychoanalytic Quarterly, 6, 139-212.

Klein, M. (1929): Rollenbildung im Kinderspiel. G. S. Band 1,1. Stuttgart: frommann-holzboog, 1995, 313-328.

Klein, M. (1935): Beitrag zur Psychogenese der manisch-depressiven Zustände. G. S. Band 1,2. Stuttgart: frommann-holzboog, 1996, 29-76.

Klöß-Rotmann (2002): Adhäsive Identifizierung und psychische Veränderung. In: Jahrbuch der Psychoanalyse 2002, 45, 11-45.

Klüwer, R. (1993): Die Dreiheit und das Fremde. Vortrag anlässlich der Verabschiedung von Mario Muck im SFI im Oktober 1993.

Klüwer, R. (1997): Einblicke in die Welt des Autismus. In: Zeitschrift für psychoanalytische Theorie und Praxis, 1997, 2, 151-165.

Klüwer, R. (2002): M. C. Escher. Spielen mit Bildern und Gedanken. Psychoanalytische Assoziationen zu einem dimensionalen Modell der inneren Realität. In: Jahrbuch der Psychoanalyse, Band 50.1, 2005.

Mahler, S./Pine, F./Bergmann, A. (1975): Die psychische Geburt des Menschen. Symbiose und Individuation. Frankfurt a. M.: Fischer, 1999.

Meltzer, D. (1966): Die Beziehung der analen Masturbation zur projektiven Identifizierung. In: Spillius, E. B. (Hrsg.) (1990): Melanie Klein Heute. Entwicklungen in Theorie und Praxis, Band 1: Beiträge zur Theorie. München: Verlag Internationale Psychoanalyse, 130-147.

Meltzer, D. (1974): Adhesive identification. In: Hahn, A. (Hrsg.) (1994): Sincerity and other Works. Collected Papers of Donald Meltzer. London: Kranz, 335-350.

Meltzer, D. (1976): The Delusion of Clarity of Insight. In: International Journal of Psychoanalysis, 1976, 57, 141-146.

Meltzer, D. (1984): Traumleben. Eine Überprüfung der psychoanalytischen Theorie und Technik. München: Verlag Internationale Psychoanalyse, 1988.

Meltzer, D./Bremner, J./Hoxter, S./Weddell, D./Wittenberg, I. (1975): Explorations in Autism. A Psycho-Analytical Study. Strath Tay: Clunie Press.

Plänkers, T. (2005): Sprechen im Klaustrum. Zur Psychodynamik des Stotterns. In: Psyche, 2005, 3, 197-223.

Rey, J. H. (1975): Liberté et processus de pensée psychotique. La Vie Médicale au Canada Français, 1974, 4, 1046-1060.

Segal, H. (1957): Notes on symbol formation. In: International Journal of Psychoanalysis, 38, 391-397.

Steiner, J. (1990): Pathological organizations as obstacles to mourning. In: International Journal of Psychoanalysis, 71, 87-94.

Steiner, J. (1993): Orte des seelischen Rückzugs. Pathologische Organisation bei psychotischen, neurotischen und Borderline-Patienten. Stuttgart: Klett-Cotta, 1998.

Tustin, F. (1986): Autistische Barrieren bei Neurotikern. Frankfurt a. M.: Nexus.

Willoughby, R. (2001): ›The dungeon of thyself‹: the claustrum as pathological container. In: International Journal of Psychoanalysis, 2001, 82, 917-932.

Winnicott, D. W. (1960): Ich-Verzerrung in Form des wahren und falschen Selbst. In: Ders. (1965): Reifungsprozesse und fördernde Umwelt. Frankfurt a. M.: Fischer, 1988, 182-199.

Dieter Katzenbach/Jessica Ruth

LERNEN – LERNSTÖRUNG – TRIANGULIERUNG

Zum Zusammenspiel von Emotion und Kognition bei Lernprozessen

Die bildungspolitischen und fachlichen Diskussionen haben auch nach der dritten Erhebung im Jahre 2006 nicht nachgelassen, allerdings haben sie den Fokus gewechselt. Nach dem ersten Durchgang im Jahre 2000 stand das schlechte *durchschnittliche* Abschneiden der deutschen Schüler/innen im Zentrum der öffentlichen Aufregung und der zuweilen hektischen Aktivitäten von Politik und Bildungsverwaltung. Mittlerweile wird der Tatsache mehr Aufmerksamkeit zuteil, dass es vor allem die Schüler/innen mit ungünstigen Lernvoraussetzungen sind, die im deutschen Schulsystem nur unzureichend gefördert werden; mit dem skandalösen Ergebnis, dass ca. 15% eines Jahrgangs die Schule mit rudimentären schriftsprachlichen Kompetenzen verlassen (vgl. Baumert et al. 2006).

Aufgrund dieser eindeutigen Befundlage hat sich eine breite Debatte um die *Bildungsgerechtigkeit* in Deutschland entfaltet: Bekanntermaßen bleibt die Bundesrepublik auch in den nachfolgenden PISA-Erhebungen das Land unter den rund 30 Teilnehmerstaaten, in dem der Zusammenhang zwischen Bildungserfolg der Schüler/innen und dem Sozialstatus der Eltern am dichtesten geknüpft ist (vgl. Deutsches PISA-Konsortium 2000: 379ff.). Eine der Konsequenzen hieraus sind die Kontroversen um die Zukunft der Hauptschule. Während einzelne Bundesländer wie Bayern für die Stärkung der Hauptschule plädieren, schaffen andere Bundesländer sie kurzerhand ab bzw. führen sie mit der Realschule zusammen (so z. B. Hamburg).

Bezeichnend ist allerdings der Umstand, dass die Schüler/innen mit den schlechtesten Lernvoraussetzungen, also diejenigen, die sonderpädagogische Förderung erhalten – zumeist in separierten Förder- bzw. Sonderschulen – in diesen Debatten fast gar keine Beachtung finden. Nach den Angaben der Kultusministerkonferenz waren dies in Deutschland im Jahre 2006 immerhin ca. 500.000 Kinder und Jugendliche bzw. 6% aller Schülerinnen und Schüler (vgl.

KMK 2008: 3f.). Ihre Bildungsinteressen, so ist zu konstatieren, werden bei den gegenwärtigen Überlegungen zur Reform des deutschen Schulsystems beharrlich ignoriert, dies trotz der diesbezüglichen harschen Mahnungen des UN-Menschenrechtsbeauftragen Munoz aus dem Jahr 2007.

Fast die Hälfte dieser 500.000 Kinder und Jugendlichen erhalten sonderpädagogische Förderung im Sinne des *Förderschwerpunkt Lernen*, das heißt, dass sie – aus welchen Gründen auch immer – den Leistungsanforderungen der Regelschule nicht haben entsprechen können. Seit langem ist bekannt, dass dieses »Schulscheitern« – wobei hier zunächst einmal offen gehalten muss, ob diese Schüler/innen an der Schule oder die Schule an diesen Schüler/innen scheitert – in überwiegender Zahl Kinder und Jugendliche aus sozialen Benachteiligungslagen trifft, und ebenso ist hinlänglich belegt, dass Schüler/innen mit Migrationshintergrund in dieser Schulform deutlich überrepräsentiert sind. Das gegliederte Schulsystem und die dabei erfolgende frühe Zuordnung der Kinder und Jugendlichen zu bestimmten Bildungsgängen bzw. der Ausschluss aus dem Regelschulsystem stellt nach Meinung vieler Experten ein strukturelles Hindernis in der fachlichen und organisatorischen Weiterentwicklung der Schulen hin zu einer stärker am Individuum und seinen spezifischen Lernbedürfnissen ausgerichteten schulischen Bildung dar (vgl. Katzenbach 2007).

An dieser Stelle soll allerdings die Schulstrukturdebatte nicht geführt werden, auch wenn wir sie als dringend notwendig erachten (vgl. hierzu u. a. Katzenbach/Schroeder 2007). Vielmehr soll hier der Frage nachgegangen werden, wie die fachlichen Hilfen für diese Kinder und Jugendlichen mit gravierenden und umfassenden Lernschwierigkeiten weiter entwickelt werden können. Insbesondere soll geprüft werden, inwieweit das psychoanalytische Konzept der Triangulierung einen Erkenntnisgewinn für das Verständnis der Entstehung von generalisierten Lernproblemen verspricht und welche pädagogischen Konsequenzen sich hieraus ergeben.

Zusammenhänge zwischen Lern- und Verhaltensstörungen

Bis heute ist der Nachweis nicht geführt, dass durch die frühe Separierung eine bessere Förderung benachteiligter Schüler/innen gelänge, als dies bei einem Verbleib im Regelschulsystem der Fall wäre (vgl. z. B. Tent 1991; Bless 1995; im Überblick Hildeschmidt/Sander 1996). Wocken (2005) kommt in seiner aktuellen Untersuchung im Gegenteil zu dem Befund, dass sich die Lernrückstände gegenüber den Regelschülern beim Besuch der Förderschule eher vergrößern, als dass sie aufgeholt würden. Die spezifischen Lebensumstände dieser Schüler/innen, die in der Regel durch Armutsbedingungen geprägt sind, und die daraus folgende psychische Vulnerabilität können unter den gegebenen schulorganisatorischen Bedingungen offenbar nur unzureichend berücksichtigt werden. Ihren Ausdruck finden diese psychosozialen Belastungen u. a. darin, dass neben Lernproblemen auch Probleme im Verhalten und Erleben den Alltag der Schule für Lernhilfe prägen. Diese Einsicht ist in der Sonderpädagogik zwar längst zum Allgemeinplatz geworden, aber anders als im angloamerikanischen Sprachraum wurde in der bundesdeutschen sonderpädagogischen und psychologischen Forschung der Zusammenhang zwischen kognitiven und sozial-emotionalen Kompetenzen lange Zeit vernachlässigt. Überblicksreferate von Gasteiger-Klicpera et al. (2001) und von Petermann/Wiedebusch (2003) belegen auf der Basis vor allem US-amerikanischer Untersuchungen, dass Kinder mit Lernproblemen in der Regel auch soziale Anpassungsprobleme zeigen, die wiederum auf niedriger entwickelte soziale und emotionale Kompetenzen zurückzuführen sind. Die Beiträge in dem von Schröder und Wittrock herausgegebenen Sammelband »Lernbeeinträchtigung und Verhaltensstörung« (2002) und die von Bundschuh verfasste Monographie »Emotionalität, Lernen und Verhalten« (2003) belegen allerdings, dass man sich auch in Deutschland mittlerweile mit dieser Thematik zu beschäftigen beginnt. Auch wenn die Koinzidenz von Lern- und Verhaltensproblemen als empirisch gut gesichert gelten kann, so dokumentieren die genannten Untersuchungen dennoch nur korrelative Zusammenhänge zwischen den beiden Dimensionen. Über die *Qualität* des Zusammenhangs lässt sich bis heute nur wenig sagen.

Das »neue« Interesse an den Emotionen dürfte sich dabei nicht zuletzt auf die in der Neuropsychologie gewonnen Erkenntnisse zur Bedeutung der Emotionen in der Subjektgenese, insbesondere eben auch in der Entwicklung der kognitiven Funktionen, zurückführen lassen (vgl. Ciompi 1997; Damasio 1999; Huber 2004; Hüther 2004; Kaplan-Solms/Solms 2000; LeDoux 2002). Aus entwicklungspsychologischer Perspektive kommt dabei der Affektregulation – d. h. der sich entwickelnden Fähigkeit des Subjekts, Zugang zu den eigenen Affekten zu haben, ohne diesen ausgeliefert zu sein – eine Schlüsselrolle in der Genese emotionaler Kompetenz zu.

Untersuchungen unterschiedlichster Forschungsrichtungen kommen dabei zu dem Ergebnis, dass die Entwicklung einer so verstandenen emotionalen Kompetenz letztlich nur in zwischenmenschlichen Beziehungen stattfinden kann (so z. B. Saarni 2002; Schore 1994). Damit ergibt sich zwangsläufig, dass die Qualität der Affektregulation von der Qualität der Beziehungserfahrungen abhängt (vgl. Keppler et al. 2002). Diese, für psychoanalytisch orientierte Fachleute eher selbstverständlich anmutende Einsicht, spielt in der (sonder-) pädagogischen Theorie und Praxis hingegen nur eine nachgeordnete, zumindest wenig systematische Rolle. Ungeachtet der geläufigen Rede von der hohen Bedeutung der Beziehungsarbeit in der sonderpädagogischen Förderung wird zur Verbesserung sozial-emotionaler Kompetenzen letztlich doch eher auf curricular orientierte Trainings als auf die systematische Reflexion und Gestaltung der Beziehung zwischen Professionellem und Kind gesetzt.

Hier kann zunächst soviel festgehalten werden: Wenn ein Zusammenhang zwischen Lernerfolg und emotionaler Kompetenz besteht und sich emotionale Kompetenz in zwischenmenschlichen Beziehungen entwickelt, dann liegt es nahe, *nach der Bedeutung (früher) Beziehungserfahrungen für die Entwicklung kognitiver Kompetenzen bzw. umgekehrt nach der Bedeutung von Beziehungserfahrungen in der Ätiologie von generalisierten Lernproblemen zu fragen.*

Lernen, Lernstörungen und Affektregulation

Einige grundlegende Überlegungen zum Begriff des Lernens sind voraus zu schicken. Obwohl sich die Psychoanalyse im Kern mit Prozessen der Subjektbildung befasst, und diese Prozesse wohl kaum ohne Lernvorgänge vonstatten gehen können, ist in der Psychoanalyse letztlich kein differenzierter Lernbegriff entwickelt worden. Bions Werk »Lernen durch Erfahrung« aus dem Jahr 1962 stellt in dieser Hinsicht zweifellos einen wichtigen Beitrag dar, ist aber letztlich solitär geblieben. Über weite Strecken ist der Lernbegriff der Psychoanalyse – dem Denken Freuds und seiner Zeit folgend – nach wie vor assoziationstheoretisch angelegt, und die Weiterentwicklungen der akademischen Psychologie wurden nur punktuell aufgegriffen. Mittlerweile bestimmen konstruktivistische Lernmodelle das Feld, welche die Eigenaktivität des Subjekts im Erkenntnisprozess betonen und die einfachen Vorstellungen des von außen kontrollierbaren Reiz-Reaktions-Lernens abgelöst haben.

Blickt man nun in die Pädagogik, so stellt man mit Erstaunen fest, dass sich auch diese Disziplin, die sich ja nun mit dem institutionell organisierten Lernen, sei es in der Schule, sei es in der Erwachsenenbildung, beschäftigt, mit dem Lernbegriff schwer tut. Offenbar hat man diesen Begriff, auch wenn er die eigene berufliche Praxis zentral bestimmt, eher der Pädagogischen Psychologie überantwortet und sich stattdessen mit komplexeren Konstrukten wie etwa dem Begriff der Bildung befasst. Gleichwohl zeigen sich in der Erziehungswissenschaft nun aktuell einige Bestrebungen, einen genuin pädagogischen Lernbegriff zu entwickeln (vgl. Göhlich/Zirfas 2007; Göhlich/Wulf/Zirfas 2007). Auffällig ist hier, dass quer zu dem von den Autoren getroffenen – zuweilen etwas bemüht wirkenden – heuristischen Systematisierungsversuch der Unterscheidung in *Wissen lernen*, *Können lernen*, *Lernen lernen* und *Leben lernen* der Aspekt sehr häufig thematisiert wird, dass Lernen nicht nur aus *Dazulernen*, sondern wesensmäßig auch aus *Umlernen* besteht (dezidiert dazu Schwarzer/Buchwald 2007). Dies ist bei komplexen Konstrukten wie etwa dem *Lernen der Lebenskunst* (vgl. Zirfas 2007) oder dem *interkulturellen Lernen* (Auernheimer 2007) nahe liegend und letztlich auch nicht wirklich neu; diese Einsicht lässt sich bis zu Sokrates und seinen mäeutischen Dialog zurück verfolgen.

Auffällig ist aber, dass gleichsam mit zunehmender Konkretisierung des Lerngegenstandes, also in absteigender Folge von der Lebenskunst bis hin zu bestimmten »domain-spezifischen« Wissens- oder Könnensbeständen die *emotionale Beteiligung* an diesem Prozess des Umlernens zusehends aus dem Blick gerät. Das mag in der Sache selbst begründet sein, denn es ist unmittelbar einsichtig, dass die Veränderung basaler Wert- und Orientierungsmuster eine tiefere emotionale Beteiligung verlangt, als die Modifikation eines eng umschriebenes kognitiven Konzepts, wie etwa die Vorstellung über die Funktionsweise eines technischen Geräts oder das Verständnis eines physikalischen Sachverhalts. Aber es ist wenig plausibel, dass das sachbezogene Umlernen gänzlich ohne Affektbeteiligung ablaufen soll. Dem widerspricht die pädagogische Alltagserfahrung ebenso wie die Selbstbeobachtung: Es fällt uns allen oftmals außerordentlich schwer, uns von lieb gewonnenen Denkgewohnheiten zu verabschieden, und es sind eben nicht (immer) die kognitiven Anforderungen, die uns daran hindern, sondern in der Regel sind es die dabei auftretenden emotionalen Begleiterscheinungen wie Verunsicherung oder Versagensängste.

Es ist mithin sehr wahrscheinlich, dass die Prozesse des Umlernens höhere Anforderungen an die Fähigkeit zur Emotionsregulation stellen als die des Dazulernens. Trotzdem wird dieser Aspekt in der pädagogischen und psychologischen Lehr-Lern-Forschung bisher völlig vernachlässigt. So widmet etwa Seel (2003) in seinem Lehrbuch zur Psychologie des Lernens zwar den motivationalen und affektiven Bedingungen des Lernens breite Aufmerksamkeit, bringt diese aber nicht in Verbindung mit den Lernanforderungen bei der *Veränderung* kognitiver Strukturen. In der didaktischen Forschung wird die Anforderung des Umlernens vor allem unter dem Stichwort des »conceptual change« dezidiert untersucht. Ein aktuelles Handbuch zu diesem Thema verzeichnet bei 27 Kapiteln auf immerhin 768 Seiten keinen einzigen Beitrag zu den emotionalen Anforderungen kognitiver Reorganisationsprozesse (vgl. Vosniadou 2008).

Es besteht hier also offensichtlich ein erheblicher Forschungsbedarf. Unseren eigenen Untersuchungen auf diesem Gebiet liegt die Hypothese zugrunde, dass die emotionsregulativen Kompetenzen, die im Pendeln zwischen dyadischen und triadischen Handlungs- und Erlebnismuster erworben werden, jenen entsprechen, die im kognitiven Bereich im Wechsel zwischen Dazu- und Umlernen benötigt werden. Bevor wir erste vorläufige Ergebnisse dieser Untersuchungen vorstellen, soll diese Hypothese noch weiter erläutert werden.

Triangulierung und Lernen

Ausgangspunkt dieser Überlegung ist die aus gemeinsamen Familienstudien hervorgegangene Idee von Dammasch und Metzger (1999), wonach die psychische Entwicklung wesentlich auf der Fähigkeit basiert, flexibel zwischen einem dyadischen und einem triadischen Modus wechseln zu können. Metzger (2000) formuliert, dass die Dyade in der Psychogenese grundsätzlich »für Übereinstimmung, aber auch für Stillstand, die Triade dagegen für Differenz und Entwicklung« (2000: 66) steht. »Die Dyade repräsentiert Beziehungserfahrungen«, so Metzger weiter (ebd.: 171), »die durch ruhige wie auch erregende Bezogenheit gekennzeichnet« sind. Dagegen erscheine es sinnvoll, »die Triade mit der Qualität des Neuen konstitutiv in Verbindung zu bringen. Sie eröffnet einen Raum, der neue Perspektiven eröffnet und mit der Entwicklung der Reflexivität die Voraussetzung für das Neue eröffnet« (ebd.: 170). Und an anderer Stelle führt er aus: »Die Triade schafft ein Ungleichgewicht und dadurch einen Entwicklungsanreiz, der Gewohntes und Bekanntes infrage stellt, während die Dyade mit Übereinstimmung und Harmonie verbunden ist, was aber auch zu Stillstand führen kann« (2002: 36). Die emotionalen Anforderungen des Umlernens – wie sie von Auernheimer (2007: 155ff.) beispielhaft beim interkulturellen Lernen beschrieben werden – verlangen die Fähigkeit, Verunsicherungen ertragen zu können, die Angst vor dem Fremden auszuhalten und zu sich selbst in eine reflektierte Position eintreten zu können. Die Parallelen zu Metzgers Ausführungen liegen auf der Hand.

Vergegenwärtigen wir uns noch einmal, was mit Triangulierung genau gemeint ist. Mit Schon lassen sich als »Zutaten« des Triangulierungsbegriffs ausmachen:

- »das *Personendreieck* (in der Regel, aber nicht unbedingt, Mutter, Vater und Kind)«,
- »die *realen Beziehungen* innerhalb dieses Dreiecks« und
- »die daraus hervorgehenden *innerpsychischen Beziehungsrepräsentanzen*« (Schon 1995: 11; Herv. im Orig.).

Triangulierung bezeichnet, so Schon, die Entwicklungsaufgabe, aus dem äußeren Beziehungsdreieck ein inneres zu machen – eine Entwicklungsaufgabe, die nicht nur das Kind allein, sondern auch die Eltern zu bewältigen haben.

Dabei zeigen die Ergebnisse der Forschungsgruppe »Interfaces« um Daniel Stern und Dieter Bürgin, dass bereits Säuglinge im Alter von drei Monaten in der Lage sind, sich an triadisch strukturierten Interaktionssituationen aktiv zu beteiligen, diese als lustvoll zu erleben und in diese strukturierend einzugreifen (vgl. Fivaz-Depeursinge/Corboz-Warnery 1999; sowie die Beiträge von Seifert-Karb und von Datler et al. in diesem Band). Kontrovers diskutiert wird die Frage, ob die Beziehungserfahrungen des Säuglings von Geburt an triadisch (bzw. polyadisch) strukturiert sind (und dyadische Beziehungen nur eine Spielart dieser Beziehungen darstellen) oder aber ob das dyadische Beziehungsmuster die primäre Form, quasi den »sicheren Heimathafen«, darstellt, von dem aus triadische Beziehungsmuster erprobt und entwickelt werden können. Auf Grundlage der dort berichteten Untersuchung von Fleischmann kommen Datler et al. (in diesem Band) zu dem Schluss, dass nach der Geburt zunächst das Bedürfnis nach dyadischen Beziehungserfahrungen zu dominieren scheint und erst auf dieser Basis die Hinwendung zur triadischen Situation erfolgt. Auf der Basis seiner klinischen Arbeit und seiner Beobachtungsstudien bestätigt auch unser Forschungskollege Dammasch (in diesem Band) die Vorgängigkeit dyadischer Beziehungsmuster, die im Kern allerdings das triadische Potenzial (dem Vater-in-der-Mutter) bereits enthalten, bevor sie über die Stufe der frühen Triangulierung schließlich in der ödipalen Triade triebdynamisch aufgeladen und geformt werden.

Kognitive Entwicklung: *representational redescription and behavioral mastery*

Zu dieser Entwicklungsanforderung des Wechselns zwischen dyadischem und triadischem Modus lassen sich erstaunliche Parallelen in der Lern- bzw. in der Kognitionspsychologie finden. Wir beziehen uns im Folgenden auf die Arbeiten von Karmiloff-Smith und das von ihr entwickelte Konzept der »representational redescription« (vgl. Karmiloff-Smith 1992)[1]. Kurz zusammengefasst unterscheidet sie vier Ebenen, auf denen Erfahrungen psychisch abgelagert und repräsentiert werden können:

- Auf der ersten, der impliziten Ebene, werden Erfahrungen als Handlungsmuster gespeichert. Diese Muster verlaufen automatisiert, sind nicht bewusst und können nicht in ihre Einzelkomponenten zerlegt werden (d. h. sie müssen bei Störungen oder Unterbrechungen neu aufgenommen werden – man kennt dies von schwierigen motorischen Abläufen oder von komplizierten Rechenaufgaben: »Jetzt fange ich noch mal ganz von Vorne an!«).
- Auf der Ebene Explicit-1 werden erste Abstraktionen vorgenommen, vor allem aber können Querverbindungen zu anderen Repräsentationen hergestellt werden. Repräsentationen auf dieser Ebene sind noch nicht bewusstseinsfähig und damit auch nicht sprachlich ausdrückbar.
- Repräsentationen der Ebene Explicit-2 hingegen sind bereits bewusstseinsfähig, aber noch nicht der Sprache zugänglich. Das trifft z. B. auf

1 Es liegt keine Übersetzung der Arbeiten von Karmiloff-Smith ins Deutsche vor. In Tomasello (2002), der sich auf Karmiloff-Smith bezieht, wurde *representational redescription mit repräsentationaler Neubeschreibung übersetzt.*

räumliche Repräsentationen zu, die wir zwar durch eine Skizze, aber nicht durch Worte ausdrücken können.
- Die Ebene Explicit-3 zeichnet sich schließlich durch die sprachliche Codierung der Wissensinhalte aus.

Letztlich stellt dieses Modell eine Differenzierung der aus der Neuropsychologie geläufigen Unterscheidung von Wissen und Können dar, wobei Karmiloff-Smith mit dem Konzept der *representational redescription* die Wechselwirkung zwischen diesen Formen der psychischen Ablagerung von Erfahrung zu fassen sucht. Die Überlegung, wonach dieselben Erfahrungsgehalte psychisch auf verschiedenen Ebenen repräsentiert sind, ist der Psychoanalyse ja nicht fremd. Sie findet sich etwa wieder in Lorenzers Theorie der Interaktionsformen bei seiner Unterscheidung zwischen »bestimmten Interaktionsformen«, die aus unmittelbaren Interaktionen als Ergebnis des Einigungsprozesses zwischen Mutter und Kind hervorgehen und deren sprachliche Transformation in »symbolische Interaktionsformen« – und Lorenzers nachträgliche Einführung der sogenannten »sinnlich-symbolischen Interaktionsformen« verweist auf die Einsicht, dass es neben den konkreten Handlungsmustern und der sprachlichen Kodierung von Erfahrung noch eine weitere Form der Repräsentation geben muss (vgl. Lorenzer 1970, 1981).

Ähnliches kennen wir aus der Bindungsforschung. Das unterschiedliche methodische Vorgehen im Kleinkindalter, im Schulalter und im Erwachsenenalter spiegelt den Umstand wider, dass die bindungsrelevanten psychischen Repräsentationen auf unterschiedlichen Abstraktionsniveaus angesiedelt sind. Während im Kleinkindalter in der *Fremden Situation* direkt die Handlungsmuster der Kinder untersucht werden, was bei Karmiloff-Smith der Ebene I der impliziten Repräsentation entsprechen würde, wird im Grundschulalter mit dem Separation-Anxiety-Test eine höhere Abstraktionsstufe angesprochen. Hier werden nicht mehr die Bindungsmuster selbst, sondern Repräsentationen dieser Muster zu erfassen versucht, die sogenannten internen Arbeitsmodelle (vgl. Fremmer-Bombik 1997). Anders als bei Erwachsenen im *Adult-Attachment-Interview* werden sie aber bei Schulkindern indirekt aus den kindlichen Narrationen erschlossen (Ebene Explicit-1). Während Erwachsene direkt nach ihrer Sicht auf ihre bindungsrelevanten Erfahrungen gefragt werden (Ebene Explicit-3), zielt allerdings die Rekonstruktion der internen Arbeitsmodelle ebenfalls auf die die nicht bewusstseinsfähige Ebene Explicit-1.

Nun geht Karmiloff-Smith *nicht* davon aus, dass bei jedem Erkenntnisprozess die Ebenen I bis IV (d. h. von der impliziten Ebene bis Explicit-3) nacheinander durchlaufen werden müssen. Einzelne Ebenen können übersprungen werden und der Prozess kann auch in umgekehrter Richtung verlaufen: Informationen können schließlich auch unmittelbar auf sprachlicher Ebene aufgenommen werden, müssen dann gegebenenfalls in entsprechende Handlungsmuster übersetzt werden. Dabei stellt die Transformation von Können in Wissen, also das Entwickeln einer adäquaten Vorstellung über das, was wir tun, eine ebenso anspruchsvolle Aufgabe dar wie die Transformation von Wissen in Können, also das Entwickeln adäquater Handlungsmuster auf der Grundlage erworbenen theoretischen Wissens. Wichtig ist an dieser Stelle darauf hinzuweisen, dass die repräsentationale Neubeschreibung, wie der Begriff es schon sagt, keine Eins-zu-Eins-Übersetzung von einer auf die andere Ebene der Repräsentation darstellt. Mit dem Wechsel des Abstraktionsgrades geht notwendig auch eine Umschrift des Inhalts einher, so dass die Repräsentationen der verschiedenen Ebenen immer wieder neu aufeinander abgestimmt werden müssen. Wir werden dies an einem Beispiel verdeutlichen.

Die in unserem Zusammenhang wichtigste These von Karmiloff-Smith besteht nun darin, dass das kognitive System nicht jederzeit für eine solche repräsentationale Neubeschreibung bereit ist. Karmiloff-Smith zeigt in ihren experimentellen Untersuchungen, dass eine Repräsentation erst eine gewisse Stabilität gewinnen muss, um eine repräsentationale Neubeschreibung zuzulassen. Sie bezeichnet diesen stabilen Zustand als »behavioral mastery«, das heißt, das Kind muss ein Gefühl der Sicherheit in der Bewältigung einer Aufgabe haben, bevor es einen Prozess der Reflexion und Abstraktion in Gang setzen kann. Das gilt auch dann, wenn sich das Handlungsmuster nur als begrenzt erfolgreich erweist. Dies lässt den paradox anmutenden Schluss zu, dass wir auch das Falsche erst einmal gut genug können müssen, um dafür bereit zu sein, es wieder aufzugeben!

Karmiloff-Smith beschreibt damit die kognitive Entwicklung als Pendelbewegung zwischen der Konsolidierung bzw. Stabilisierung von Könnens- und Wissensbeständen auf der einen und deren Verflüssigung und Restrukturierung auf der anderen Seite – ähnlich wie Metzger die Pendelbewegung zwischen dem dyadischen und dem triadischen Modus als Merkmal psychischer Gesundheit bezeichnet.

Ein Beispiel

An einem ebenso einfachen wie ingeniösen Experiment, das wir für unsere eigenen empirischen Untersuchungen aufgegriffen haben, lassen sich die Kernmerkmale von Karmiloff-Smiths Modell noch einmal sehr gut illustrieren. Dieses Experiment bietet wie kaum eine andere Versuchsanordnung die Möglichkeit, bei Kindern im Vor- und Grundschulalter die *Entstehung* eines Konzepts und die *Einsicht* in die Notwendigkeit der Einschränkung bzw. der Revision dieses Konzepts in kurzer Zeit beobachten zu können.

Das Versuchsmaterial besteht aus einer Reihe unterschiedlich geformter (d. h. symmetrischer und asymmetrischer) Holzklötze; ergänzt durch einen Holzklotz, der symmetrisch geformt ist, aber auf der einen Seite ein deutlich spürbares, allerdings nicht sichtbares Gewicht enthält. Nach einer Phase freien Experimentierens werden die Kinder aufgefordert, die Holzblöcke nacheinander so auf eine schmale Schiene zu legen, dass sie nicht herunterfallen.

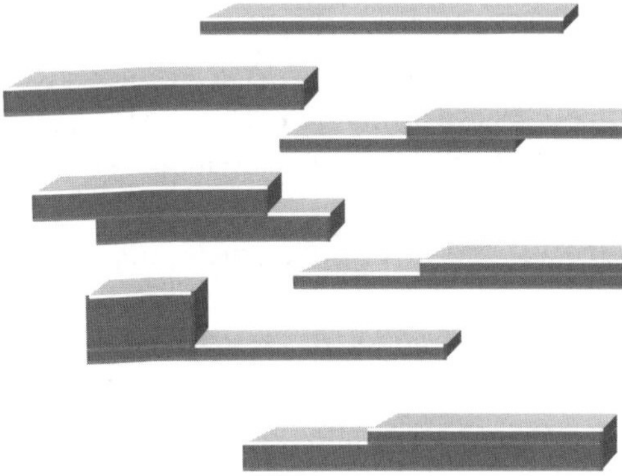

Karmiloff-Smith berichtet eine relativ stabile Abfolge von Verhaltensweisen, die wir in unseren eigenen Untersuchungen bestätigen konnten.

(1) In einer ersten Phase entwickeln die Kinder relativ rasch einen praktischen Lösungsalgorithmus, der darin besteht, den Holzklotz an einer beliebigen Stelle aufzusetzen, zu schauen, wo er herunterkippt, um ihn dann etwas in die Gegenrichtung zu verschieben, bis er im Gleichgewicht bleibt.

(2) Es ist interessant zu beobachten, dass sich die Kinder sehr bald mit der reinen Bewältigung der Aufgabe nicht mehr zufrieden geben: Sie scheinen nun

nach der Gesetzmäßigkeit zu suchen, die hinter dem Sachverhalt steckt. Das erkennt man daran, dass die Kinder die Blöcke nun gezielt an einer bestimmten Stelle aufsetzen und sich überrascht zeigen, wenn sie herunterkippen. Dies ist ein sicheres Anzeichen dafür, dass sie bereits eine Hypothese über das Verhalten des Blocks entwickelt haben. Karmiloff-Smith nennt dies in einer früheren Veröffentlichung eine »theory-in-action« (vgl. Karmiloff-Smith/Inhelder 1975), in der jetzigen Terminologie handelt es sich um eine Repräsentation auf dem Niveau *Explicit-1*. Wichtig ist hier die Beobachtung, dass die Kinder spontan zu dieser Form der Theoriebildung tendieren. Sie scheinen sich nicht mit dem bloßen Handlungserfolg zufrieden zu geben, sondern scheinen eine natürliche Neigung dazu zu haben, eine Regel zu entdecken bzw. zu konstruieren, die hinter diesem Erfolg liegt. Karmiloff-Smith geht sogar so weit zu sagen, dass dieses Merkmal, spontan Repräsentationen über Repräsentationen zu bilden, der Unterschied zwischen dem Lernen von Menschen und dem Lernen von Tieren ist.

Zurück zu dem Experiment: Aus unserer Sicht besonders bemerkenswert ist an diesem Niveau, dass die Kinder aus relativ wenigen Beispielen eine relativ starke Theorie entwickeln und diese trotz vieler Gegenbeispiele aufrechterhalten. In diesem Experiment ist dies eine Theorie des geometrischen Mittelpunkts: D. h., sie sind der Auffassung, man müsse die Klötze in der Mitte aufsetzen. Dies trifft für die symmetrisch geformten Klötze ja auch zu, für asymmetrische Klötze aber nicht. Und die Kinder tun jetzt etwas, das nach Karmiloff-Smith genau so typisch für die Wissenschaft ist: Die nicht theoriekonformen Beispiele werden ignoriert, für unwichtig erklärt und zur Seite geschoben! Die Kinder erklären, diese Klötze seien nicht ins Gleichgewicht zu bringen oder die Klötze seien »kaputt«! Es ist eindrucksvoll zu beobachten, wie manche Kinder mit diesem Problem ringen, wenn sie zum Beispiel einen der asymmetrischen Klötze in der Mitte aufsetzen, zu ihrer Überraschung feststellen, dass er herunterzufallen droht, ihn ihrem – ja weiterhin existierenden – praktischen Lösungsalgorithmus folgend ein Stück in die richtige Richtung verschieben, um dann wieder zum Mittelpunkt zurückzukehren und schließlich resigniert mit den Schultern zuckend erklären, dass es mit diesem Klotz eben nicht ginge.

(3) Es dauert eine gewisse Zeit, bis die Kinder bereit sind, sich dann doch mit diesen »kaputten« Blöcken auseinanderzusetzen. Auch hier tritt ein bemerkenswertes Phänomen auf: Die Kinder haben, auch wenn sie nun (wieder)

eine Lösung für die asymmetrischen Blöcke finden, die ursprüngliche Mittelpunktstheorie offenbar immer noch nicht aufgegeben. Vielmehr scheinen sie nun parallel dazu eine »Theorie der Ausnahmen« entwickelt zu haben: »Eigentlich muss man die Klötze in der Mitte aufsetzen, aber es gibt eine besondere Kategorie von Klötzen, für die das nicht zutrifft.« Dies ist erkennbar an den Schwierigkeiten, die die Kinder mit dem »Verborgenen-Gewichts-Klotz« haben. Dieser ist symmetrisch geformt, fällt also in die Kategorie der regulären Blöcke. Dementsprechend zeigen sich die Kinder in dieser Phase äußerst irritiert, dass dieser Klotz beständig von der Schiene kippt, wenn er in der Mitte aufgesetzt wird. Theoretisch interessant an dieser Beobachtung ist, dass sie belegt, wie stark die spontane Tendenz ist, die Ursprungstheorie gegen die empirische Evidenz so lange wie möglich aufrecht zu erhalten.

(4) Erst in einem weiteren Schritt gelingt es den Kindern, die beiden Theorien zu einer umfassenden Theorie, die dann dem physikalisch korrekten Konzept des Schwerpunkts entspricht, zu integrieren.

Karmiloff-Smiths Modell ist, worauf sie nicht ohne Selbstironie verweist, in einer charmanten Weise selbstreferentiell: Sie behauptet, an diesem kleinen Experiment einen universellen, für alle Erkenntnisprozesse gültigen Mechanismus zeigen zu können. Menschen neigen dazu, anhand weniger Beispiele starke Theorien abzuleiten. Augenzwinkernd bezieht sie diese Aussage sowohl auf ihr Experiment, auf das Verhalten der Kinder und auf ihre eigenen weit reichenden Schlüsse, die sie daraus zieht, als auch auf die Forschungspraxis der Piaget-Schule, bei der »manchmal große Theorien auf der Basis schmaler, aber wichtiger anekdotischer Daten« konstruiert wurden (ebd.: 83; unsere Übersetzung) – eine methodologische Grundhaltung, die der Psychoanalyse, deren zentrale Theoriebausteine ja bis heute auf sorgfältige Kasuistiken zurückgehen, wohl vertraut ist.

Wenn wir Karmiloff-Smith und ihrem Modell folgen, dann verlaufen Erkenntnisprozesse im Großen wie im Kleinen nach dem folgenden Muster ab: (1) Entwicklung eines praktischen Handlungsschemas zur Lösung eines Problems; (2a) Erforschung des Problems, nicht mehr mit dem primären Ziel des unmittelbaren Handlungserfolgs, sondern mit dem Ziel des Verständnisses; (2b) Generierung einer Art impliziter Theorie (»theory-in-action«), die die Vorgänge erklärt, basierend auf relativ wenigen Beispielen; (2c) Aufrechterhaltung dieser ursprünglichen Theorie trotz augenscheinlicher Gegenbeispiele;

(3) Berücksichtigung der Gegenbeispiele, was nicht zum Aufgeben der ersten Theorie, sondern zur Generalisierung einer »Theorie der Ausnahmen« führt; und schließlich erst in einem weiteren Schritt (4) Zusammenfassung der beiden Theorien zu einer konsistenten Gesamttheorie.

Wichtig in unserem Zusammenhang ist nun die Frage der Phasenübergänge: Karmiloff-Smith bezeichnet die »behavioral mastery« als Voraussetzung des Übergangs von einer Phase in die nächste. Nochmals: Die Konsolidierung einer Repräsentation stellt die Voraussetzung zu ihrer Veränderung dar. Diese Überlegung ist in didaktischer wie klinischer Hinsicht hoch relevant, belegt sie doch aufs Neue die Einsicht in die nur begrenzte Möglichkeit der direkten Einflussnahme auf psychische Strukturen von außen: Das psychische System bestimmt selbst, wann es »reif« für Veränderungen ist.

Wir sind hier so ausführlich auf diese kognitiven Aspekte eingegangen, weil sie – darin folgen wir Karmiloff-Smith – einen sehr grundlegenden Aspekt menschlichen Lernens und Erkennens beschreiben, und damit auch einen Schlüssel für das Verständnis von generalisierten Lernproblemen liefern können. Es liegt allerdings aus unserer Sicht nahe, dieses rein kognitive Modell um die emotionalen Aspekte des Umlernens zu ergänzen. Der Übergang von einer Strategie zur nächsten führt zwangsläufig durch eine Phase des Kontrollverlustes, bis die neue Strategie hinreichend konsolidiert ist. Die mit diesem – zumindest passageren – Kontrollverlust potenziell einhergehenden Affekte berücksichtigen die rein kognitiv ausgerichteten Ansätze eben nicht. Die Gefahr eines Kontrollverlustes kann aber bei emotional labilisierten Kindern an ein basales Erleben von Ohnmacht rühren und damit archaische Ängste mobilisieren und muss dann abgewehrt werden. Damit wird das beschriebene Wechselspiel von Konsolidierung und Verflüssigung kognitiver Schemata – egal ob wir dies global als Umlernen oder differenzierter als *conceptual change* oder repräsentationale Neubeschreibung bezeichnen – erheblich erschwert. Zudem besteht in diesem Wechselspiel zwischen Konsolidierung und Verflüssigung die Übereinstimmung mit der von Metzger beschriebenen Fähigkeit des flexiblen Wechselns zwischen einem dyadischen – für Ruhe und Konsolidierung stehenden – Modus und einem triadischen – sich dem Neuen öffnenden – Modus. Dass die Dyade als sichere emotionale Basis benötigt wird für die Öffnung hin zum Neuen, zum Fremden (für das die Triade steht), stellt das Pendant zu der Erkenntnis dar, dass das sichere Gefühl der *behavioral mastery* die Voraussetzung für eine Veränderung kognitiver Repräsentationen darstellt.

Dem Vorherrschen des einen oder des anderen Modus könnte dann so etwas wie ein *kognitiver Stil* entsprechen: Die Dominanz des dyadischen Modus würde mit einer gewissen Starre und Rigidität des Denkens, die Dominanz des triadischen Modus mit einer Unstetigkeit bzw. Flatterhaftigkeit des Denkens korrespondieren. Damit soll nicht gesagt werden, dass die Beziehungserfahrungen einfach auf die Aneignung der gegenständlichen Welt zu übertragen seien. Unsere Hypothese ist vielmehr, dass die in den Beziehungserfahrungen erworbenen *emotionsregulativen Kompetenzen* konstitutiv zur Bewältigung der im gegenstandsbezogenen Lernen gestellten Anforderung des Pendelns zwischen der Konsolidierung und der Restrukturierung von Könnens- und Wissensbeständen sind. Zusammenfassend ist festzuhalten:

1. Ein zentrales Moment der kognitiven Entwicklung besteht in dem Wechsel von »mastery« und »redescription«, von Konsolidierung und Verflüssigung der Könnens- und Wissensbestände.
2. Die dabei verlangten emotionsregulativen Kompetenzen sind kaum untersucht. Theoretische Überlegungen und erste Beobachtungen bei Kindern mit generalisierten Lernproblemen lassen aber die Hypothese zu, dass hier wesentlich die Fähigkeit verlangt wird, temporäre Kontrollverluste ertragen zu können, und dies verweist wiederum zentral auf die Fähigkeit zur Angstregulation (vgl. Katzenbach 2004).
3. Emotionale Kompetenz, und darunter fällt die Fähigkeit zur Affektregulation, kann nur in zwischenmenschlichen Beziehungen – in Begriffen der Psychoanalyse: in Objektbeziehungen – erworben werden.
4. Der Wechsel zwischen dem dyadischen und triadischen Beziehungsmodus weist ein ähnliches Anforderungsprofil auf wie der Wechsel zwischen Konsolidierung und Verflüssigung.

Einige erste empirische Befunde

In ihrem laufenden Dissertationsprojekt geht Jessica Ruth diesen komplexen Zusammenhängen systematisch nach (vgl. Ruth 2007). Die mehrperspektivisch angelegte qualitative Studie ist in zwei Erhebungswellen unterteilt und verwendet verschiedene qualitative Methoden: Ein *projektives Erzählverfahren* (Bärenbilder), das bereits beschriebene *kognitionspsychologische Experi-*

ment (mit Holzklötzen), sowie *halbstandardisierte Interviews* (Eltern, Lehrer/innen), ein *symbolisiertes Spielverfahren* (MacArthur Story Stem Battery), das Instrument der *teilnehmenden Beobachtung* und die *Analyse von Dokumenten* (Akten, Berichte). An der Untersuchung sind 18 Mädchen und 17 Jungen des zweiten Schulbesuchsjahres im Altern von sechs bis zehn Jahren beteiligt. 23 der insgesamt 35 Schüler/innen besuchen eine reguläre Grundschule, 12 Schüler/innen eine Förderschule für Lernhilfe. Die leitende Fragestellung der Studie ist es, ob wir den postulierten Zusammenhang zwischen der Fähigkeit des kognitiven Umlernens und dem, was wir vorläufig als *trianguläre Fähigkeit* bezeichnen, empirisch bestätigen und begrifflich weiter ausdifferenzieren können:

- Inwiefern kann die Hypothese aufrechterhalten werden, dass früh erschütterte Beziehungsstrukturen Kinder in ihrer weiteren Kompetenzentwicklung und Lernfähigkeit beeinflussen? Welche Rolle spielt die Wechselwirkung familialer und schulischer Interaktionserfahrungen für die Lernfähigkeit dieser Kinder? Welche institutionellen Strukturen unterstützen diese Muster?
- Welche Beobachtungen unterstützen bzw. entkräften die formulierte Hypothese eines Zusammenhangs zwischen den kognitiven Strategien der Kinder und ihrer Fähigkeit, flexibel zwischen einem dyadischen und triadischen Beziehungsmodus wechseln zu können? Welche Aussagen können zum Verhältnis von Emotionalität und Lernfähigkeit getroffen werden?
- Lassen sich diese Zusammenhänge mit den genannten theoretischen Modellen der Forschungsarbeiten fassen? Und wenn ja, wie lassen sich die Erkenntnisse für den pädagogischen Alltag nutzbar machen?

In konzeptioneller Hinsicht ist dabei der Begriff der triangulären Fähigkeit nicht unproblematisch, wie sich im Laufe unserer Untersuchungen gezeigt hat. Es lässt sich zwar auf der Ebene des Handelns und Erlebens relativ präzise beschreiben, ob ein Kind »gut oder schlecht« trianguliert ist, so z. B. in der »Achse Beziehung« der OPD-KJ (Operationalisierte psychodynamische Diagnostik im Kinder- und Jugendalter; vgl. Arbeitskreis OPD-KJ 2003). Offen ist aber nach unserer Einschätzung die Frage, welche psychische Struktur dahinter liegt. Ergibt sich diese Fähigkeit sekundär aus dem Zusammenspiel basalerer psychischer Kompetenzen, wie z. B. der Mentalisierung (vgl. Fonagy et al. 2002), oder stellt sie einen eigenen psychischen Strukturbaustein dar? Wenn wir im Folgenden also von *triangulärer Fähigkeit* sprechen, ist dies eine heuristische Verwendung des Begriffs in dem Wissen, dass eine theoretische Schärfung des Konzepts noch aussteht.

Zur Erfassung der triangulären Fähigkeit wurde ein selbst entwickeltes, projektives Erzählverfahren eingesetzt. Es zielt auf die Einschätzung der Fähigkeit zur Konzeptbildung von Beziehungen und zur triadischen Beziehungsgestaltung. Wir erhoffen uns über diesen Zugang auch die Fähigkeit zur Emotionsregulation der Kinder zu erfassen, da wir von einem direkten Zusammenhang zwischen der Qualität der Objektbeziehungen und den emotionsregulativen Kompetenzen der Kinder ausgehen. Auf fünf Bildtafeln sind Bären in Szenen dargestellt, die beziehungsdynamisch relevante Themen und Konflikte abbilden und die die Kinder zu entsprechenden Narrationen anregen sollen: Rivalität, Ausschluss, Beziehung und Konflikte zu Gleichaltrigen/Familie/Geschwistern, Umgang mit Alleinsein.

Zur Erfassung der *kognitiven Prozesse repräsentationaler Neubeschreibung* setzen wir das oben ausführlich beschriebene Experiment ein. Der Fokus unseres Interesses liegt dabei nicht allein darauf, ob die untersuchten Kinder dazu in der Lage sind, ihre ursprünglich gebildeten Konzepte wieder aufzugeben und die Gegenbeispiele in eine umfassendere Theorie zu integrieren. Genauso wichtig ist es für uns, wie sich die Kinder während des Experiments verhalten, welche emotionalen Äußerungen sich beobachten lassen und vor allem, wie sich die Beziehung zwischen Kind und Untersucherin gestaltet. Aus diesem Grund werden sowohl die Erzählsituation wie auch das kognitionspsychologische Experiment videographiert, zudem fertigen die Untersucher/innen unmittelbar im Anschluss an die Untersuchungssituation ein Gedächtnisprotokoll an, in dem sie vor allem die emotionale Atmosphäre festzuhalten versuchen.

Aus der Fülle des Datenmaterials, dessen vollständige Auswertung noch aussteht, lassen sich einige zentrale Befunde bereits jetzt mitteilen:

1. Bei keinem der Schüler/innen der Förderschule für Lernhilfe haben wir in der Experimentalsituation einen Konzeptwechsel beobachten können, im Unterschied zu 15 der 23 Grundschüler/innen. Unsere Beobachtungen deuten darauf hin, dass sich dieser Befund nicht einfach als allgemeiner Entwicklungsrückstand interpretieren lässt, sondern eher auf die Besonderheiten des Problemlösungsverhaltens zurückzuführen sind. Bei den Förder-

schüler/innen können weit häufiger Unsicherheiten – insbesondere auch die Angst, dass »etwas schief gehen könnte« – beobachtet werden. Es scheint ihnen schwerer zu fallen, eine sichere *behavioral mastery* zu entwickeln. Einige der beobachteten Kinder neigen dazu, eher vorschnell eine handlungsleitende Theorie (des Mittelpunkts) zu entwickeln. Die Förderschüler/innen zeigten deutlich mehr Probleme, eine entwickelte Strategie wieder aufzugeben bzw. zu modifizieren. Einige blieben in der oben beschriebenen Phase 2c des Experiments »hängen«.

2. Bei der Analyse der kindlichen Erzählungen zu den Bärenmotiven zeigte sich bei den Förderschüler/innen durchgängig eine äußerst gering entwickelte narrative Kompetenz. Damit meinen wir nicht nur die sprachliche Korrektheit oder Differenziertheit ihrer Formulierungen, vielmehr beeindruckte uns die Kargheit der Phantasietätigkeit dieser Kinder. Selten wurden zu den Bildern wirkliche Geschichten erzählt, in der Regel kamen sie über einfache Bildbeschreibungen nicht hinaus. Dies kontrastierte auffällig mit den umfangreichen, häufig sehr originellen Erzählungen, die uns die Grundschüler/innen präsentierten. Gleichwohl lassen die ersten tiefenhermeneutischen Interpretationen den vorsichtigen Schluss zu, dass bei den Förderschüler/innen – bei aller Dürftigkeit des Ausdrucks – dyadische Beziehungsthemen dominieren. Insgesamt sind ihre Beziehungsrepräsentationen wenig differenziert.

Wir können zunächst einmal festhalten, dass *alle* Förderschüler/innen gravierende Schwierigkeiten mit der Anforderung des Umlernens zeigten und dass zugleich ihre narrativen Fähigkeiten nur schwach ausgebildet sind, wobei dyadische Beziehungsthemen vorherrschen.

Allgemeiner Entwicklungsrückstand oder Spezifik des Lernverhaltens?

Wir haben bei den untersuchten Förderschüler/innen in zwei Bereichen – nämlich im Problemlösungsverhalten und im Bereich der Beziehungsrepräsentationen – Einschränkungen festgestellt. Das ist zunächst wenig überraschend und lässt natürlich keine kausalen Schlüsse zu. Vielmehr stellt sich die Frage, ob diese Befunde nicht am einfachsten durch einen allgemeinen Entwicklungsrückstand, der ja als Grund für die Einweisung dieser Kinder in die Förderschule dient, zu erklären sind.

Aus diesem Grund haben wir in unseren Analysen dem Verhalten der Kinder in der Untersuchungssituation – gleichsam als vermittelndem Element – besondere Aufmerksamkeit geschenkt. Dabei gehen wir davon aus, dass die Untersuchungssituation eine potenziell triadische Struktur aufweist, die dem klassischen didaktischen Dreieck aus Lehrer, Schüler und Lerngegenstand homolog ist. Es mag etwas konstruiert klingen, in einem Zwei-Personen-Setting eine triadische Struktur ausmachen zu wollen (vgl. hierzu auch die Einleitung zu diesem Band). Aber Seifert-Karb (in diesem Band) hat in ihrer Videoanalyse ja beeindruckende Beispiele gefunden, wie bereits in der Interaktion von Müttern mit ihren Babys die Einführung eines Spielzeugs als Drittem gleichsam als Instrument zur Abwehr von zu großer dyadischer Nähe verwendet werden kann. Prinzipiell steht das Kind in unserer Untersuchungssituation vor der Anforderung, sich der Aufgabenstellung zuzuwenden, dabei aber den Kontakt zu der Untersucherin nicht zu verlieren. Diese Anforderung wird von den Kindern sehr unterschiedlich gehandhabt.

Es zeigt sich, dass Schüler/innen, die die beschriebene Aufgabe des kognitionspsychologischen Experiments »sicher« bearbeiten und die Situation als Herausforderung erleben, sich insgesamt gelöster geben und die Interaktion aktiv mitgestalten. Damit ist auch verbunden, dass sie flexibel zwischen der Interaktionsgestaltung und der Bearbeitung der Aufgabe wechseln können. Bei den Schüler/innen der Förderschulen zeigen unsere Analysen häufig eine Beziehungsdynamik, die bei der erwachsenen Untersucherin zu dem starken Impuls führt, in das Geschehen (helfend) einzugreifen – aus dem Eindruck heraus, einen drohenden Misserfolg verhindern zu müssen. Es ist deutlich zu beobachten, dass Schüler/innen aus dem Regelschulbereich ein sehr viel größerer Freiraum bei der Gestaltung der Aufgabe zugestanden wird.

Diese Beobachtungen belegen sehr deutlich, welche Bedeutung die Art der Beziehungsgestaltung gerade bei Kindern mit Lernproblemen für deren Lernerfolg hat. Es handelt sich für die Pädagog/innen um eine diffizile Gratwanderung, denn es ist erkennbar, wie leicht diese Kinder in Anforderungssituationen in unkontrollierbaren Stress geraten (vgl. Katzenbach 2004) und es ist nicht von vornherein klar, ob sie den Erwachsenen als zusätzlichen Stressor oder als »haltenden Dritten« erleben. Und wenn es gelingt, diese haltende Funktion einzunehmen, besteht immer die Gefahr, dass die dabei entstehende dyadische

Nähe dazu führt, sich der Lernanforderung nicht mehr zu stellen. »Irgendwie« haben Pädagog/innen das immer schon gewusst. Unsere Forschungen verstehen sich als Versuch, diesem »irgendwie« eine begrifflich und empirisch präzisere Form zu geben, und sie damit der pädagogischen Reflexion besser zugänglich zu machen.

Literatur

Arbeitskreis OPD-KJ (Hrsg.) (2003): Operationalisierte Psychodynamische Diagnostik im Kindes- und Jugendalter. Grundlagen und Manual. Bern et al: Hans Huber.

Auernheimer, G. (2007): Interkulturelles Lernen. In: Göhlich, M./Wulf, C./Zirfas, J. (Hrsg.) (2007): Pädagogische Theorien des Lernens. Weinheim, Basel: Beltz.

Baumert, J./Stanat, P./Watermann, R. (Hrsg.) (2006): Herkunftsbedingte Disparitäten im Bildungswesen. Vertiefende Analysen im Rahmen von PISA 2000. Wiesbaden: VS Verlag für Sozialwissenschaften.

Bless, G. (1995): Zur Wirksamkeit der Integration. Forschungsüberblick, praktische Umsetzung einer integrativen Schulform, Untersuchungen zum Lernfortschritt. Bern/Stuttgart/Wien: Haupt.

Bundschuh, K. (2003): Emotionalität, Lernen und Verhalten. Ein heilpädagogisches Lehrbuch. Bad Heilbrunn/Obb.: Verlag Julius Klinkhardt.

Ciompi, L. (1997): Die emotionalen Grundlagen des Denkens. Entwurf einer fraktalen Affektlogik. Göttingen: Vandenhoeck & Ruprecht 1999.

Damasio, A. (1999): Ich fühle, also bin ich. Die Entschlüsselung des Bewusstseins. München: List 2002.

Dammasch, F./Metzger, H.-G. (1999): Die Suche nach der Differenz. Zur Bedeutung des Vaters in der familialen Dyade. In: Zeitschrift für psychoanalytische Theorie und Praxis, XIV, 284-305.

Datler, W./Steinhardt, K./Trunkenpolz, K./Hover-Reisner, N. (2008): Zweisamkeit vor Dreisamkeit? Infant Observation als Methode zur Untersuchung früher Triangulierungsprozesse. In diesem Band.

Deutsches PISA-Konsortium (Hrsg.) (2001): PISA 2000. Basiskompetenzen von Schülerinnen und Schülern im internationalen Vergleich. Opladen: Leske & Budrich.

Fivaz-Deperseunge, E./Corboz-Warnery, A. (1999): Das primäre Dreieck. Vater, Mutter und Kind aus entwicklungstheoretisch-systemischer Sicht. Heidelberg: Carl-Auer-Systeme Verlag 2001.

Fonagy, P. (2003): Bindungstheorie und Psychoanalyse. Stuttgart: Klett-Cotta.

Fonagy, P./Gergely, G./Jurist, E./Target, M. (2002): Affektregulierung, Mentalisierung und die Entwicklung des Selbst. Stuttgart: Klett-Cotta 2004.

Fremmer-Bombik, E. (1997): Innere Arbeitsmodelle von Bindung. In: Spangler, G./ Zimmermann, P. (Hrsg.) (1995): Die Bindungstheorie. Grundlagen, Forschung und Anwendung. Stuttgart: Klett-Cotta 1997.

Gasteiger-Klicpera, B./Klicpera, C./Hippler, K. (2001): Soziale Anpassungsschwierigkeiten bei lernbehinderten Schülern und Schülern mit speziellen Lernbeeinträchtigungen – Eine Literaturübersicht. In: Heilpädagogische Forschung, Band XXVII, Heft 2, 2001.

Göhlich, M./Wulf, C./Zirfas, J. (Hrsg.) (2007): Pädagogische Theorien des Lernens. Weinheim, Basel: Beltz.

Göhlich, M./Zirfas, J. (2007): Lernen. Ein pädagogischer Grundbegriff. Stuttgart: Kohlhammer.

Hildeschmidt, A./Sander, A. (1996): Zur Effizienz der Beschulung sogenannter Lernbehinderter in Sonderschulen. In: Eberwein, H. (Hrsg.) (1996): Handbuch Lernen und Lern-Behinderungen. Aneignungsprobleme. Neues Verständnis von Lernen. Integrationspädagogische Lösungsansätze. Weinheim, Basel: Beltz.

Huber, M. (2004): Erinnerung als dynamischer Prozess – einige neurobiologische Überlegungen zu den Funktionsweisen des Gedächtnisses und der Bedeutung des Unbewussten für die Erinnerung. In: Dammasch, F./Katzenbach, D. (Hrsg.): Lernen und Lernstörungen bei Kindern und Jugendlichen. Frankfurt a. M.: Brandes & Apsel.

Hüther, G. (2004): Woher kommt die Lust am Lernen? Neurobiologische Grundlagen intrinsisch und extrinsisch motivierter Lernprozesse. In: Dammasch, F./Katzenbach, D. (Hrsg.): Lernen und Lernstörungen bei Kindern und Jugendlichen. Frankfurt a. M.: Brandes & Apsel.

Kaplan-Solms, K./Solms, M. (2000): Neuro-Psychoanalyse. Stuttgart: Klett-Cotta 2003.

Karmiloff-Smith, A. (1992): Beyond Modularity. Developmental Perspective on Cognitive Science. Cambridge, London: MIT Press 1997.

Karmiloff-Smith, A./Inhelder, B. (1975): If you want to go ahead, get a theory. In: Cognition 3 (3), 195-212.

Katzenbach, D. (2004): Wenn das Lernen zu riskant wird. Anmerkungen zu den emotionalen Grundlagen des Lernens. In: Dammasch, F./Katzenbach, D. (Hrsg.) (2004): Lernen und Lernstörungen bei Kindern und Jugendlichen. Frankfurt: Brandes & Apsel.

Katzenbach, D. (Hrsg.) (2007): Vielfalt braucht Struktur – Heterogenität als Herausforderung für die Unterrichts- und Schulentwicklung. Frankfurt: FB Erziehungswissenschaften.

Katzenbach, D./Schroeder, J. (2007): »Ohne Angst verschieden sein zu können« –

Über Inklusion und ihre Machbarkeit. In: Zeitschrift für Heilpädagogik, 58:6, 202-213 [Downloadmöglichkeit unter www.inklusion-online.net].

Keppler, A./Stöcker, K./Grossmann, K./Grossmann, K./Winter, M. (2002): Zwischenmenschliche Beziehungen befriedigend gestalten. Kindliche Bindungserfahrungen und Repräsentationen von Partnerschaften im jungen Erwachsenenalter. In: Salisch, M. von (Hrsg.) (2002): Emotionale Kompetenz entwickeln: Grundlagen in Kindheit und Jugend.Stuttgart: Kohlhammer.

LeDoux (2002): Das Netz der Persönlichkeit. Wie unser Selbst entsteht. Düsseldorf, Zürich: Walter 2003.

Lorenzer, A. (1970): Sprachzerstörung und Rekonstruktion. Frankfurt a. M.: Suhrkamp.

Lorenzer, A. (1981): Das Konzil der Buchhalter. Frankfurt a. M.: Fischer 1984.

Metzger, H.-G. (2000): Zwischen Dyade und Triade. Psychoanalytische Familienbeobachtungen zur Bedeutung des Vaters im Triangulierungsprozeß. Tübingen: edition diskord.

Metzger, H.-G. (2002): Zwischen Dyade und Triade. Neue Horizonte und traditionelle Rollen für den Vater. In: Steinhardt, K./Datler, W./Gstach, J. (Hrsg.): Die Bedeutung des Vaters in der frühen Kindheit. Gießen: Psychosozial Verlag.

Petermann, F./Wiedebusch, S. (2003): Emotionale Kompetenz bei Kindern. Göttingen, Bern, Toronto, Seattle: Hogrefe.

Ruth, J. (2007): Triangulierung – Zu den emotionalen Grundlagen des Lernens. In: Rumpler, F./Wachtel, P. (Hrsg.): Erziehung und Unterricht – Visionen und Wirklichkeiten. Würzburg: Verband Sonderpädagogik e.V..

Saarni, C. (2002): Die Entwicklung sozialer Kompetenz in Beziehungen. In: Salisch, M. v. (Hrsg.) (2002): Emotionale Kompetenz entwickeln. Stuttgart: Kohlhammer.

Seifert-Karb, I. (2008): Wenn drei zu zweit allein sind... Triagnostik der frühen Eltern-Kind-Beziehung. In diesem Band.

Schore, A. N. (1994): Affect regulation and the origin of the self. The neurobiology of emotional development. Hillsdale, Hove: Lawrence Erlbaum Associates.

Schröder, U./Wittrock, M. (Hrsg.) (2002): Lernbeeinträchtigung und Verhaltensstörung. Konvergenzen in Theorie und Praxis. Stuttgart: Kohlhammer.

Schwarzer, C./Buchwald, P. (2007): Umlernen und Dazulernen. In: Göhlich, M./Wulf, C./Zirfas, J. (Hrsg.) (2007): Pädagogische Theorien des Lernens. Weinheim, Basel: Beltz.

Seel, N. M. (2000): Psychologie des Lernens. München: Ernst Reinhardt Verlag 2003.

Tent, L. et al. (1991): Über die pädagogische Wirksamkeit der Schule für Lernbehinderte. In: Zeitschrift für Heilpädagogik, 42, 289-320.

Tomasello, M. (2002): Die kulturelle Entwicklung des menschlichen Denkens. Zur Evolution der Kognition. Frankfurt a. M.: Suhrkamp.

Vosniadou, S. (Hrsg.) (2008): International Handbook of Research on Conceptual Change. Hillsdale: Lawrence Erlbaum Associates.

Wocken, H. (2005): Andere Länder, andere Schüler? Vergleichende Untersuchungen von Förderschülern in den Bundesländern Brandenburg, Hamburg und Niedersachen. [Downloadmöglichkeit unter http://bidok.uibk.ac.at].

Zirfas, J. (2007): Das Lernen der Lebenskunst. In: Göhlich, M./Wulf, C./Zirfas, J. (Hrsg.) (2007): Pädagogische Theorien des Lernens. Weinheim, Basel: Beltz.

Teil II

Forschungsmethoden und empirische Ergebnisse

Wilfried Datler/Nina Hover-Reisner/Kornelia Steinhardt/ Kathrin Trunkenpolz

Zweisamkeit vor Dreisamkeit?

Infant Observation als Methode zur Untersuchung früher Triangulierungsprozesse

Einleitung

> Giorgia (6 Monate) steht mit vorgebeugtem Oberkörper auf den Oberschenkeln der Mutter. Das Gesäß ist hinausgestreckt. Die Mutter hält sie unter den Armen. Giorgia dreht sich nun von der Hüfte ausgehend zum Vater, der neben ihr auf der Couch sitzt, und streckt die Arme in Richtung seines Gesichtes, seiner Brille. Die Mutter meint: »Papa, borgst du mir ein bisschen deine Brille?« Der Vater antwortet: »Danke, nein.« Giorgia streckt die Arme noch immer in seine Richtung. Der Vater lehnt sich weiter zurück und sagt: »Nein!« Die Mutter dreht Giorgia zurück und legt sie auf ihren Oberkörper, so dass die Wangen der Mutter und Giorgias einander berühren. Die Mutter streichelt Giorgia über den Hinterkopf ... Giorgia fängt nun etwas zu quengeln an und wird in den Hüften und Beinen unruhig. (Fleischmann 2003: 88)

Das ist ein Ausschnitt aus dem Protokoll der 19. von insgesamt 37 Beobachtungen, die Kathrin Trunkenpolz (ehemals Fleischmann) innerhalb eines Jahres in einer Familie im Rahmen einer Studie durchführte, die der Untersuchung zweier Fragen diente:

- In welcher Weise entwickelt ein Kind wie Giorgia innerhalb des ersten Lebensjahres unterschiedliche Beziehungen zu Vater und Mutter in Abhängigkeit von den spezifischen Beziehungserfahrungen, die es mit jedem Elternteil macht?
- Welche Folgerungen ergeben sich aus der Analyse dieses Entwicklungsprozesses für die Theorie früher Triangulierungsprozesse?

Im Folgenden wird ein knapper Einblick in diese Studie und deren Ergebnisse gegeben. Besondere Beachtung findet überdies die Darstellung von Infant Observation nach dem Tavistock-Konzept, die in dieser Studie als Forschungsmethode zum Einsatz kam. Da diese Form der psychoanalytischen Säuglingsbeobachtung zunächst für Aus- und Weiterbildungszwecke entwickelt und erst seit kurzem systematisch zur Untersuchung von Forschungsfragen herangezogen wird, existieren erst wenige Arbeiten, in denen methodische und methodologische Überlegungen zum Einsatz von Infant Observation nach dem Tavistock-Konzept im Kontext von Forschung angestellt wurden (vgl. Trunkenpolz/Hover-Reisner 2008). Wir werden daher im Zuge unserer Ausführungen skizzieren, was die Besonderheit des Forschungsinstruments »Infant Observation« ausmacht; welche Phasen des Forschungsprozesses aus der Sicht unserer Wiener Arbeitsgruppe zu durchlaufen sind, wenn mit Infant Observation gearbeitet wird; und welche Art von Erkenntnissen dabei generiert werden kann.

Infant Observation als Methode der Aus- und Weiterbildung

Die Methode der Infant Observation wurde von Esther Bick begründet, die in den 30er Jahren in Wien bei Charlotte Bühler Psychologie studiert hatte, nach England flüchten musste, dort eine kleinianische psychoanalytische Ausbildung absolvierte und in den 50er Jahren als Mitarbeiterin der Londoner Tavistock-Klinik von John Bowlby gebeten wurde, ein Konzept für die Ausbildung von Kinderpsychotherapeuten zu entwickeln (Datler 2009). Ausgehend von der Überzeugung, dass angehende Kinderpsychotherapeuten durch regelmäßige Beobachtungen in Familien ein differenziertes Verständnis für die Entwicklung von Kindern in den ersten beiden Lebensjahren gewinnen sollten, entwickelte sie eine Methode, die inzwischen weltweit in unterschiedlichen Aus- und Weiterbildungskontexten zum Einsatz kommt (Datler u. a. 2002a; Diem-Wille u. a. 2006). Viererlei zeichnet die Arbeit nach dieser Methode aus:

a) Vier bis fünf Teilnehmer eines Infant-Observation-Seminars kommen ein Jahr lang – dem Originalkonzept gemäß sogar zwei Jahre lang – wöchentlich in eine ihnen bislang fremd gewesene Familie mit einem Baby, um sich als lernende Beobachter eine Stunde lang auf das Baby und all die Situationen zu konzentrieren, in denen sich das Baby in seinem Alltag befindet. Die primäre Aufgabe eines jeden Beobachters besteht darin, in der Familie eine zurückhaltende Position einzunehmen, die es ihm erlaubt, durch Zusehen und Hinhören in sich aufzunehmen, was dem Baby zur Zeit der Beobachtung widerfährt und was es an Aktivitäten zeigt.

b) Dem Beobachter ist es aufgegeben, all das Beobachtete im unmittelbaren Anschluss an die Beobachtung so deskriptiv und narrativ wie möglich zu Papier zu bringen. So entsteht ein Bericht, der von Interpretationen möglichst freigehalten ist und eine tunlichst genaue Vorstellung vom Verlauf jenes Geschehens vermitteln soll, dass in der Familie beobachtet werden konnte.

c) Die so entstehenden »Beobachtungsprotokolle« werden in die einmal wöchentlich stattfindenden Seminarsitzungen gebracht, an denen alle Beobachter sowie ein Seminarleiter teilnehmen. Im Regelfall wird dann ein ausgewähltes Protokoll Absatz für Absatz besprochen und gemeinsam darüber nachgedacht,

   - was das beobachtete Kind in der dargestellten Situation erlebt haben mag,
   - wie vor diesem Hintergrund verstanden werden kann, dass sich das Kind in der beschriebenen Weise (und nicht anders) verhalten hat,
   - welche Beziehungserfahrungen das Kind dabei gemacht haben mag,
   - und in welcher Weise sich dadurch das Erleben des Kindes verändert haben dürfte.

   Dann wird neuerlich zu verstehen versucht, welchen Einfluss das nun gegebene Erleben auf das Zustandekommen der nächsten beschriebenen Verhaltensweisen des Kindes gehabt haben mag, welche Beziehungserfahrungen das Kind in diesem nächsten Moment gemacht haben dürfte, usw.

   Diese Art des Besprechens von Protokollen soll allen Seminarteilnehmern helfen, die »vorherrschenden Beziehungen und deren Entwicklung« während der Wochen und Monate, in denen beobachtet wird, zu verfolgen und darüber nachzudenken, welche Bedeutung die besonderen Erfahrungen, die ein Baby mit sich und seiner Welt macht, für die Ausbildung seiner frühen psychischen Strukturen und somit für sein Heranwachsen haben dürften (Lazar u. a. 1986: 188).

d) In der Absicht, diesen Lernprozess zu dokumentieren und zu vertiefen, werden von den Gesprächen im Seminar Notizen gemacht. Diese Notizen erleichtern es den Seminarteilnehmern, zu einem späteren Zeitpunkt das

Nachdenken über das jeweilige Baby, dessen Beziehungserfahrungen und das Entstehen seiner psychischen Strukturen wiederum aufzunehmen.

Auch Kathrin Trunkenpolz beobachtete in diesem Sinn ein Jahr lang in Giorgias Familie und besuchte ein Infant-Observation-Seminar, um dort regelmäßig ihre Protokolle zu besprechen.[1]

Infant Observation als Forschungsmethode

Die Arbeit mit solchen Beobachtungsprotokollen und das Nachdenken über die emotionalen Erfahrungen von Säuglingen in Alltagssituationen hat seit den 60er Jahren des letzten Jahrhunderts immer wieder zu Publikationen geführt, die für Theorie und Theorieentwicklung von allgemeiner Relevanz waren. Ein Beispiel dafür stellen Esther Bicks Artikel (1964, 1968, 1986) über das primäre Hauterleben von Kindern dar.

Es macht allerdings einen Unterschied, ob man im Kontext von Aus- und Weiterbildung auf Bemerkenswertes stößt und darüber publiziert, oder ob man von vornherein beabsichtigt, im Kontext eines bestimmten Forschungsvorhabens mit Infant Observation zu arbeiten. Ist Letzteres der Fall, so bedarf es einiger Überlegungen zur Einbettung von Infant Observation in den Forschungsprozess. In diesem Zusammenhang ist es uns sinnvoll erschienen, zwischen drei Abschnitten des Forschungsprozesses zu unterscheiden.

Abschnitt 1: Präzisierung des Forschungsvorhabens

Jeder Forschungsprozess, in dem Infant Observation zum Einsatz kommt, setzt mit einer Phase ein, an deren Ende die Entscheidung steht, Infant Observation zur Untersuchung einer bestimmten Forschungsfrage als Forschungsmethode heranzuziehen. Der Besonderheit der Methode entsprechend ist in solch einem Fall davon auszugehen,

- dass die Untersuchung des bewussten und unbewussten Zusammenspiels zwischen den Beziehungs- und Interaktionserfahrungen eines Kindes ei-

[1] Helga Reiter, Mitglied der »Infant Observation Study Group Vienna«, sei an dieser Stelle für das Engagement, mit der sie dieses Seminar geleitet hat, herzlich gedankt.

nerseits und der Ausbildung der inneren Welt eines Kindes andererseits in Zentrum des Forschungsinteresses liegt
- und dass es zu diesem Zweck sinnvoll ist, in einem naturalistischen Forschungssetting über einen längeren Zeitraum hindurch regelmäßig eine definierte Anzahl von Beobachtungen von Kindern in Alltagssituationen durchzuführen: Letzteres stellt sicher, dass nicht erst von Beobachtungen, die in Laborsituationen gemacht werden, auf das Geschehen in Alltagssituationen geschlossen werden muss, da das Alltagsgeschehen selbst zum Gegenstand der Untersuchung gemacht wird.

Darüber hinaus ist zu klären, welche Personen mit welchen Vorerfahrungen als Beobachter fungieren sollen, wie viele Beobachtungen für die Realisierung des Forschungsvorhabens nötig sind, wie die Beobachtungen angebahnt und welche Vereinbarungen mit den Familien, in denen beobachtet wird, getroffen werden sollen, und welcher weiteren Kapazitäten es bedarf, damit jene weiteren Arbeitsabschnitte 2 und 3 realisiert werden können, die im Folgenden dargestellt werden.

Abschnitt 2: Infant Observation nach dem Tavistock-Konzept

Sind die nötigen Vorklärungen erfolgt, setzt ein zweiter Abschnitt des Forschungsprozesses ein. Dieser zeichnet sich dadurch aus, dass Infant Observation in derselben Weise realisiert wird, wie man es aus Kontexten der Aus- und Weiterbildung kennt. Demgemäß ist die Durchführung von Infant Observation in fünf, einander immer wieder überlappende Phasen gegliedert, an die sich eine sechste, zum dritten Arbeitsabschnitt überleitende Phase schließt.

Phase 1: Beobachten und Behalten: Der Beobachter im Feld
In Phase 1 erfolgt das Beobachten in der Familie und somit die primäre Datenaufnahme durch einen – möglichst geschulten – Beobachter, der versucht, das in der Beobachtungssituation Wahrnehmbare in sich aufzunehmen und im Gedächtnis zu behalten. Als »Aufnahmeinstrument« fungiert demnach die beobachtende Person mit all ihren Sinnen und mentalen Kapazitäten.

Phase 2: Erinnern und Schreiben des Beobachtungsprotokolls: Einzelarbeit des Beobachters
Da der Beobachter vor der Aufgabe steht, das Wahrgenommene möglichst unmittelbar nach dem Ende der Beobachtung in Gestalt eines »Beobachtungs-

protokolls« festzuhalten, steht er in besonderer Weise vor der Aufgabe, das multimodal Aufgenommene innerpsychisch so zu bearbeiten und zu transformieren, dass es in Sinneinheiten gegliedert, in Sprache gefasst und in weitgehend deskriptiver Form schriftlich fixiert werden kann.

In methodologischer Hinsicht ist dabei bedeutsam, dass dem »Aufnahmeinstrument«, das in der Beobachtungssituation selbst anwesend war, auf Grund seiner mentalen Strukturiertheit komplexe Sinn- und Bedeutungszuschreibungen sowie die Abfassung von verdichteten und zugleich detailreichen Beschreibungen abverlangt wird: Beide Aspekte fließen in die Abfassung der »Beobachtungsprotokolle« ein, die im Regelfall zumindest fünf bis sieben ausgedruckte Seiten umfassen und somit auch vom Umfang her so gestaltet sind, dass im Seminar über das Geschehen einer beobachteten Stunde intensiv nachgedacht werden kann, ohne dass dafür weitere Transkriptionen, Verdichtungen oder Aufbereitungsarbeiten notwendig wären.

All dies leistet in Phase 2 der Beobachter selbst.

Phase 3: Präsentation des Beobachtungsprotokolls durch den Beobachter im Infant Observation Seminar

Die Tatsache, dass die Mitglieder des Infant Observation Seminars wöchentlich zusammentreffen, führt dazu, dass die mentalen Kapazitäten des Beobachters durch die mentalen Kapazitäten der Gruppe erweitert werden und somit die Möglichkeit des gemeinsamen Nachdenkens in und mit der Gruppe geschaffen wird (Skogstad 2004). Dies beginnt damit, dass der Beobachter im Rahmen des wöchentlich stattfindenden Infant Observation Seminars das (aktuelle) Beobachtungsprotokoll laut vorliest. Die Modulation der Stimme, Schwankungen im Sprechtempo und Veränderungen der Intonation tragen wesentlich dazu bei, dass der Beobachter die Atmosphäre und den emotionalen Gehalt des Beobachteten in Verbindung mit dem vorliegenden Text so vermittelt, dass in der Vorstellungswelt der Gruppenmitgliedern eine Art »innerer Film« zu laufen beginnt, der zum einen in möglichst hohem Ausmaß dem ähnlich sein soll, was der Beobachter in der beobachteten Alltagssituation wahrgenommen und erlebt hat. Zum anderen sollen die Bilder und Gefühle, die in den Gruppenmitgliedern entstehen, unterschiedliche Assoziationen aktivieren, die verschiedene Rückschlüsse auf die latenten Inhalte des Textes und somit auf das Erleben des Kindes eröffnen, das im Zentrum der Beobachtung steht.

Phase 4: Die Besprechung des Protokolls im Infant Observation Seminar

Der Lesung des Beobachtungsprotokolls folgt die Phase der Protokollbesprechung. Aufgabe dieser Phase ist die Entwicklung von Überlegungen, die vom Erleben des Kindes und seinen Beziehungserfahrungen handeln und die durch das deskriptiv gehaltene Textmaterial sowie durch die ergänzenden Bemerkungen des Beobachters als möglichst gut abgestützt gelten können (vgl. Lazar 2000: 410f.; Auch-Dorsch u. a. 2007). In dieser Phase ist auch der Beobachter angehalten, sich an der Analyse des Protokolls zu beteiligen, um seine Eindrücke und Gedanken in den Analyseprozess einfließen zu lassen. Überdies kann der Beobachter während der Besprechung des Protokolls an den Äußerungen der übrigen Seminarmitglieder permanent erkennen, in welchem Ausmaß es ihm gelungen ist, das Wahrgenommene angemessen darzustellen. Dies gibt ihm kontinuierlich die Möglichkeit, Ergänzungen und Präzisierungen vorzunehmen.

Phase 5: Das Verfassen von Besprechungsprotokollen

Wenn ein Gruppenteilnehmer die Aufgabe übernommen hat, während des Verlaufs der Besprechung Notizen zu machen und diese anschließend zu Papier zu bringen, so steht er vor der Aufgabe, sich den Prozess der Protokollbesprechung nochmals vor Augen zu führen und gedanklich nochmals durchzuarbeiten. Denn in den Besprechungsprotokollen gilt es, die zentralen Gedanken, die in der Protokollbesprechung erarbeitet wurden, zu identifizieren, zusammenzufassen und so zu Papier zu bringen, dass sie auch noch Wochen später, wenn sie gelesen werden, nachvollzogen werden können.

Phase 6: Die Abfassung eines Zwischenberichts

In den Phasen 1 bis 5 ist auf die zentrale Fragestellung des Forschungsprojekts noch nicht Bezug zu nehmen, damit der Blick der Gruppe zunächst möglichst weit offen gehalten werden kann, wenn nach dem Erleben des Kindes und seinen Beziehungserfahrungen gefragt wird.

Ist der Arbeitsabschnitt, in dem beobachtet wurde und in dem die Beobachtungen in der Seminargruppe kontinuierlich besprochen wurden, zu Ende, ist der Beobachter aufgefordert, alle Beobachtungsprotokolle und Besprechungsnotizen nochmals durchzugehen und bestimmte Veränderungen unter Bezugnahme auf einen bestimmten thematischen Fokus nachzuzeichnen und herauszuarbeiten. Dieser Fokus ist so zu wählen, dass er in einem engen Bezug zur Forschungsfrage steht.

Auf diese Weise entsteht ein »Zwischenbericht«, der in schriftlicher Form der Seminargruppe vorgelegt wird, in der Seminargruppe zur Besprechung kommt und durch den expliziten Bezug zur leitenden Forschungsfrage bereits eine Überleitung zum 3. Arbeitsabschnitt darstellt.

Abschnitt 3: Nochmalige Bearbeitung des Materials

Nachdem der Beobachter im Zuge der Abfassung des »Zwischenberichts« all das bisher entstandene »Material« in Hinblick auf zumindest einen Aspekt der leitenden Forschungsfrage durchdacht und geordnet hat, werden vier weitere Arbeitsphasen durchlaufen. Diese knüpfen an das im 2. Arbeitsabschnitt Erarbeitete an, führen dies aber zugleich in der Absicht weiter, Antworten auf die zentralen Forschungsfragen zu generieren.

Damit eingeschliffene Denk- und Interpretationsmuster nicht unbedacht weitergeführt werden und der Kreis jener Personen, die sich mit den Beobachtungsprotokollen kritisch befassen, ausgeweitet werden kann, wird die Infant Observation Gruppe, die für den 2. Arbeitsabschnitt gegründet worden war, aufgelöst. An ihre Stelle tritt nun eine »Forschungsgruppe«. Diese setzt sich aus Gründen der Sicherstellung gewisser Kontinuitäten aus Personen zusammen, die bereits der Infant Observation Gruppe angehört haben, sowie aus anderen Personen, denen das bisher Erarbeitete fremd ist.

Phase 7: Die nochmalige Präsentation des Beobachtungsprotokolls in der Forschungsgruppe

Im Rahmen dieser Forschungsgruppe, die wiederum von einem geschulten Gruppenleiter angeleitet wird, werden ausgewählte Beobachtungsprotokolle erneut vom Beobachter präsentiert.

Phase 8: Die Analyse des Protokolls in Hinblick auf die leitende Forschungsfrage

Nach der Präsentation erfolgt die Besprechung des Protokolls in zwei Schritten: Zunächst wird über das Protokoll im Sinne der leitenden Fragen nachgedacht, nach denen bereits in der Infant Observation Gruppe gearbeitet wurde. Dabei sind auch die vorliegenden Besprechungsnotizen miteinzubeziehen, die während des 2. Arbeitsabschnittes entstanden sind. Anschließend wird diskutiert, welche Antworten sich aus dem Besprochenen in Hinblick auf die Auseinandersetzung mit den zentralen Forschungsfragen ergeben.

Phase 9: Das Verfassen von Besprechungsprotokollen
Wie in Phase 5 kommt es auch nun dazu, dass im Anschluss an die Sitzungen der Forschungsgruppe ein Gruppenmitglied die Überlegungen geordnet zu Papier bringt, die in den Besprechungen jeweils entwickelt werden.

Phase 10: Finale Diskussion und Beantwortung der Forschungsfrage
Sofern dies nicht von äußeren Faktoren vorgegeben ist, definiert die Forschungsgruppe einen Zeitpunkt, zu dem das wiederholte Durchlaufen der Phasen 7 bis 9 beendet wird. Zumindest ein Mitglied der Forschungsgruppe – im Regelfall ist dies der Beobachter – wurde allerdings schon zuvor mit der Aufgabe betraut, die vielgestaltig angestellten Überlegungen zu bündeln, zu ergänzen und in eine schriftliche Form zu bringen, in der die Antwort auf die zentralen Forschungsfragen sowie die Herleitung und Begründung der damit verbundenen Geltungsansprüche nachgelesen werden können.

Nach Möglichkeit wird auch dieses Papier, das zumeist in Gestalt eines Forschungsberichtes vorliegt, in der Forschungsgruppe besprochen.

Phase 11: Veröffentlichung der Ergebnisse
Im Regelfall bedarf es dann nochmals einiger Arbeitsschritte, ehe der Forschungsbericht oder (bearbeitete) Teile davon in Gestalt von Artikeln, Monographien, Dissertationen oder Diplomarbeiten publiziert werden können.

Bereits in jenem Papier, das in Phase 10 entsteht, ist explizit auszuweisen, in welchem Bezug das Erarbeitete zu bereits veröffentlichten Theorien und Forschungsbefunden steht (vgl. Fatke 1995). Kommt es zur Veröffentlichung, ist im Regelfall nochmals eingehender darzustellen, welchen Beitrag die erarbeiteten Forschungsergebnisse zur Weiterentwicklung von bestehenden Theorien leisten.

Unterschiedliche Formen des Zuwachses an Erkenntnis

In Anknüpfung an Kuhn (1962) und darauf bezogene Überlegungen Datlers (1995) kann davon ausgegangen werden, dass die Bearbeitung von Infant-Observation-Protokollen in zweifacher Weise auf die Weiterentwicklung von Theorien Einfluss nehmen kann.

Einfluss auf die Entwicklung neuer Theorien oder Konzepte

Zum einen ist denkbar, dass sich Personen im Zuge der Bearbeitung von Infant-Observation-Materialien mit bestimmten Phänomenen und darauf bezogenen Gedanken konfrontiert sehen, die mit bestehenden Konzepten oder Theorien kaum in Einklang zu bringen sind. In solchen Fällen kann Infant Observation zur Ausarbeitung neuer Konzepte oder gar Theorien führen.

Ein Beispiel für die Entwicklung eines neuen Konzepts findet sich in dem Artikel »Vorläufer der Triangulierung« von Ross Lazar (1988), in dem er das Konzept »erster dreidimensionaler Teilobjektbeziehungen des Säuglings« einführt. Einen maßgeblichen Anstoß dafür gaben Beobachtungen, die in den ersten vier Monaten des Lebens von Säuglingen gemacht wurden und die ihn zur Annahme führten, dass Säuglinge schon in diesem frühen Alter damit beginnen, erste dreidimensionale Erfahrungen mit Teilen von Objekten zu machen. In diesem Sinn erfährt der Säugling etwa in den Momenten, in denen er gestillt wird, neben Mund und Brustwarze noch etwas Drittes – nämlich die Verbindung von »Brustwarze in Mund«. Mit der Herstellung einer solchen Verbindung wird eine »Teilobjektkonstellation« geschaffen, die von Mutter wie Kind als solche erlebt wird und eine wesentliche Voraussetzung für die Ausbildung »innerer Objekte« und differenzierterer Objektbeziehungen darstellt, die in späterer Zeit etwa durch Nuckeln, Greifen oder Betrachten bis hin zur Erfahrung, selbst etwas Drittes herstellen zu können, geschaffen werden.

Stützung und innere Differenzierung bestehender Theorien und Konzepte

Die Bearbeitung von Infant-Observation-Protokollen kann allerdings auch dazu führen, dass bestehende Theorien und Konzepte gestützt oder in Hinblick auf manche Teilaspekte angereichert, ergänzt oder weiter differenziert werden. Entsprechende Untersuchungen können in diesem Zusammenhang auch Beiträge zu wissenschaftlichen Kontroversen leisten, die innerhalb eines bestimmten Theorierahmens geführt werden, ohne dass dadurch dieser Theorierahmen selbst in Frage gestellt wird.

Einen Beitrag der letztgenannten Art leistete die eingangs erwähnte Studie von Kathrin Trunkenpolz (ehem. Fleischmann), die mit Hilfe des Einsatzes von Infant Observation die Entwicklung der Beziehungen eines Mädchens namens Giorgia zu ihren Eltern innerhalb des ersten Lebensjahres untersuchte und in diesem Zusammenhang auch der Frage nachging, welche Folgerungen sich aus der Analyse dieses Entwicklungsprozesses für die Theorie früher Triangulierungsprozesse ergeben.

Ein Beitrag der Einzelfallstudie »Giorgia« für die Theorie früher Triangulierungsprozesse

Der Theorierahmen, in dem sich Fleischmanns (2003) Untersuchung bewegt, ist jener der psychoanalytischen Objektbeziehungstheorie. Zwischen Vertreterinnen und Vertretern dieses Theorieansatzes ist es unbestritten, dass Kinder bereits im ersten Lebensjahr zwischen den Beziehungserfahrungen, die sie mit verschiedenen Bezugspersonen machen, unterscheiden und dementsprechend früh entsprechende innerpsychische Repräsentanzen von diesen unterschiedlichen Arten von Beziehungen ausbilden (vgl. Stern 1985: 152ff.). In Diskussion steht allerdings die Frage, ob die Erlebniswelt von Säuglingen zunächst eher dyadischer Natur ist (und der Aspekt des Dritten bestenfalls in der von Lazar [1988] beschriebenen Weise erfahren wird, wenn der Säugling mit belebten oder unbelebten Objekten in unmittelbaren Kontakt kommt), oder ob die Erlebniswelt von Säuglingen von Beginn an triadisch strukturiert ist.

Dyade oder Triade als primäre Beziehungsform?

Unter den Autorinnen und Autoren, die sich seit etwa 20 Jahren intensiv mit der Thematik der frühkindlichen Triangulierung befassen (vgl. Bürgin 1998; Ereky 2001; Ermann/Lazar 2002; Trowell/Etchegoyen 2002; Steinhardt u. a. 2002; Figdor 2005; Maiello 2006), nimmt Hans-Geert Metzger – zum Teil in gemeinsamer Autorenschaft mit Frank Dammasch – eine ebenso differenzierte wie markante Position ein (vgl. Dammasch/Metzger 1998, 1999; Metzger 2002). Er geht davon aus, dass nach der Geburt die Beziehung zwischen Mutter und Kind für den Säugling im Vordergrund steht. Zwar habe das Kind eine potenzielle Bereitschaft, triadische Beziehungen einzugehen, doch müsse dies »in der Entwicklung aus der Dyade heraus entfaltet und verinnerlicht werden« (Metzger 2000: 50). In diesem Zusammenhang betont Metzger (2002: 39) in offenkundiger Anlehnung an Mahlers Theorie der Separation und Individuation (Mahler u. a. 1975), dass für das Kleinkind »eine sichere Erfahrung in der Zweier-Beziehung notwendig ist, damit das Kind die Erfahrung mit dem

Dritten neugierig und kreativ aufnehmen kann und sie nicht als Überforderung erlebt«. Zuvor würde beim Kind das Verlangen nach dyadisch-symbiotischen Beziehungserfahrungen dominieren.

Andere Autorinnen und Autoren teilen hingegen diese Vorstellung einer Art zweiphasigen Entwicklung nicht, sondern postulieren, dass sich die Entwicklung von Kleinkindern von Beginn an in einem vom Kind als triadisch erlebten Beziehungsraum vollzieht. Zu diesen Autoren zählen die Mitglieder einer Arbeitsgruppe um Kai von Klitzing:

> In the contrast of the theory that it is first only the dyad that influences development and that the triad becomes important only when the child has grown older, we understand the triad as the original form into which the child is born. (Klitzing et al. 1999: 85; ähnlich Klitzing 1998, 1999, 2002a, b, 2005)

Unterschiedliche forschungsmethodische Zugänge

Für die Untersuchung von Fleischmann (2003) ist bedeutsam, dass sich beide Autoren im Bemühen, ihre Position zu begründen, auf die Ergebnisse ihrer empirischen Untersuchungen stützen, die äußerst unterschiedlich gehalten sind und dennoch eine wesentliche Gemeinsamkeit aufweisen: Um frühe Triadifizierungs- und Triangulierungsprozesse aus interaktioneller, representationeller und transgenerationaler Perspektive zu untersuchen, führte Klitzing mit seiner Arbeitsgruppe zwei Längsschnittstudien an insgesamt knapp 120 Paaren und deren erstgeborenen Kindern durch. Als die Kinder vier Monate alt waren, wurden Vater, Mutter und Kind in beiden Studien beim »Lausanner Spiel zu dritt« auf Video aufgenommen, das sich durch eine standardisierte Abfolge von Aufgaben auszeichnet, in denen die Eltern aufgefordert sind, alleine oder zu zweit mit ihren Kindern in Interaktion zu treten und den Übergang zwischen diesen Spielphasen selbstständig zu gestalten (Klitzing 2002a: 872ff.). Darüber hinaus wurde versucht, mit Hilfe des Basler Elterninterviews noch in der Zeit vor der Geburt des Kindes die »triadischen Kapazitäten« der Eltern zu bestimmen und in weiteren Untersuchungsschritten die Entwicklung der Kinder nach dem ersten Lebensjahr zu erfassen (Klitzing 2002a: 874ff.).

Die Art, in der viele der beobachteten Kinder im »Lausanner Spiel zu dritt« triadische Spielsituationen mitgestalten und sogar an der Herbeiführung solcher Situationen aktiv beteiligt waren, veranlasste Klitzing (2002a: 880) in Verbindung mit der Diskussion weiterer Forschungsbefunde zur Aussage, dass die »Ergebnisse unserer Studien [...] weitgehend die psychoanalytischen Konzepte [unterstützen], in denen die psychischen Entwicklungen von Kindern von Anbeginn an als Triangulierungsprozesse verstanden werden«. Erst dann, wenn es zu emotionalen Belastungen komme, würden Triaden in »Zwei-plus-eins-Beziehungen« zerfallen (Klitzing 2002a: 880). Demgemäß steige die Qualität triadischer Beziehungsgestaltungen auch mit den »triadischen Fähigkeiten« der Eltern, die bereits vor der Geburt des Kindes bestehen dürften (Klitzing 2002b: 804).

Im Unterschied zur Arbeitsgruppe um Klitzing zeichnet sich Metzgers forschungsmethodischer Zugang vor allem dadurch aus, dass er sich in seinen Schlussfolgerungen auf die Analyse von Beobachtungen stützt, die über zehn Wochen hindurch – wöchentlich eine Stunde lang – in der familiären Alltagswelt von Kindern durchgeführt wurden. Vor allem Metzgers Buch »Zwischen Dyade und Triade« ist detailliert zu entnehmen, welche Untersuchungsergebnisse er aus welchen Beobachtungen von dyadischen und triadischen Beziehungsprozessen ableitet und welche weitreichenden Schlussfolgerungen er daraus zieht – denn die Kinder, die in seiner Untersuchung beobachtet wurden, waren zwischen 18 Monaten und neun Jahren alt (Metzger 2000). Manche seiner Überlegungen sind dann aber auf das Alltagsleben und Alltagserleben von weit jüngeren Kindern bezogen, ohne dass es Metzger möglich wäre, dies durch die Analyse von Alltagsbeobachtungen entsprechend jüngerer Kinder zu belegen.

Genau dieser methodenkritische Einwand ist auch der Arbeitsgruppe um Klitzing entgegenzubringen: Klitzing wendet sich zwar unmittelbar der Untersuchung der Beziehungsdynamik zwischen Säuglingen und ihren Eltern zu. Diese Untersuchung findet allerdings in einer Laborsituation und überdies nur zu einem Zeitpunkt vor dem ersten Geburtstag des Kindes statt. Klitzing u. a. schließen ihrerseits nun ausgehend von diesen Untersuchungen darauf, wie Kinder in Alltagssituationen dyadische und triadische Situationen erleben und in welcher Weise entsprechende Erfahrungen mit der Entwicklung der inneren Welt der Kleinkinder in Beziehung stehen. Auch Klitzing u. a. sind daher nicht in der Lage, ihre Überlegungen durch die unmittelbare Beobachtung von Säuglingen und Kleinkindern in Alltagssituationen abzustützen.

Vor diesem Hintergrund ist nun bedeutsam, dass Fleischmann (2003) im Sinne des Tavistock-Konzepts mit ihren wöchentlichen Beobachtungen bald nach der Geburt Giorgias begonnen hat, ein Jahr lang Beobachtungen in Alltagssituationen durchzuführen und in der Analyse der entstandenen Beobachtungsprotokolle dem Auftreten und der Entwicklung triadischer Momente besondere Beachtung zu schenken. Welche Einblicke in das Entstehen früher triangulärer Beziehungserfahrungen eröffnet nun die Einzelfallstudie »Giorgia«?

Ergebnisse aus der Einzelfallstudie »Giorgia«

Der Bearbeitung der Protokolle, die in den ersten Lebenswochen Giorgias entstanden, war zu entnehmen, dass in Giorgias Lebenswelt das Verlangen nach dem Erleben eines dyadischen Zusammenseins mit der Mutter im Vordergrund stand. Dritte wurden in den ersten Wochen von Giorgia zwar wahrgenommen, sie wurden aber von ihr häufig als Störung empfunden, insbesonders dann, wenn Giorgia und ihre Mutter innig aufeinander bezogen waren.

Folgender Beobachtungsausschnitt aus dem ersten Beobachtungsprotokoll[2] illustriert dies:

> Die Mutter sitzt auf der Couch im Wohnzimmer und hält Giorgia (4 Wochen) in ihren Armen. Der Vater steht hinter der Couch. Ich setze mich schräg gegenüber auf das andere Ende der Couch. Giorgia liegt in den Armen der Mutter, die Augen leicht geschlossen, die Arme liegen auf ihrem Oberkörper, die Hände sind zu Fäusten geballt und die Füße sind leicht angewinkelt. Die Eltern schauen mich mit erwartungsvoll-fragendem Blick an. Ich erkläre ihnen kurz nochmals meine Rolle als Beobachterin. Giorgia öffnet nun die Augen und dreht ihren Kopf in meine Richtung. Dann schaut sie die Mutter an und beginnt ein bisschen zu quengeln. […] Die Mutter verändert nun Giorgias Position, indem sie sie auf ihren Unterarm legt und Giorgia so dreht, dass Giorgia und ihre Mutter einander direkt ins Gesicht sehen können. Giorgia blickt die Mutter mit weit geöffneten Augen an und beruhigt sich wieder. (Fleischmann 2003: 39)

In dieser Situation scheint sowohl auf Seiten der Eltern als auch auf Seiten der Beobachterin eine gewisse Anspannung erkennbar zu sein, da in diesem Augenblick etwas Neues und Unbekanntes beginnt. Auch Giorgia dürfte merken,

[2] Das Tavistock-Konzept sieht vor, dass mit den wöchentlichen Beobachtungen möglichst knapp nach der Geburt begonnen wird. Dass die erste Beobachtung Giorgias erst nach vier Wochen stattfand, hing damit zusammen, dass das Erstgespräch mit der Familie nicht wie üblich bereits vor der Geburt, sondern erst zwei Wochen danach stattfand, was den Beginn der Beobachtungen nach hinten verschob.

dass etwas Neues hinzugekommen ist: Sie hört eine neue Stimme, einen neuen Klang, eine neue Melodie und dreht auch den Kopf in die Richtung, aus der die Stimme kommt. Gleichzeitig fühlt, spürt und riecht Giorgia sehr Vertrautes, Warmes, Weiches. Giorgia nimmt wahr, dass mit dem Hinzukommen des Dritten die unmittelbar zuvor erlebte vertraute Zweisamkeit gestört wurde, worauf Giorgia mit Quengeln reagiert.

In Szenen wie dieser zeigt sich, wie stark bei Giorgia das Verlangen nach dem Erleben eines dyadisch-symbiotischen Zusammenseins im Vordergrund steht. Durch das Hinzukommen der Beobachterin fühlt sich Giorgia zunächst veranlasst, den dyadischen Beziehungsraum hin zum Dritten zu öffnen und ihre Aufmerksamkeit der Beobachterin zuzuwenden. Giorgias Quengeln deutet allerdings darauf hin, dass sie das Gewahrwerden des Dritten als Störung und die Hinwendung zum Dritten zugleich als einen unangenehmen Verlust des dyadischen Aufeinander-Bezogenseins zwischen Mutter und sich erlebt. Die Mutter scheint dies intuitiv zu erfassen, stellt durch einen Positionswechsel Giorgias wieder einen dyadischen Beziehungsrahmen her und ermöglicht es dadurch Giorgia, sich wieder zu beruhigen.

Mehrere Ausschnitte aus dem Beobachtungsmaterial und Interpretationen dieser Art stützen Metzgers Position: In der Zeit nach der Geburt scheint auch im »Fall Giorgia« das Verlangen nach dyadisch-symbiotischen Beziehungserfahrungen auf Seiten des Kindes zu dominieren (Metzger 2000: 182). Und wenn sich Giorgia aus dem Erleben des engen Aufeinander-Bezogenseins dem Dritten zuwendet, so dürfte auch dies für Metzgers These sprechen, welche besagt, dass das Kind vom sicheren Hafen des Dyadischen heraus Beziehungen zu Dritten aufnimmt (ebd.). Dass Giorgias Quengeln dann die »Rückkehr ins Dyadische« einleitet, erinnert in diesem Zusammenhang zwar kurz an Klitzings Auffassung, dass Triaden primär dann in »Zwei-plus-eins-Beziehungen zerfallen«, wenn das Kind in triadischen Situationen emotionale Belastungen erlebt und deshalb das Verspüren von übersichtlicheren »dyadischen Beziehungsformen« bevorzugt (Klitzing 2002a: 880). Doch spricht gegen diese Kommentierung der beobachteten Szene, dass für Giorgia das Gewahrwerden des Dritten und die spürbare Absenz des Dyadischen selbst die Quellen des verspürten Ungemachs sein dürften: Der beschriebenen Szene ist nicht zu entnehmen, dass Giorgia die Hinwendung zum Dritten zunächst genossen, dann aus irgendeinem Grund emotional Belastendes verspürt und deshalb das Verlangen nach dem Erleben von Zweisamkeit entwickelt hat.

Allerdings wurde in der vorliegenden Einzelfallstudie beobachtet, dass bei Giorgia die Öffnung des Dyadischen hin zum Triadischen in Verbindung mit der Erwartung, dass das Erleben triadischer Interaktionen befriedigend sein kann, früher stattfindet, als Metzger dies annimmt: Im Alter von vier Monaten und zwei Wochen konnten nämlich erstmals Interaktionen zwischen Giorgia, Mutter und Vater beobachtet werden, in denen Giorgia offensichtlich den Wunsch nach der Teilhabe an einem »Zusammensein zu dritt« verspürt und zeigt. Dies stützt Klitzings Annahme, dass Säuglinge bereits im ersten halben Lebensjahr in der Lage sind, an Interaktionen mit drei Personen teilzunehmen (und zwar auch in Alltagssituationen), und überdies versuchen, Situationen des »Zusammenseins zu dritt« auch selbst aktiv herbeizuführen. Folgender Beobachtungsausschnitt, der bereits eingangs zitiert wurde, illustriert dies:

> Die Mutter sitzt im Wohnzimmer auf der Couch. Giorgia (6 Monate) steht mit vorgebeugtem Oberkörper auf den Oberschenkeln der Mutter. Das Gesäß ist hinausgestreckt. Die Mutter hält sie unter den Armen. Giorgia blickt zur Mutter. Dann dreht sie sich von der Hüfte ausgehend zum Vater, der neben ihnen auf der Couch sitzt, und streckt die Arme in seine Richtung. Die Mutter meint: »Papa, borgst du mir ein bisschen deine Brille?« Der Vater antwortet: »Danke, nein.« Giorgia streckt die Arme noch immer in seine Richtung. Der Vater lehnt sich weiter zurück und sagt: »Nein.« Die Mutter dreht Giorgia zurück und legt sie auf ihren Oberkörper, sodass die Wangen der Mutter und Giorgias einander berühren. Die Mutter streichelt Giorgia über den Hinterkopf und sagt: »Der Papa ist so neidig. Der borgt dir nicht einmal seine Brillen. Das ist so ein Neidiger! Also wenn ich Brillen hätte, ich würde sie dir sofort borgen.« Giorgia fängt nun etwas zu quengeln an und wird in den Hüften und Beinen unruhig. (Fleischmann 2003: 88)

Giorgia, die von der Mutter gehalten wird, wendet sich in dieser Situation dem Vater zu und öffnet die Beziehung zwischen Mutter und Kind hin zu einem Beziehungsraum, der nun zwischen allen dreien aufgespannt wird. Giorgias Art der Hinwendung zum Vater deutet nicht darauf hin, dass Giorgia in räumlicher Hinsicht näher zum Vater hin möchte, sondern bringt offensichtlich das Verlangen nach der Herstellung einer triadischen Situation zum Ausdruck. Doch der Vater kommt Giorgias Wunsch, in intensiverer Weise in einen »Austausch zu dritt« zu treten, nicht nach. Die Mutter dreht daraufhin Giorgia zu sich zurück. Sie schließt damit den von Giorgia geöffneten triadischen Beziehungsraum und verengt ihn wiederum zu einem dyadischen. Über den Vater wird nun zwar gesprochen (vgl. Datler u. a. 2002b), aber ein lebendiger Austausch mit ihm bleibt aus. Giorgia reagiert darauf mit Unmutsäußerungen – sie quengelt und wird in Hüften und Beinen unruhig.

Weiterführende Fragen

Der genauere Nachweis darüber, dass die hier vorgestellten Szenen für Giorgias Erleben von dyadischen und triadischen Situationen in der Zeit knapp nach der Geburt sowie im Alter von etwas mehr als vier Monaten charakteristisch sind, bedürfte freilich der Darstellung und eingehenden Besprechung mehrer Protokollausschnitte. Die Untersuchung von vergleichbaren Protokollausschnitten aus der Beobachtung mehrerer Säuglinge würde weiters die Diskussion der Frage erlauben, ob die Einzelfallstudie »Giorgia« auf ein weit verbreitetes Muster im Erleben und Verhalten von Säuglingen aufmerksam macht, das zu einer umfassenderen Neubestimmung der Positionen Anlass gibt, die von Klitzing und Metzger vertreten werden. Falls sich in solch einer Untersuchung verschiedene Verlaufsmuster ausmachen lassen, wäre überdies – im Sinn der eingangs referierten Fragestellungen Fleischmanns (2003) – zu untersuchen, in welcher Weise das Zustandekommen solcher Muster mit der Art und Weise zusammenhängt, in der ein Säugling wie Giorgia das Zusammensein mit Vater und Mutter in dyadischen und triadischen Situationen erfährt.

Diesen Fragen und Aspekten kann an dieser Stelle freilich nicht näher nachgegangen werden. Stattdessen möchten wir mit einigen abschließenden forschungsmethodologischen Bemerkungen schließen.

Einige abschließende Überlegungen zur Bedeutung von Infant Observation als Forschungsmethode

Wenn in einem Forschungsprojekt wie dem hier dargestellten Infant Observation als Forschungsmethode zum Einsatz kommt, zieht dies immer wieder die Frage nach der Verlässlichkeit der Forschungsergebnisse nach sich, die mit dieser Methode ermittelt werden. In diesem Zusammenhang dürfte es sinnvoll sein, mit Lazar (2000: 400ff.) zwischen »Baby-*Watching*« und »Infant *Observation*« zu unterscheiden: Der Kategorie »Baby-Watching« sind demnach all jene Methoden zuzurechnen, in denen durch den Einsatz von technischen Aufnahmeinstrumenten sowie standardisierten Beobachtungs- und Auswertungsverfahren Daten generiert werden, die mit empirisch-quantitativen Methoden »weiterverarbeitet« werden können. Im Unterschied dazu zeichnet sich Infant Observation durch den Verzicht auf solche Aufnahmeinstrumente und Auswertungsverfahren sowie durch ein methodisches Vorgehen aus, dem eine weit stärkere Nähe zu hermeneutischen, ethnographischen sowie empirisch-qualitativen Forschungsverfahren inhärent ist.

Mit dieser kategorialen Unterscheidung ist allerdings die differenzierte Diskussion von forschungsmethodischen und -methodologischen Fragen keineswegs hinfällig, sondern allenfalls eröffnet. Vor diesem Hintergrund sind die folgenden vier Anmerkungen zu verstehen.

Der »subjektive Faktor« und der Anspruch des Generierens von wissenschaftlich fundierten Aussagen

Die Tatsache, dass im Infant-Observation-Prozess die beobachtende Person als »Aufnahmeinstrument« fungiert, gibt besonders markant zu erkennen, in welch hohem Ausmaß Infant Observation auf den Faktor »Subjektivität« setzt. Dessen ungeachtet ist dem Einsatz von Infant Observation der Anspruch inhärent, nicht bloß Erdichtungen zu generieren, die ohne Realitätsbezug primär den Phantasien der Beobachter und der Mitglieder der Infant-Observation-Seminare entspringen, sondern vielmehr Aussagen über die beobachteten Menschen und deren Beziehungserfahrungen, die als gut begründet angesehen werden können.

Um diesen Anspruch einlösen zu können, wird darauf geachtet, dass im Forschungsprozess Personen zum Einsatz kommen, die in ausgeprägter Weise über die Fähigkeit verfügen, präzise zu beobachten und zu beschreiben. Damit sie sich auf diese Aufgaben konzentrieren können, werden sie angehalten, während des Beobachtens und Abfassens der Protokolle darauf zu verzichten, nach Theoriebezügen zu suchen oder solche zu explizieren; zumal mit Skogstad (2004) festzuhalten ist, dass es den Seminargruppen leichter fällt, das Beobachtete zu interpretieren sowie daran anknüpfende Theoriebezüge auszuarbeiten, wenn zwischen der deskriptiven Darstellung des Beobachteten einerseits und dem Berichten von Gegenübertragungsreaktionen, Assoziationen oder anderen persönlichen Mitteilungen sowie ersten Deutungen möglichst klar unterschieden wird. Da die Ergebnisse dieser Arbeitsschritte aus den Diskussionen in den Seminargruppen hervorgehen und sich somit vor den kritischen Einwänden der Seminarmitglieder zu bewähren haben, ist überdies sichergestellt, dass vor der Veröffentlichung von Forschungsergebnissen eine Variante der »kommunikativen Validierung« (Flick 2002: 325; Lazar 2000: 407) durchlaufen wurde, an der die Beobachter, die Leiter sowie andere Mitglieder der Seminargruppen beteiligt waren.

Dazu kommt, dass das regelmäßige und über einen längeren Zeitraum hindurch stattfindende Beobachten und Protokollschreiben die Möglichkeit eröffnet, Schlussfolgerungen nicht nur aus einmal beobachteten Situationen abzuleiten. Wenn es gelingt, in den Protokollen, in denen alltägliche Routinen, Interaktionen mit unterschiedlichen Personen oder auch außergewöhnliche Ereignisse beschrieben werden, spezifische Muster der Stabilität oder auch Veränderung auszumachen (Rustin 2002), können entsprechende Analyseergebnisse als besonders stichhaltig angesehen werden; sind sie doch dann aus der Analyse von zahlreichen Protokollausschnitten gewonnen worden, die zu unterschiedlichen Zeitpunkten während der gesamten Spanne, in der beobachtet wurde, zustande kamen und mit einem Sample von »Proben« verglichen werden können, die über einen längeren Zeitraum hindurch immer wieder gezogen wurden (Lazar 2000: 410).

Infant Observation versus Videographie

Unbestritten ist freilich, dass mit Hilfe des Einsatzes von Videokameras der »subjektive Faktor« zunächst etwas geringer gehalten werden kann: Während es im Regelfall keine Möglichkeit gibt, die Übereinstimmung zwischen dem »Original« des Beobachteten und dem Protokollierten zu überprüfen, kann mit Hilfe der Videokamera das Beobachtbare in seiner Kontinuität festgehalten und das dergestalt Aufgenommene im Analyseprozess wieder und wieder abgespielt werden. Ein modernes technisches Equipment erlaubt dabei die Durchführung von Mikroanalysen, die auf der Basis von Infant-Observation-Protokollen nie mit annähernder Genauigkeit durchgeführt werden können.

Allerdings darf dabei nicht übersehen werden, dass auch Videoaufnahmen keine unmittelbaren »Abbilder« der Realität darstellen: Während im Prozess der Infant Observation so wahr- und aufgenommen wird, wie es den Strukturen der menschlichen Sinnesorgane und des Mentalen entspricht, entsteht das Bild- und Tonmaterial im Fall der Videographie nach den Eigengesetzlichkeiten des technischen Aufnahmeinstruments. Dessen Linse ruht etwa selbst dann, wenn die Kamera beständig bewegt wird, starr im Gerät, während das menschliche Augenpaar beständig in Bewegung ist und im Unterschied zu den flachen, zweidimensionalen Videobildern zur Ausbildung von dreidimensionalen Eindrücken führt. Dies trägt dazu bei, dass es oft schwierig ist, beim Ansehen von Videoaufnahmen jene »emotionale Atmosphäre« zu verspüren, die in der Situation gegeben ist und vom Beobachter unmittelbar erfasst werden kann (Rustin 1991). Dazu kommt, dass zwischen dem Betrachten des Videobandes und der Formulierung von Forschungsergebnissen zahlreiche Analyseschritte liegen, die insbesondere dann den Horizont des videographisch Dokumentierten weit überschreiten, wenn Aussagen über die innere Welt der Aufgenommenen erarbeitet werden sollen.

Unbeschadet aller skizzierter Unterschiede verbindet Infant Observation und Videographie somit der Umstand, dass »Originalsituationen« erst in mehreren Arbeitsphasen nach den Eigengesetzlichkeiten der beiden Methoden aufgenommen, analysiert und somit transformiert werden müssen, ehe wissenschaftliche Aussagen über diese »Originalsituationen« formuliert werden können. Einen »unmittelbaren Zugang« zur »Wirklichkeit« bietet daher keine Methode, auch wenn man in so manchen Diskussionen den Eindruck erhält, dass an den Einsatz von Video mitunter entsprechende (unreflektierte) Wunschphantasien geknüpft sind.

Die Praktikabilität von Infant Observation und die Realisierbarkeit von Forschung

Weiter ist darauf hinzuweisen, dass mitunter auch aus Gründen der Praktikabilität auf die Herstellung von Videoaufnahmen zu verzichten und dem Einsatz von Infant Observation der Vorzug zu geben ist: Wenn in einem Forschungsprojekt nicht eigens hergestellte Laborsituationen, sondern vielmehr Alltagssituationen in einem »naturalistischen Forschungssetting« untersucht werden sollen, bringt der Einsatz eines »Beobachters« manchmal den Vorteil mit sich, dass dieser im Feld kein technisches Equipment benötigt, das seine Konzentration bindet oder das gesteigerte Interesse jener Menschen weckt, die im Fokus der Beobachtung stehen: Der Beobachter kann sich im Regelfall flexibel im Feld bewegen und der gegebenen Situation all seine Aufmerksamkeit schenken, ohne sich dabei auf seine Kamera oder sein übriges Equipment konzentrieren zu müssen, und hat nicht zuletzt deshalb die Möglichkeit, sich dezent im Hintergrund zu halten, ohne einen allzu großen Einfluss auf die Situation auszuüben, die er zu beforschen versucht.

Im Unterschied dazu ist der Einsatz von Video insbesondere dann aufwändig und auffällig, wenn eine hohe Aufnahmequalität im Bereich des Optischen und Akustischen garantiert sein soll. Die Vorstellung, fremde Personen würden detailgetreu aufnehmen, was sich im Alltag einer Familie ereignet, weckt bei manchen Menschen überdies unangenehme Gefühle, die mitunter zur Folge haben, dass zwar das regelmäßige Kommen eines Beobachters gestattet, dem Einsatz der Videographie aber keine Erlaubnis gegeben wird. Und wenn damit Fragen der Praktikabilität oder auch Realisierbarkeit von Forschung angesprochen sind, so ist hinzuzufügen, dass es durchaus machbar ist, beispielsweise 40 wöchentlich angefertigte Beobachtungsprotokolle zu analysieren, die innerhalb eines Jahres entstehen, während es oft kaum machbar ist, ein vergleichbares Volumen an 40 je einstündigen Videoaufnahmen sorgfältig auszuwerten, für deren bloßes Abspielen man bereits eine komplette Arbeitswoche benötigt.

Multiperspektivische Forschung

Schließlich sei die Frage aufgeworfen, ob die Zuverlässigkeit der Erkenntnisse, die mit Hilfe von Infant Observation generiert werden, nicht dadurch überprüft oder sogar gesteigert werden kann, dass neben Infant Observation auch andere Forschungsmethoden zum Einsatz kommen. Wir teilen diesbezüglich allerdings die Auffassung, dass solch ein Bemühen um »Methoden-Triangulation« mit einer Vielzahl von methodologischen Problemen verbunden ist, die nicht zuletzt damit zusammenhängen, dass »jede Methode den Gegenstand, der mit ihr erforscht werden soll, auf spezifische Weise konstruiert« (Flick 2005: 310) und deshalb die Verwendung unterschiedlicher Methoden nicht auf die Untersuchung desselben Gegenstandes abzielt. Dessen ungeachtet stellen wir uns diesem Problem der »Methoden-Triangulation« zur Zeit in einem Forschungsprojekt zur »Eingewöhnung« von Kleinkindern in die Kinderkrippe (vgl. Hover-Reisner 2007). Wir gehen davon aus, zur gegebenen Zeit veröffentlichen zu können, in welcher Weise wir in diesem Projekt Ergebnisse der Analyse von Beobachtungen nach dem Tavistock-Konzept mit Erkenntnissen verknüpfen können, die wir dem Einsatz anderer Forschungsmethoden verdanken.

Literatur

Auch-Dorsch, E./Fischer, P./Freiberger, E./Heick, G./Hermann, A./Schumacher, K./Lazar, R. (2007): Ich denk', ich sehe was! … Siehst du es auch? Das Münchner Säuglingsbeobachtungsseminar bei der Arbeit. In: Analytische Kinder- und Jugendlichenpsychotherapie, 38 (Heft 135), 351-376.

Bick, E. (1964): Bemerkungen zur Säuglingsbeobachtung in der psychoanalytischen Ausbildung. In: Jahrbuch der Psychoanalyse 53, 2006, 179-197. (Die Originalfassung erschien unter dem Titel »Notes on infant observation in psycho-analytic training« im International Journal of Psychoanalysis, 45, 558-566).

Bick, E. (1968): Das Hauterleben in frühen Objektbeziehungen. In: Bott-Spillius, E. (Hrsg.): Melanie Klein Heute. Entwicklungen in Theorie und Praxis – Band 1, 1990, 236-240. (Die Originalfassung erschien unter dem Titel »The experience of skin in early object relations« im International Journal of Psychoanalysis, 49, 484-486.).

Bick, E. (1986): Further considerations on the function of the skin in early object relations: findings from infant observation integrated into child and adult analysis. In: British Journal of Psychotherapy, 2, 292-299.

Bürgin, D. (1998): Psychoanalytische Ansätze zum Verständnis der frühen Eltern-Kind-Triade. In: Klitzing, K. von (Hrsg.): Psychotherapie in der frühen Kindheit. Göttingen: Vandenhoeck & Ruprecht, 15-31.

Dammasch, F./Metzger, H. G. (1998): Die Suche nach dem Fremden. Theoretische Grundlagen und eine empirische Studie zur Bedeutung des Vaters in der familialen Triade. In: Jongbloed, U./Wolff, A. (Hrsg.): Denn wir können die Kinder nach unserem Sinne nicht formen. Beiträge zur Psychoanalyse des Kindes- und Jugendalters. Frankfurt a. M.: Brandes & Apsel, 225-247.

Dammasch, F./Metzger, H. G. (1999): Die Suche nach der Differenz. Zur Bedeutung des Vaters in der frühen Triade. In: Zeitschrift für psychoanalytische Theorie und Praxis, 14 (Heft 3), 284-307.

Datler, W. (1995): Musterbeispiel, exemplarische Problemlösung und Kasuistik. Eine Anmerkung zur Bedeutung der Falldarstellung im Forschungsprozess. In: Zeitschrift für Pädagogik, 41, 719-728.

Datler, W. (2009): Von der akademischen Entwicklungspsychologie zur psychoanalytischen Säuglingsbeobachtung: Über Esther Bick, die Methode der Infant Observation und die Entwicklung von psychosozialer Kompetenz. In: Diem-Wille, G./Turner, A. (Hrsg.): Einblick in die Tiefe. Die Methode der psychoanalytischen Säuglingsbeobachtung und ihre Anwendungen. Stuttgart: Klett-Cotta, im Druck.

Datler, W./Datler, M./Sengschmied, I./Wininger, M. (2002a): Psychoanalytisch-pädagogische Konzepte der Aus- und Weiterbildung. Eine Literaturübersicht. In: Finger-

Trescher, U./Krebs, H./Müller, B./Gstach, J. (Hrsg.): Professionalisierung in sozialen und pädagogischen Feldern (Jahrbuch für Psychoanalytische Pädagogik 13). Gießen: Psychosozial-Verlag, 141-171.

Datler, W./Steinhardt, K./Ereky, K. (2002b): Vater geht zur Arbeit ... Über triadische Beziehungserfahrungen und die Ausbildung triadischer Repräsentanzen im ersten Lebensjahr. In: Steinhardt, K./Datler, W./Gstach, J. (Hrsg.): Die Bedeutung des Vaters in der frühen Kindheit. Gießen: Psychosozial-Verlag, 122-141.

Diem-Wille, G./Steinhardt, K./Reiter, H. (2006): Joys and sorrows of teaching infant observation at university level – implementing psychoanalytic observation in teachers' further education programmes. In: Infant Observation. International Journal of Infant Observation and Its Applications, Volume 9 (Heft 3), 233-248.

Ereky, K. (2001): Präödipale Triangulierung. Zur psychoanalytischen Diskussion um die Frage des Entstehens der frühen familiären Dreiecksbeziehungen. In: Datler, W./Eggert-Schmid Noerr, A./Winterhager-Schmid, L. (Hrsg.): Das selbständige Kind (Jahrbuch für Psychoanalytische Pädagogik 12). Gießen: Psychosozial-Verlag, 151-177.

Ermann, G./Lazar, R. (2002): From dyad to triad: Observations on the similarities and differences in the roles and functions of mother and father in infantile development. In: Infant Observation. The International Journal of Infant Observation and its Applications, Vol. 5 (Heft 3), 83-100.

Fatke, R. (1995): Das Allgemeine und das Besondere in pädagogischen Fallgeschichten. In: Zeitschrift für Pädagogik, 41, 681-695.

Fleischmann, K. (2003): Frühe Triangulierungs- und Triadifizierungsprozesse. Eine Einzelfallstudie basierend auf der Infant Observation nach dem Tavistock-Konzept. Diplomarbeit Univ. Wien.

Figdor, H. (2005): Hat Margret Mahler doch recht? Die Diskussion über Daniel Sterns Kritik an Margret Mahlers Loslösungs- und Individuationstheorie. Ein systematischer Überblick. In: Zeitschrift für psychoanalytische Theorie und Praxis, 20, 320-357.

Flick, U. (2002): Qualitative Sozialforschung. Reinbek: Rowohlt.

Flick, U. (2005): Triangulation in der qualitativen Forschung. In: Flick, U./Kardoff, E. v./Steinke, I. (Hrsg.): Qualitative Forschung. Ein Handbuch. Reinbek: Rowohlt, 309-318.

Hover-Reisner, N. (2007): Wiener Kinderkrippen Studie: Die Eingewöhnungsphase von Kleinkindern in Kinderkrippen. [Basisinformationen zum Forschungsprojekt auf:

http://www.univie.ac.at/bildungswissenschaft/papaed/seiten/forschungseinheit/forschungsprojekte/x1_FWF%20Eingewoehnungsphase%20in%20KinderKrippe.htm].

Klitzing, K. v. (1998): »Wenn aus zwei drei werden ...«. Ergebnisse einer prospektiven Studie zur Entstehung der Eltern-Kind-Beziehung. In: Bürgin, D. (Hrsg.): Triangulierung. Der Übergang zur Elternschaft. Stuttgart: Schattauer, 104-115.

Klitzing, K. v. (1999): Die Bedeutung der Säuglingsforschung für die Operationalisierte Psychodynamische Diagnostik während des ersten Lebensjahres. In: Praxis der Kinderpsychologie und Kinderpsychiatrie, 8. Göttingen: Vandenhoeck & Ruprecht, 565-569.

Klitzing, K. v. (2002a): Frühe Entwicklung im Längsschnitt: Von der Beziehungswelt der Eltern zur Vorstellungswelt des Kindes. In: Psyche, 56, 863-887.

Klitzing, K. v. (2002b): Vater – Mutter – Säugling. Von der Dreierbeziehung in den elterlichen Vorstellungen zur realen Eltern-Kind-Beziehung. In: Walter, H. (Hrsg.): Männer als Väter. Sozialwissenschaftliche Theorie und Empirie. Gießen: Psychosozial-Verlag, 783-810.

Klitzing, K. v. (2005): Eltern-Kind-Beziehung in der Pränatalzeit und Entwicklung des Kindes. Von der Vorstellungswelt der Eltern zur Eltern-Kind-Interaktion. In: Krens, I./ Krens, H. (Hrsg.): Grundlagen einer vorgeburtlichen Psychologie. Göttingen: Vandenhoeck & Ruprecht, 123-133.

Klitzing, K. v./Simoni, H./Bürgin, D. (1999): Child development and early triadic relationships. In: International Journal of Psychoanalysis, 80, 71-89.

Kuhn, T. S. (1962): Die Struktur wissenschaftlicher Revolutionen. Frankfurt a. M.: Suhrkamp.

Lazar, R. A. (1988): Vorläufer der Triangulierung. Die ersten dreidimensionalen Teilobjektbeziehungen des Säuglings. In: Forum der Psychoanalyse, 4, 28-39.

Lazar, R. A. (2000): Erforschen und Erfahren: Teilnehmende Säuglingsbeobachtung – »Empathietraining« oder empirische Forschungsmethode? In: Analytische Kinder- und Jugendlichen Psychotherapie, 31 (Heft 108), 399-417.

Lazar, R. A./Lehmann, N./Häußinger, G. (1986): Die psychoanalytische Beobachtung von Babys innerhalb der Familie. In: Stork, J. (Hrsg.): Zur Psychologie und Psychopathologie des Säuglings. Stuttgart: frommann-holzboog, 185-211.

Mahler, M./Pine, F./Bergman, A. (1975): Die psychische Geburt des Menschen. Symbiose und Individuation. Frankfurt a. M.: Fischer, 1980.

Maiello, S. (2006): One mouth and two breasts – The ground plan of triangulation: A baby fed on one breast only. In: Infant Observation. The International Journal of Infant Observation and its Applications, Vol. 9 (Heft 1), 73-89.

Metzger, H. G. (2000): Zwischen Dyade und Triade. Psychoanalytische Familienbeobachtungen zur Bedeutung des Vaters im Triangulierungsprozeß. Tübingen: edition diskord.

Metzger, H. G. (2002): Zwischen Dyade und Triade. Neue Horizonte und traditionelle Rollen für den Vater. In: Steinhardt, K./Datler, W./Gstach, J. (Hrsg.): Die Bedeutung des Vaters in der frühen Kindheit. Gießen: Psychosozial-Verlag, 29-42.

Rustin, M. (1991): Observing Infants: Reflections on Methods. In: Miller, L./Rustin M./Shuttleworth, J. (Hrsg.): Closely observed Infants. London: Duckworth, 52-75.

Rustin, M. (2002): Looking in the right place: complexity theory, psychoanalysis, and infant observation. In: Briggs, A. (Hrsg.): Surviving Space. Papers on Infant Observation. London: Karnac, 256-278.

Skogstad, W. (2004): Psychoanalytic Observation – The Mind as Research Instrument. In: Organisational & Social Dynamics, 4 (Heft 1), 67-87.

Steinhardt, K./Datler, W./Gstach, J. (Hrsg.) (2002): Die Bedeutung des Vaters in der frühen Kindheit. Gießen: Psychosozial-Verlag.

Stern, D. (1985): Die Lebenserfahrung des Säuglings. Stuttgart: Klett-Cotta 1992.

Trowell, J./Etchegoyen, A. (2002): The importance of fathers. A psychoanalytic re-evaluation. Hove: Brunner-Routledge.

Trunkenpolz, K./Hover-Reisner, N. (2008): Psychoanalytische Beobachtung nach dem Tavistock-Konzept als Forschungsinstrument: Applications of Infant Observation (Kommentierte Auswahlbibliographie). Nachzulesen auf: http://www.univie.ac.at/bildungswissenschaft/papaed/seiten/forschungseinheit/forschungsprojekte/x2_lebensqualitaet.htm.

Inken Seifert-Karb

WENN DREI ZU ZWEIT ALLEIN SIND...
Triagnostik der frühen Eltern-Kind-Beziehung

> Der psychische Platz bei den Eltern, der seinerseits wesentlich von der Qualität der Paarbeziehung zwischen den Eltern geprägt wird, ist der Raum, in dem sich jedes Kind entwickelt, den es also auch introjiziert und dessen Szenen es wie Ödipus lebenslang wiederholt. Deswegen spreche ich von der grundsätzlichen Triangularität der menschlichen Beziehungen. (Bauriedl 1998: 132)

> Ich bin mir zwar unsicher, welche Rolle dieses Beziehungsdreieck für die Entwicklung des Denkens spielt, aber ich halte es für sehr wahrscheinlich, daß sich nur verarmte Formen des Denkens entwickeln, wenn ein Kind erheblich gestörte Beziehungen zwischen Mutter, Vater und sich selbst erlebt. (Hobson 2003: 118)

Wenn drei zu zweit allein sind, hat sich etwas ereignet, das Ausdruck einer gelungenen aber auch einer problematischen Entwicklung sein kann. Gelungen wäre eine Dreisamkeit – hier die von Vater, Mutter und Säugling –, wenn in ihr ein Pendeln zwischen befriedigenden dyadischen Beziehungen in An- oder Abwesenheit aber ohne Ausschluss des Dritten, eindeutig triadischen Beziehungserfahrungen und einem Für-sich-allein-sein möglich ist.

Die bisher in der Literatur geführte Auseinandersetzung mit dem Thema Triangulierung (vgl. z. B. Bauriedl 1994, 1998; Bürgin 1998a, 1998b; Klitzing 1994, 1998a, 1998b; Fivaz-Depeursinge/Corboz-Warnery 2001) lässt vermuten, dass der Säugling in triadisch gehaltenen Dyaden eine befriedigendere Intersubjektivität und damit Selbstentwicklung erfährt, als dies in nicht triadisch gehaltenen Dyaden der Fall ist. In Letzteren wird nicht selten ein erhebliches Maß an kompensatorischer Kraft absorbiert, die benötigt wird, um den störenden Dritten fern zu halten oder den fehlenden Dritten zu ersetzen. Erstere jedoch erhöhen die Wahrscheinlichkeit, dass das Kind in verlässlichen, alters- und rollenadäquaten, weil nicht überfordernden und eventuell bereits parentifizierenden Beziehungen die Erfahrung von Urheberschaft und Selbstwirksamkeit macht und damit nicht zuletzt einen wesentlichen Baustein seelischer

Gesundheit erwerben kann, nämlich die Fähigkeit zum Alleinsein einschließlich ihres Potenzials zur Kreativität. Die Fähigkeit zum Alleinsein wiederum ist ein Beziehungsregulativ, das zu einer gelingenden Triangulierung beiträgt.

Mit diesem Aufsatz möchte ich – in einem ersten Teil – auf die diagnostische Bedeutung von Interaktionserfahrungen und Beziehungsgestaltung zwischen dem Säugling und seinen beiden Eltern aufmerksam machen. Im zweiten Teil werde ich versuchen, einige theoretische Überlegungen zur Intersubjektivität im triadischen Beziehungsraum zu formulieren.

Klinisch-diagnostische Aspekte

Mein Plädoyer für ein systematisches Einbeziehen realer triadischer Interaktionen in die Diagnostik und Behandlung von Verhaltensauffälligkeiten im Säuglings- und Kleinkindalter, den sogenannten frühkindlichen Regulationsstörungen, resultiert aus der Erfahrung, dass in der therapeutischen Arbeit mit Familien mit einem verhaltensauffälligen Säugling nach wie vor die Mutter-Kind-Beziehung der Kristallisationspunkt für Diagnostik und Behandlung ist. Abgesehen von einer grundsätzlichen Triangularität menschlicher Beziehungen, wie sie von Bürgin (1998a, 1998b) und Bauriedl (1998) angenommen wird, impliziert dies, dass es über die Jahrzehnte der Theoriebildung hinweg auch heute nach wie vor die Mutter ist, die im Alltag der Familie die meiste Zeit mit dem Kind verbringt. Ich möchte hier nur drei Aspekte nennen, die diese Annahme fragwürdig machen:

1. Allein in der Stichprobe einer aktuell durchgeführten Pilotstudie zur »Früherkennung von Belastungssituationen in der frühesten Eltern-Kind-Beziehung« sind im ersten Lebenshalbjahr des Kindes in knapp der Hälfte der untersuchten Familien die Väter über viele Stunden des Tages in der Familie anwesend (Student, Selbstständiger zu Hause arbeitend, Arbeitsloser, Selbstständiger in der Unterhaltungsindustrie mit regelmäßiger Nachtschicht, Klinikarzt mit wechselndem Schichtdienst, Pilot mit mehrtägiger Ab- und Anwesenheit).
2. Mit dem seit Anfang 2007 eingeführten Elterngeld und den gesondert honorierten Vätermonaten belohnt inzwischen auch die Politik die Präsenz der Väter im ersten Lebensjahr des Kindes und darüber hinaus. Nach Auswer-

tungen der Inanspruchnahme hatten bundesweit im ersten Halbjahr 2007 bereits 8,4% der Väter diese staatliche Leistung genutzt. Beim Erziehungsgeld, welches 2006 ausgelaufen ist, waren es nur 3,5% (Statistisches Bundesamt 2007).

3. Dornes macht bezüglich einer zeitgenössischen familiären Realität auf ein »Verblassen des Ödipuskomplexes« aufmerksam, das er in der Demokratisierung der Eltern-Kind-Beziehung begründet sieht. Demnach leben Eltern heute weniger die traditionelle Gattenfamilie, in der die Kinder aus der Beziehung der Eltern weitgehend ausgeschlossen bleiben, sondern verstehen sich vor allem als Eltern für ihre Kinder. Dornes schreibt: »›Verblassen des Ödipuskomplexes‹ ist in meiner Lesart eine Metapher für die Demokratisierung der Eltern-Kind-Beziehung und die daraus resultierenden möglichen Folgen für die seelischen Strukturen von Kindern. Eine davon könnte der Abbau zwanghafter Über-Ich-Anteile sein« (vgl. Dornes 2006: 307).

In seinem Epilog macht er aber auch auf die Ambivalenz einer derart veränderten Identitätsbildung aufmerksam:

> Wir stünden dann vor dem Problem, dass sich in den sogenannten spät- oder postmodernen Formen der Identität ein erheblicher Wandel psychischer Strukturen anzeigt. Nicht mehr Homogenität und Ich-Stärke, sondern Heterogenität und innere Pluralisierung wären Kennzeichen spätmoderner Subjektivität, die insgesamt plastischer, lebendiger und authentischer, aber auch labiler und verletzlicher geworden wäre. (Honneth 2000, zit. nach Dornes 2006: 358)

Der Übergang zur Elternschaft und das Leben mit einem Säugling müssen heute in einer komplexeren und schnelllebigeren Gesellschaft geleistet werden als je zuvor. Im Alltag junger Familien muss offensichtlich häufiger als in früheren Generationen eine wechselnde reale An- und Abwesenheit beider Eltern, die ihrerseits eine veränderte Auffassung ihrer Rolle haben und andere Ansprüche an das Kind stellen, auch vom Kind mitgestaltet und verarbeitet werden.

Als psychoanalytische Paar- und Familientherapeutin beschäftigt mich das untrennbare Verwobensein von intrapsychischer Entwicklung (und deren möglicher Störung) und interpsychischen Beziehungsräumen, in denen gleichermaßen Entwicklung und Störung möglich sind. Die Familie ist dabei der prägendste Beziehungsraum, gestaltet durch die Individuen, die ihn ausmachen und durch ihn ausgemacht werden. Wovon hängt es ab, dass in manchen Fällen dieser Beziehungsraum ein Klima hat, in dem sich die Individuen flexibel zwischen dyadischer, triadischer oder auch polyadischer Gemeinsamkeit und individueller Autonomie bewegen und entwickeln und somit auch gut allein sein können, während in anderen Fällen die »klimatischen Bedingungen« den Beziehungsraum derart belasten, dass weder Dyaden noch Tri- oder Polyaden gelingen und die Individuen letztlich in ihm einsam werden können?

In meiner langjährigen Arbeit mit Säuglingen, Kleinkindern und ihren Eltern (vgl. Seifert-Karb 2004, 2006, 2007) erfahre ich fast täglich von Beziehungsschicksalen in jungen Familien, die sich für das noch sehr junge Kind aktuell und erstmals ereignen und seine Objektbeziehungen und Repräsentanzen prägen, während sich für seine Eltern in ihren neuen Rollen immer auch eigene, frühere Beziehungs- und Familienerfahrungen reproduzieren. Was mir diese Familien zeigen, ist die Spitze eines Eisberges, verkörpert durch das verhaltensauffällige Kind, welches das Symptom stellvertretend für alle Beziehungspartner in die Beratung bzw. Behandlung trägt. Als Symptomträger hat das Kind eine Auffälligkeit entwickelt, die in der Sprache der Säuglingsforschung und -diagnostik als frühkindliche Regulationsstörung (z. B. chronische Unruhe, exzessives Schreien, Ein- und/oder Durchschlafstörungen, Fütter- und Gedeihstörungen, exzessives Klammern, Aggressivität, Spielunlust, Bindungsstörung – nicht selten als Vorboten eines AD(H)S) beschrieben wird. Nach gründlicher kinderärztlicher Untersuchung fehlen meist organische Befunde oder diese reichen nicht aus, um die Ursache des Symptoms ausreichend zu erklären und eine rein medizinische Behandlung zu empfehlen.

Wenn es sich im ersten Lebensjahr des Kindes um Symptome wie häufiges und lang anhaltendes Schreien, um ständige Unruhe oder eine Ein- und/oder Durchschlafstörung handelt, klagen die Eltern regelmäßig auch über die Unfähigkeit ihres Baby, sich für eine Weile allein beschäftigen zu können. Sie erleben ihren Säugling als besonders anstrengend und anspruchsvoll und fühlen sich von ihm tyrannisiert und verfolgt. Die Lebenszeit seit der Geburt des Babys ist in diesen Fällen von (wechselseitiger) Enttäuschung, Erschöpfung, Aggression, Schuldgefühlen etc. geprägt und die Paarbeziehung der Eltern oft hoch belastet. Es ist das Anliegen meiner Arbeit, hier so früh wie möglich zu einem Erkennen und Verstehen einer beginnenden Beziehungsstörung mit eventuell weitreichenden Folgen zu gelangen und dies sowohl für die Entwicklung des Kindes als auch für die Beziehung seiner Eltern, auf deren Tragfähigkeit es für seine gesunde Entwicklung angewiesen ist, und damit für das gesamte Familiengefüge zu nutzen.

Bezüglich der frühkindlichen Regulationsstörungen wird von Fachleuten inzwischen von einem »Neuartigen Patienten« gesprochen: Im Mittelpunkt steht hier eine Trias von kindlichen, elterlichen und interaktionellen Belastungen. Der Begriff »Regulationsstörungen der frühen Kindheit« ist der Versuch, eine wertneutrale Ausgangsbetrachtung zu erhalten, die weder das Kind noch die Eltern stigmatisiert. Im Zentrum steht der interaktionelle Alltag von Eltern und Kind und damit die sich entwickelnde Eltern-Kind-Beziehung. Nicht mehr eine Person, sondern die dyadischen und triadischen Beziehungen von Eltern und Kind bilden einen Patienten, der in Anbetracht traditioneller medizinischer Sichtweisen ein Umdenken erfordert (vgl. Papousek et al. 2004: 103).

Damit wäre es m. E. von Bedeutung, sicherzustellen, dass sowohl das diagnostische als auch das behandlungstechnische Vorgehen der Komplexität der zu erwartenden Beziehungsdynamik bzw. den Bedürfnissen dieses neuartigen Patienten entspricht. Vielleicht, und dies sei an dieser Stelle kurz eingefügt, mag es dem einen Leser oder der anderen Leserin so wie der Autorin gehen, die sich ziemlich sicher ist, in diesem neuartigen Patienten einen alten Bekannten wieder zu treffen. Eine erste Bekanntschaft meint sie mit ihm bereits bei Horst-Eberhard Richter in »Eltern, Kind und Neurose« (1963) und erneut in »Patient Familie« (1970) gemacht zu haben. Richter formulierte bereits damals eine zentrale Erkenntnis psychoanalytischer Familienforschung, nämlich, dass die vom Kind entwickelten Symptome die unbewältigten Konflikte der Eltern widerspiegeln: »Sie bringen dem Kind Gefühle entgegen, mit denen sie eigentlich gar nicht das Kind selbst meinen, sondern einen anderen vielleicht längst entschwundenen Partner« (Richter 1963: 76). Die Rolle, die dem Kind auf diese Weise zugeschrieben wird, definiert Richter als »das strukturierte Gesamt der unbewussten elterlichen Erwartungsphantasien, insofern diese dem Kind die Erfüllung einer bestimmten Funktion zuweisen« (Richter, zit. nach: BvPPF 1999: 9).

Besonders die Forschung der Basler Gruppe um Dieter Bürgin und Kai von Klitzing hat gezeigt, dass diese Komplexität sowohl in der beobachtbaren Interaktion als auch in den unbewussten Erwartungsphantasien der Eltern von Anfang an wirksam ist: »Wird ein Kind gezeugt, so müssen immer eine Mutter und ein Vater vorhanden sein, das heißt für das Kind, ist die *Triade die primäre Beziehungsform*, in die es hineingeboren wird« (Bürgin 1998b: 123). Mit dem Basler Elterninterview (s. u.) wurde ein Instrument entwickelt, das bereits während der Schwangerschaft eine erste intensive Beziehungsdiagnostik möglich macht (vgl. Klitzing 1998a: 104f.). Die Vorstellungen der Eltern zu ihrem (werdenden) Kind wurden hier genauso untersucht, wie die Reaktionen und Zuschreibungen aus deren jeweiligen Herkunftsfamilien. Vor allem aber wurde dieses halbstandardisierte, tiefenpsychologische Paarinterview genutzt, um zu erkennen, »ob sich die Repräsentanzenwelt der Eltern, gerade bezüglich des zukünftigen Kindes, auf dyadischem oder triangulärem Niveau bewegte, d. h. ob in der vorgestellten Beziehung des einen Elternteils zum Kind der andere Elternteil Platz hatte oder ob Ausschlusstendenzen vorlagen« (ebd.: 105). Aus den pränatal erfassten Beziehungscharakteristika ergaben sich z. T. signifikante Zusammenhänge mit dem postnatalen Verlauf des ersten Lebensjahres. Einige klinisch relevante Ergebnisse möchte ich kurz aufzählen:

> Sie [die Beziehungscharakteristika, ISK] hatten aber Einfluss darauf, wie die Geburt von Eltern erlebt wurde und vor allem darauf, ob die Mutter das Kind unmittelbar nach der Geburt »besetzen« konnte. Hatte die Mutter das Neugeborene als ein Fremdes erlebt, zu welchem sie nicht in Beziehung treten konnte, so gab es die Möglichkeit, dass der Vater als Dritter einsprang und mit seiner positiven Besetzung des Kindes der Mutter einen Weg bahnte. (Klitzung 1998a: 123)

Meiner Erfahrung nach ist es von großer Bedeutung, dass der Vater diese Rolle nur für einen begrenzten Zeitraum einnimmt. Muss er diese Funktion über einen zu langen Zeitraum erfüllen, was besonders oft der Fall ist, wenn die Mutter unter einer postpartalen Depression leidet, kommt es auch bei den Vätern früher oder später zu Überforderungszuständen.

> Die pränatal erfassten Beziehungscharakteristika hingen mit dem Ausmaß und der Intensität früh auftauchender funktioneller Symptome beim Kind, wie bspw. Säuglingskoliken, Trink- oder Schlafproblemen, zusammen. [...] Je ungünstiger sich die intrapsychischen und interpersonalen Beziehungscharakteristika vor der Geburt dargestellt hatten, desto mehr funktionelle Probleme wurden nach der Geburt angegeben und als umso schwieriger schätzte die Mutter das Verhalten des Säuglings [hier: nach sieben Monaten, ISK] ein. (ebd.)

> Ein weit überzufälliger Zusammenhang zeigte sich zwischen den pränatal erstellten Prognosen und der Qualität der Eltern-Kind-Interaktion in dem von Elisabeth Fivaz-Depeursinge [...] konzipierten »Spiel-zu-Dritt« [...]. Dabei schien die Innenwelt der Eltern, ihre innere triadische Szene, wie wir sie bereits im Erstinterview erfasst hatten, bevor das Kind überhaupt da war, die Dreierinteraktion Mutter-Vater-Kind (»Trialog«) stärker zu beeinflussen als die Art und Weise, wie Vater und Mutter

> getrennt voneinander in den Dialog mit dem Kind treten konnten. Ein besonders hoher statistischer Zusammenhang ergab sich zwischen der pränatalen elterlichen Repräsentanzen- und Beziehungswelt und der »Trialogfähigkeit« des Kindes, d. h. der Intensität, mit der das Kind in der Dreierinteraktion mit beiden Eltern wechselseitig Beziehung aufnahm. (Klitzing 1998a: 112f.)

Inwieweit es wünschenswert und realistisch wäre, ein mehrstündiges tiefenpsychologisches Elterninterview als prognostisches Instrument für gelingende Elternschaft z. B. in die Geburtsvorbereitung aufzunehmen oder es im Sinne der momentan auf bundes- und landespolitischer Ebene geführten Diskussion um ein »Frühwarnsystem« zur Verhinderung von Vernachlässigung und Misshandlung zu nutzen, könnte an anderer Stelle diskutiert werden.

Unabhängig von dieser Frage muss es m. E. mehr als bisher darum gehen, die Bedeutung oben genannter Ergebnisse in der täglichen Praxis von Eltern-Säuglings-Beratungsstellen und Ambulanzen unter dem Aspekt der Dreisamkeit und der hiermit verbunden Komplexität zu realisieren.

Hier geht es, und dies wird durch das Symptom »frühkindliche Regulationsstörung« unübersehbar, um die Entwicklung des Säuglings und die Qualität seiner täglich wiederkehrenden Beziehungserfahrungen mit seinen wichtigsten Bezugspersonen. Damit aufs Engste verbunden ist die Frage nach der Qualität des Beziehungsangebots, das diese Bezugspersonen dem Säugling – aber auch sich gegenseitig auf der Erwachsenenebene – machen (können). Es existieren, wenn die Familie aus Vater, Mutter und Säugling besteht, drei Beziehungsachsen, die bereits in den ersten diagnostischen Schritten gleichermaßen Beachtung erfordern. Das folgende (noch vorläufige) Triadenschema soll einen bildlichen Eindruck von dieser Komplexität vermitteln.

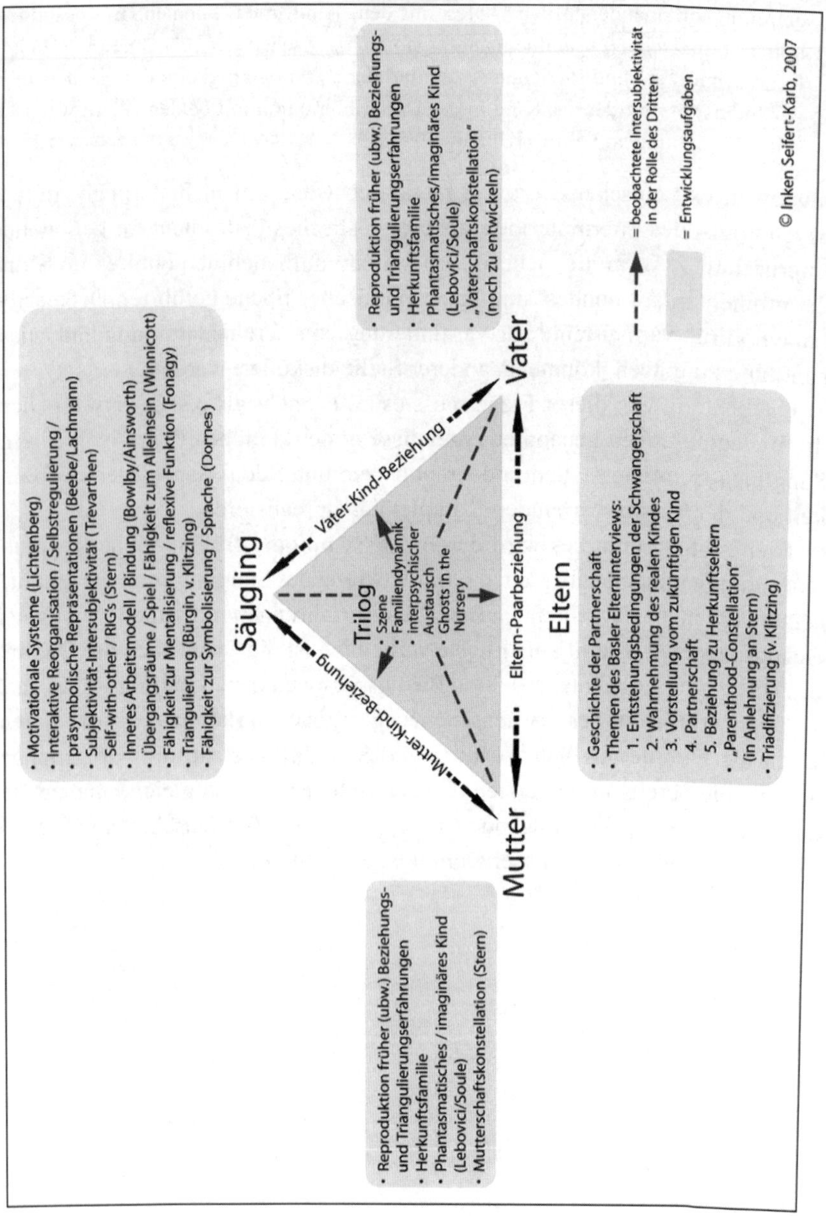
Motivationale Systeme (Lichtenberg)
Interaktive Reorganisation / Selbstregulierung / präsymbolische Repräsentationen (Beebe/Lachmann)
Subjektivität-Intersubjektivität (Trevarthen)
Self-with-other / RIG's (Stern)
Inneres Arbeitsmodell / Bindung (Bowlby/Ainsworth)
Übergangsräume / Spiel / Fähigkeit zum Alleinsein (Winnicott)
Fähigkeit zur Mentalisierung / reflexive Funktion (Fonagy)
Triangulierung (Bürgin, v. Klitzing)
Fähigkeit zur Symbolisierung / Sprache (Dornes)
Säugling
Vater-Kind-Beziehung
Mutter-Kind-Beziehung
Trilog
Szene
Familiendynamik
interpsychischer Austausch
Ghosts in the Nursery
Vater
Reproduktion früher (ubw.) Beziehungs- und Triangulierungserfahrungen
Herkunftsfamilie
Phantasmatisches/imaginäres Kind (Lebovici/Soule)
„Vaterschaftskonstellation" (noch zu entwickeln)
Mutter
Reproduktion früher (ubw.) Beziehungs- und Triangulierungserfahrungen
Herkunftsfamilie
Phantasmatisches / imaginäres Kind (Lebovici/Soule)
Mutterschaftskonstellation (Stern)
Eltern-Paarbeziehung
Eltern
Geschichte der Partnerschaft
Themen des Basler Elterninterviews:
1. Entstehungsbedingungen der Schwangerschaft
2. Wahrnehmung des realen Kindes
3. Vorstellung vom zukünftigen Kind
4. Partnerschaft
5. Beziehung zu Herkunftseltern
„Parenthood-Constellation" (in Anlehnung an Stern)
Triadifizierung (v. Klitzing)
= beobachtete Intersubjektivität in der Rolle des Dritten
= Entwicklungsaufgaben
© Inken Seifert-Karb, 2007

Abb. 1

In meiner Forschungsarbeit zur Früherkennung von Belastungssituationen in der frühesten Eltern-Kind-Beziehung (vgl. Seifert-Karb 2007) nutze ich das Basler Elterninterview als »inneren Leitfaden« für die Gespräche mit den Eltern, die mir mit ihrem Säugling vom Kinderarzt überwiesen werden. Noch relativ zeitnah zu Schwangerschaft und Geburt ist es, wenn auch bei manchen Fragen bereits retrospektiv, gut möglich mit den Eltern über wesentliche Themen zu sprechen wie Entstehungsbedingungen der Schwangerschaft, Wahrnehmung erster Zeichen des reales Kindes (Kindsbewegungen, Ultraschall), Vorstellungen und Phantasien vom zukünftigen Kind, Partnerschaft (antizipierte Veränderungen) und Beziehungen zu den Herkunftseltern. Gleichzeitig ist zu erkennen, wo das Sprechen eventuell schwerfällt oder es gar keine Worte gibt.

Um jedoch die Beweggründe (durchaus im doppelten Sinn) aller drei Beziehungspartner, d. h. die des Kindes im vorsprachlichen Alter, als auch die (unbewussten) der Erwachsenen verstehen zu können, die meist ursächlich für das Symptom des Babys sind, das wiederum die Familie zum Kinderarzt bzw. in die Beratung gebracht hat, führe ich mit den Familien das bereits oben erwähnte ca. 20 Minuten dauernde »Lausanne Triadic Play«[1] durch (vgl. Fivaz-Depeursinge 1998; Fivaz-Depeursinge/Corboz-Warnery 2001). Die Aufgabenstellung besteht für Eltern und Säugling darin, als Familie miteinander zu spielen. Dabei sieht das Szenario des LTP vier Spielabschnitte vor, die Eltern und Kind miteinander gestalten sollen, wobei es um drei »Zwei-plus-Eins« Konfigurationen (Mutter und Kind gemeinsam und Vater an der Peripherie; Vater und Kind gemeinsam, Mutter an der Peripherie; Vater und Mutter gemeinsam und Kind an der Peripherie) und eine »Drei-gemeinsam«-Konfiguration (alle agieren gemeinsam) geht. Die Familie bestimmt den Ablauf und die Reihenfolge der einzelnen Spielabschnitte selbst.

1 Im Folgenden als LTP bezeichnet.

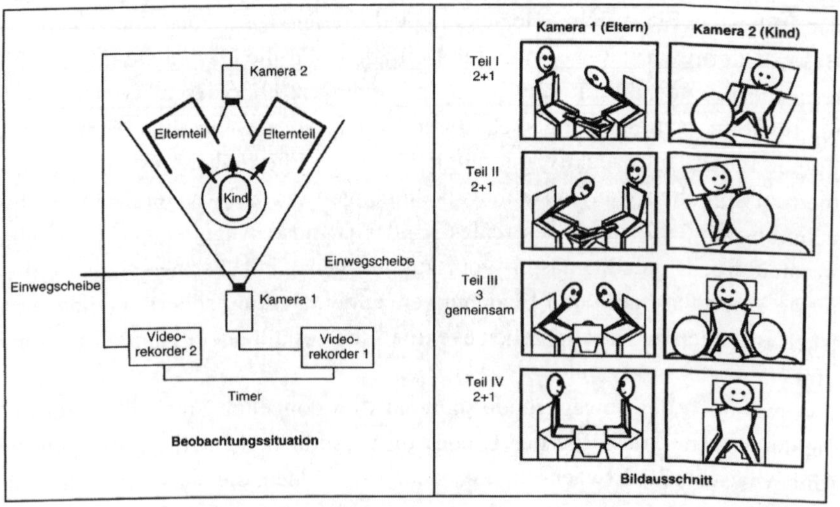

Abb. 2: Quelle: Elisabeth Fivaz-Depeursinge/Antoinette Corboz-Warnery (2001): Das primäre Dreieck. Heidelberg: Carl Auer Verlag, 49

Das von den Lausanner Autorinnen ausgearbeitete Auswertungsschema unterscheidet gestörte, kollusive, angespannte und kooperative Familienallianzen, in denen Beteiligung (Ist jeder einbezogen?), Organisation (Ist jeder in seiner Rolle?), Aufmerksamkeitsfokus (Nimmt jeder an den Spielen teil?) und affektiver Kontakt (Ist jeder mit jedem in Kontakt?) korrespondieren und eingeschätzt werden müssen. Ein Ergebnis der Lausanner Forschung ist, dass sowohl die gestörten als auch die kollusiven Allianzen über das erste Lebensjahr hinaus stabil blieben. Von besonderer Bedeutung ist außerdem, ob und wie es der Familie gelingt, Übergänge zwischen den einzelnen Spielabschnitten zu finden und diese miteinander so zu kommunizieren, dass jeder Einzelne über die Absichten der anderen »informiert« ist. Hier merken die beiden Autorinnen des LTP an: »Auf den ersten Blick könnte ein Beobachter die Konfiguration ›Zwei-plus-Eins‹ leicht als Dyade konstruieren, wenn er nämlich vergisst, dass durch die Anwesenheit einer dritten Partei eine Triade entsteht, die zusammenarbeiten muss« (Fivaz-Depeursinge/Corboz-Warney 2001: 52).

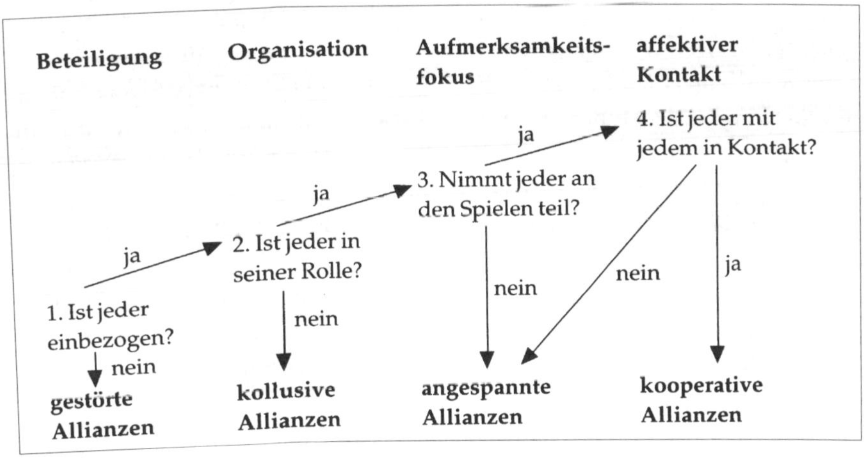

Abb. 3: Schema für die Beurteilung im Rahmen des Lausanner Trilogspiels
Quelle: Elisabeth Fivaz-Depeursinge/Antoinette Corboz-Warnery (2001): Das primäre Dreieck. Heidelberg: Carl Auer Verlag, 117

In allen vier Spielabschnitten, besonders in den drei »Zwei-plus-Eins«-Konfigurationen (in schnellem Tempo oszillierend wohl ebenfalls in der »Drei-Gemeinsam«-Konfiguration), geht es immer auch um die – aus meiner Sicht – psychoanalytisch-familiendynamisch interessante Frage, wie das temporäre »Ausgeschlossen-Sein« von dem jeweils betroffenen Interaktionspartner gestaltet bzw. ertragen wird und auf welche Weise der oder die Ausgeschlossene den Austausch der beiden anderen dyadisch Agierenden beeinflusst. Denn diese Phasen müssen sowohl vom Kind als auch von den Erwachsenen (physiologisch) reguliert, emotional ausgehalten und im günstigen Fall kreativ überwunden werden. Auch hier gilt: Für das Baby ist dies eine aktuelle und wahrscheinlich täglich neu erlebte Erfahrung, für die Eltern geht es immer auch um die meist unbewusste Reproduktion früher/er Erfahrungen. In der klassischen Freud'schen Terminologie wäre das Stichwort: Urszene.

Ich möchte einige der zuvor genannten Aspekte anhand einer »Zwei-plus-Eins«-Sequenz aus einer LTP-Aufnahme verdeutlichen: Der fünf Monate alte Paul sitzt in einem Babysitz. Er hat soeben einige Minuten mit seinem Vater gespielt, der den Anfang gemacht hatte (erste Aufgabe des LTP). Zu Beginn dieser dyadischen Vater-Sohn-Interaktion fiel auf, dass es zwischen Vater und

Mutter weder mimisch, gestisch noch verbal eine Abstimmung darüber gegeben hatte, wer von beiden beginnen würde. In den ca. fünf Minuten des Vater-Sohn-Spiels kam es zu auffallend vielen Blickkontaktverweigerungen des Säuglings. Die Mutter verharrte während der gesamten Zeit in einer angespannten Körperhaltung und suchte Pauls Blick zu erhaschen. Warum sie dies tat, ob sie gespürt hatte, dass die Interaktion zwischen Vater und Sohn nicht gut gelang und sie Paul mit ihrem Blick trösten, vielleicht auch ermuntern wollte oder ob sie ihrem Sohn und ihrem Mann zeigen wollte, dass sie es besser könne und somit eine ernst zunehmende Konkurrentin für ihren Mann sei, beschäftigte die Phantasien der Untersucherin im Nachhinein. Jetzt lehnt sich die Mutter ins Blickfeld von Paul. Paul jedoch schaut zum Vater, der sich auf seinem Stuhl zurückgelehnt hat und in seiner Tasche kramt. Wieder hatte es keine Kommunikation über den soeben stattgefunden Übergang gegeben. Die Mutter schüttelt nun eine Holzrassel vor Pauls Gesicht und fragt wiederholt: »Magst du haben?«, »Magst du haben?«, »Nimm's!«, »Nimm's!«. Ihre Stimme klingt angespannt mit aggressivem Unterton. Mimisch fallen ihre zusammengebissenen, regelrecht gefletschten Zähne auf. Paul greift nach der Rassel, und öffnet, entsprechend seines Alters, gleichzeitig seinen Mund, um die Rassel oral zu explorieren. Blickkontakt zwischen Mutter und Sohn kommt nicht zustande. Die Mutter hält die Rassel so, dass Paul sich sehr danach strecken muss, doch als er sie erreicht, hält die Mutter sie fest. In diesem Moment kommt es zu einer deutlichen Blickkontaktvermeidung, bei der Paul für einige Sekunden ins Leere starrt. Auch als die Mutter Paul die Rassel endlich überlässt, gibt es keinen Blickkontakt zwischen Mutter und Sohn. Das Ganze wiederholt sich noch einmal, wieder lockt die Mutter Paul, um ihn dann zu enttäuschen, diesmal senkt Paul nicht nur den Blick, sondern windet sich in seinem Sitz mit Kopf und ganzem Oberkörper zur Seite.[2] Dann sieht er zum Vater, der weiter in seiner Tasche kramt und nun etwas aus einer laut knisternden Plastiktüte hervorholt. Die Mutter dreht sich zum Vater um und schaut auf die Tüte. Dann sagt sie: »Der Papa holt ein anderes Spielzeug!« Dabei schüttelt sie erneut die Rassel vor Pauls Gesicht mit den Worten: »Du sollst doch mit der Mama spielen und nicht den Papa beobachten.« Der Vater hält einen Holzring, den er soeben aus der Tüte geholt hat, verdeckt auf seinem

[2] Vgl. hierzu die sogenannte »Orientierungsaversion des Säuglings« bei Beebe und Lachmann (2004).

Bein und schaut unbeteiligt zu Boden. Nun nimmt die Mutter Paul aus dem Babysitz und fragt: »Woll'n wir was spielen?« Paul weicht der Nähe seiner Mutter, die nun noch drängender versucht, mit ihm in Blickkontakt zu kommen, immer wieder durch Wegdrehen seines Kopfes aus. Der Vater hat sich inzwischen zu beiden hingedreht, man könnte auch sagen, ist ihnen gefolgt, den Holzspielring parat haltend. Die Mutter verfolgt Paul nun regelrecht mit der Holzrassel und schüttelt ihn dabei rhythmisch auf ihren Knien. In rascher Abfolge weicht er ihr und dem Spielzeug durch Kopfabwenden aus, bis er plötzlich aufstößt und einen Schwall Speisebrei erbricht. »Oh, Gefahr!«, sagt die Mutter und weiter in einem forciert neckenden Ton: »Ist das gefährlich mit dem Spielen? Kommt's dir da hoch?« Sofort hat der Vater einen Lappen bereit und es entsteht ein reibungslos wirkender, wort- und blickloser Ablauf von Pflegehandlungen.

Die spätere Auswertung dieser Sequenz ließ auch bei der Untersucherin ein Gefühl von Erleichterung aufkommen. Schien die durch das Erbrechen Pauls notwendige Aktivität doch alle Beteiligten von der quälenden Nähe und der Serie von Missverständnissen zu befreien. Dieser 2 Minuten und 24 Sekunden dauernde Ausschnitt zeigt in mikroskopischer Schärfe, wie drei zu zweit allein sein können und wie dieses Alleinsein zum resignativen Ausdruck von misslingenden dyadischen und triadischen Austauschprozessen wird. Die Eltern hatten Paul wegen chronischer Unruhe bereits bei mehreren Kinderärzten vorgestellt, ohne dass ein organischer Befund erhoben werden konnte. Sie erlebten ihren Sohn als extrem anstrengend und fühlten sich von seinem Anspruch nach ständiger Beschäftigung gestresst und aufgerieben. Nach dem Erstgespräch hinterließ die Familie bei der Untersucherin den Eindruck eines Vulkans, der kurz vor einem Ausbruch steht. Es kamen Phantasien auf, Paul könne von seinen Eltern zu Hause grob behandelt werden und nur die Tatsache, dass die Eltern sich zur wöchentlichen Teilnahme an der Studie entschlossen hatten, konnte die Untersucherin abwarten lassen.

Paul war mit seinen fünf Monaten ein viel zu ernstes, fast schon resigniertes Baby, das zwar ständig nach neuer Beschäftigung verlangte, sich aber mit nichts länger beschäftigen konnte. Er zeigte keinerlei Lächelreaktion. Im Erstgespräch mit der Familie fiel jedoch auf, dass er die Untersucherin fast die gesamte Stunde konstant beobachtete, ja geradezu fixierte. In ihrer Gegenübertragung fühlte diese sich zunehmend bedrängt und ausgesogen. Es kostete sie einige Anstrengung, noch genügend Aufmerksamkeit für die Eltern aufzubringen. Andererseits zeigte ihr Paul auf diese Weise seinen riesigen, ungestillten Beziehungshunger.

In der Interaktion mit seinen Eltern hatte Paul eine Aneinanderreihung von Enttäuschungen erfahren, von denen die nicht zur eigenen Verfügung überlassene Holzrassel in der LTP-Sequenz nur *ein* Beispiel ist. Hier hätte Paul die einfühlsame Bereitschaft seiner Mutter gebraucht, ihm dieses Spielzeug ruhig anzubieten, abzuwarten, bis er es in seinem Tempo ergreift, um dann seine orale und taktile Exploration präsent aber nicht aufdringlich zu begleiten, bereit zu sein, wenn er sie nach ihrer Meinung »gefragt« hätte (im Sinne eines frühen »social referencing«) und es ihm wieder zu geben, wenn er es zwischendurch vielleicht verloren hätte. Eventuell hätte sich Paul aus einem derart feinfühligen Austausch für einen Moment versonnen und zufrieden allein mit der Rassel in einen übergangsraumartigen Zustand fallen lassen können. Seine Mutter hätte sich in dieser Zeit zurückgelehnt, vielleicht einen Moment zu ihrem Mann geschaut oder sich die Nase geputzt. Die Mutter selbst hätte die einfühlsame Bereitschaft ihres Mannes gebraucht, der ihr den Raum für einen befriedigenden dyadischen Austausch mit Paul hätte geben können, indem er sich zurückgelehnt, aber nicht zurückgezogen hätte und weder seinen Sohn noch seine Frau durch störende Aktivität hätte irritieren müssen. Er hätte ihr vermittelt, dass er sich an ihrer Art, mit dem gemeinsamen Sohn zu spielen freut und dass er es gut aushalten kann, für eine Weile nur Zuschauer zu sein.

In der Sequenz zuvor wäre eine Abstimmung zwischen beiden Eltern über die Frage, wer denn nun beginnen wird, Ausdruck wechselseitiger Wahrnehmung und Wertschätzung gewesen, die es wahrscheinlich nicht nur der Mutter ermöglicht hätte, entspannter die Vater-Sohn-Interaktion zu beobachten und nicht ihrerseits Pauls Blick einfangen zu müssen, sondern auch dem Vater, sich seinem Sohn so zuzuwenden, dass dieser seinem Blick nicht ausweichen muss. Für Paul wäre eine zuvor erlebte Abstimmung seiner Eltern (die bei gut triangulierten Partnern oft mit der verbalen Benennung des jeweiligen anderen einhergeht: »Jetzt wird gleich der Papa mit dir spielen«) vielleicht, salopp formuliert, das OK gewesen, sich für die nächsten Minuten beruhigt auf seinen Vater einlassen zu können, ohne ob der Befindlichkeit der Mutter und damit auch des Vaters, irritiert zu sein.

Denn es ist ebenfalls das Verdienst o. g. Triadenforscher, dass es zu unserem heutigen Wissen zählt, dass bereits drei Monate alte Säuglinge, die emotionale Qualität der Beziehung zweier Erwachsener erfassen und darauf reagieren können. So jedoch waren die Spiel- und Beziehungsangebote von Pauls Eltern bedrängend, waren schwer verdauliche Nahrung und führten zu einer Übersättigung, der Paul sich nur durch ständige Unruhe oder Ausstoßen der Nahrung erwehren konnte. In der Sprache der Säuglingsforschung war Paul zu ständigen physischen bzw. physiologischen Regulationsleistungen genötigt (sichtbar hiervon waren: Blickkontaktvermeidung, Kopf abwenden, sich überstrecken, Erbrechen). Freude über eigene Errungenschaften (die Rassel in den Mund nehmen) und Selbstwirksamkeit (die Mutter mit dem eigenen Blick zum Spiel mit der Rassel einladen, nach dem Motto: Ich gebe, du nimmst, du gibst, ich nehme, wir erreichen uns durch Blicke, Gesten und Stimme und teilen uns mit, dass wir Freude an diesem Spiel und aneinander haben) konnten nicht erfahren werden. Fehlt die Erfahrung eigener Urheberschaft, weil das Kind statt einem eigenen Handlungsraum zu ständiger Abwehrreaktion gezwungen wird, können kreative Momente kaum erlebt werden. Dann ist für das Kind die Basis, die es braucht, um die Fähigkeit zum Alleinsein zu erwerben und sich zukünftig auch in der Position des Dritten zurechtzufinden, nicht gut genug vorhanden.

Theoretische Aspekte

Die Fähigkeit zum Alleinsein in Gegenwart eines bedeutsamen anderen wird nach Winnicott (1974) in einer Phase erworben, in der das Kind bereits die Erfahrung gemacht hat, dass es von einem geliebten Menschen (Mutter oder Mutterperson) so zuverlässig emotional gehalten wird, dass es sich beruhigt in einen eigenen inneren Spielraum wagen kann. Während es in sein Spiel eintaucht, den anderen und die Welt um sich vergisst, wird es von diesem anderen zu keiner Zeit vergessen, sondern dieser Mensch bleibt jederzeit erreichbar. Von diesem Menschen sind keine plötzlichen Übergriffe, unvorhersehbaren Handlungen oder Stimmungsschwankungen zu befürchten, die das Kind nötigen, sein Spiel vorzeitig zu unterbrechen, sich den Vorgaben des anderen anzupassen oder sich durch eine permanent übersteigerte Aufmerksamkeit sozusagen mit all seinen »Antennen« vor Überraschungen und Überwältigungen zu schützen (vgl. Konrad 2000). Dieser Mensch ist in der Lage, auch *nach* dem Wiederauftauchen des Kindes aus seinem als Für-sich-allein gewähnten

Zustand, dessen affektive und emotionale Gestimmtheit und sein eventuelles Mitteilungsbedürfnis angemessen zu teilen oder, falls notwendig, zu modifizieren. Dies gelingt ihm, weil er das für sich allein gewesene, spielende Kind, in seinem Inneren mit sich tragen kann und es ihm zu keiner Zeit verloren geht. Dieser Mensch hat für sich selbst die Fähigkeit zum Alleinsein erwerben können und ist dadurch in der Lage, einem anderen (hier dem Kind) einen eigenen Explorations- und/oder Phantasieraum zu ermöglichen.

Die Fähigkeit zum Alleinsein impliziert ein Aushalten-Können durch ein kreatives Füllen-Können (Explorieren und Phantasieren in Übergangsräumen, später Als-ob- und Symbolspiel, Tagträume, Singen, Tanzen, Zeichnen etc.) von Phasen eines Nicht-in-einer-Handlungsbeziehung-Sein – was meint: für bestimmte Zeit nicht mit dem realen Objekt zu kommunizieren, also ein Für-Sich-Sein bzw. Nicht-Beachtet-Werden(-Müssen). Wurden Handlungsbeziehungen zuvor als hinreichend gut erfahren und konnten sie als immer wiederkehrend und verlässlich somit als *generalisierte Interaktionsrepräsentationen*[3] verinnerlicht werden, tragen diese Erfahrungen das Subjekt in den Phasen des zeitweisen Alleinseins.

Die Fähigkeit zum Alleinsein in Gegenwart eines bedeutsamen anderen wird also im befriedigenden Austausch mit diesem anderen erworben. Die Fähigkeit zum Alleinsein *ohne* die Gegenwart eines bedeutsamen anderen setzt jene als gute Erfahrung voraus. Warum ist es nun wichtig, zukünftig den diagnostischen und folglich auch den therapeutischen Blick zu weiten und nach dem Gelingen dieses »Zu-zweit-allein-Zustands« als eine Art Prototyp für Autonomie in Beziehung und damit gleichermaßen als Regulativ für Nähe und Distanz, auch in Gegenwart eines Dritten zu fragen?

Das noch sehr junge Kind ist bezüglich seiner körperlich-seelischen Empfindungen insbesondere bei Unlusterfahrungen wie Langeweile, Hunger, Müdigkeit, Hitze o. ä. und besonders natürlich bei Krankheit und Schmerz auf die ko-regulatorische Kompetenz seiner wichtigsten Bezugspersonen angewiesen.

Wie komplex wiederum diese Regulierungs- und Ko-Regulierungsprozesse sind, beschreiben z. B. Beebe und Lachmann für die dyadische Interaktion, indem sie ein »Prozessmodell ständiger Repräsentationen« zugrunde legen, in

---

[3] Vgl. Sterns RIG's: Representations of Interaction that have been generalized (1992: 143).

welchem »der Säugling das dynamische Interaktionsspiel seiner Handlungen in Bezug zu den Handlungen der Mutter (Fürsorgeperson) Moment für Moment repräsentiert. Deshalb wird am Anfang nicht ein Objekt, sondern eine Objektbeziehung repräsentiert: ein Selbst-in-Bezug-zum-Objekt. [...] Repräsentiert wird ein auftauchendes dyadisches Phänomen, das Wesen der *Inter-Bezogenheit*, das für die jeweiligen Partner nicht getrennt beschrieben werden kann« (Beebe/Lachmann 2004: 138).

In diesen filigranen Austauschprozessen geht es in den Untersuchungen der Autoren um die Integration von Selbstregulierung und interaktiver Regulierung im dyadischen Austausch, um das »Prinzip der ständigen Regulierung« und somit um das Identifizieren von charakteristischen, vorhersagbaren und erwartbaren Interaktionsverläufen sowie um das »Prinzip der Unterbrechung und Wiederherstellung« (Verletzung von Erwartungsmustern und die anschließenden Bemühungen, für die Brüche – im Sinne eines »interactional repair« – eine Lösung zu finden) (vgl. ebd.: 170). »Mit dem Selbstregulierungsprozess wird die Erfahrung des Säuglings von ›Urheberschaft‹ organisiert, vorausgesetzt allerdings, dass die interaktive Regulierung [im dyadischen Austausch, ISK] Urheberschaft ›bewilligt‹ und unterstützt« (ebd.).

Wenn man die Ergebnisse der Triangulierungsforschung nicht ignorieren will, muss m. E. an dieser Stelle eine dritte Dimension, sozusagen als eine weitere »Bewilligungsinstanz«, hinzugedacht werden. Bürgin und Klitzing betonen nämlich: »Je nach affektiver Nähe oder Distanz gestalten sich die Beziehungs-Drei- oder Vielecke symmetrisch-ausgeglichen oder asymmetrisch-unausgeglichen. Den Realobjekten kommt bei diesen Vorgängen eine sehr große Bedeutung zu, da sie anhaltend mitregulieren und damit gleichsam direkt in die innere Beziehungswelt des Kindes eingreifen. Auch in der dyadischen Beziehung existiert stets eine virtuelle dritte Person in der Innenwelt des Gegenüber« (Bürgin/Klitzing 2001: 524).

Erkennt man die Erfahrung von Urheberschaft als Grundvoraussetzung an, temporäres Alleinsein nicht nur zu ertragen, sondern auch zu gestalten, also die Fähigkeit zum Alleinsein zu erwerben, und sieht, dass die dyadische Beziehung in welcher Urheberschaft erfahren wird, triadisch determiniert ist, so müssten auch folgende Gedanken plausibel sein: Der Elternteil, der sich für eine gewisse Zeit mit dem Kind in einem »Zu-zweit-allein-Zustand« befindet, kann seine emotionale Präsenz für das im selbstvergessenen Spiel versunkene Kind (bei sehr jungen Kindern sind diese Phasen oft noch recht kurz und drohen übersehen zu werden), dann besonders gut aufrechterhalten oder ihm diesen Spielraum überhaupt erst ermöglichen, wenn für ihn eine Art »Zu-dritt-zu-zweit-allein-Zustand« durch den Partner oder die Partnerin möglich ist. Dieser oder diese ist dann in der Lage, eine emotionale Präsenz für die beiden anderen aufrechtzuerhalten, die wiederum dem jeweils anderen Elternteil die emotionale Präsenz für das Kind ermöglicht/erleichtert und gleichzeitig dem Kind ein totales Angewiesensein auf nur diese eine Beziehung(-sperson) erspart. Auch von ihm als Drittem sind im günstigen Fall weder plötzliche Übergriffe oder Stimmungsschwankungen, noch unvorhersehbare Handlungen oder Feindseligkeiten zu befürchten, die die beiden anderen mit all ihren Sinnen vorausahnen müssen, um nicht davon überrascht oder überwältigt zu werden. Durch die Fähigkeit dieses Dritten zum Alleinsein kann das temporäre Ausgeschlossensein toleriert werden, ohne die beiden anderen allein zu lassen. Die dyadischen Beziehungen gelingen, weil die triadische Beziehung gelingt.

Bei der Frage nach der Qualität der frühesten Eltern-Kind-Beziehung geht es also nicht allein um das u. a. von Metzger (2000) beschriebene, den intrapsychischen Entwicklungsraum fördernde Pendeln zwischen dyadischen und triadischen Beziehungserfahrungen, sondern immer auch um ein potenzielles Unvermögen der erwachsenen Beziehungspartner, das ein oder andere partiell zu initiieren bzw. zuzulassen und auf eine entwicklungsfördernde Weise letztlich allen drei Beteiligten als interpsychischen Beziehungsraum zu ermöglichen.

Derart irritierte Dyaden können wiederum solange nicht befriedigend sein, wie psychische und physische Kraft absorbiert werden muss, um den Dritten entweder draußen zu halten oder seinen Verlust zu kompensieren. Dieser emotionale Kraftaufwand kann die ko-regulatorische Fähigkeit der Eltern derart schwächen, dass der Säugling mit dem Symptom der frühkindlichen Regulationsstörung für diese Drei um Hilfe rufen muss.

Daher scheint es sinnvoll und notwendig, insbesondere wenn es um die klinisch-therapeutische Arbeit mit regulationsgestörten Säuglingen geht, frühe Ausschlusstendenzen, ihre Mechanismen und ihre u. U. unbewussten Quellen bereits in der frühesten Eltern-Kind-Beziehung zu erkennen und zu klären, ob diese Ausschlusstendenzen den Zerfall der Triade in eine maligne »Zwei-plus-eins«-Konstellation begünstigen.

Eine dementsprechende Diagnostik muss die Interaktion aller drei Beziehungspartner beleuchten, sie muss das »Tri« in den Blick nehmen.

Literatur

Bauriedl, Th. (1994): Auch ohne Couch. Stuttgart: Verlag internationale Psychoanalyse.

Bauriedl, Th. (1998): Triangularität menschlicher Beziehungen und der Fortschrittsglaube in der psychoanalytischen Entwicklungstheorie. Stuttgart: Schattauer.

Beebe, B./Lachmann, F. M. (2004): Säuglingsforschung und die Psychotherapie Erwachsener. Stuttgart: Klett-Cotta.

Bürgin, D. (1998a): Triangulierung. Stuttgart: Schattauer.

Bürgin, D. (1998b): Psychoanalytische Ansätze zum Verständnis der Eltern-Kind-Triade. In: Klitzing, K. v. (Hrsg.): Psychotherapie in der frühen Kindheit. Göttingen: Vandenhoeck & Ruprecht.

Bürgin, D./Klitzing, K. v. (2001): Zur Psychoanalyse von Kindern und Jugendlichen. Triadische Kompetenz: Ressource für die psychische Entwicklung. In: Bohleber, W./ Drews, S. (Hrsg.): Die Gegenwart der Psychoanalyse – die Psychoanalyse der Gegenwart. Stuttgart: Klett-Cotta.

Bundesverband Psychoanalytische Paar- und Familien- und Sozialtherapie (BvPPF) (1999): Konzepte und Forschungsergebnisse. Konzept-Broschüre.

Dornes, M. (2006): Die Seele des Kindes. Frankfurt a. M.: Fischer.

Fivaz-Depeursinge, E. (1998): Mikro-Übergänge in der affektiven Kommunikation. In: Bürgin, D. (1998a): Triangulierung. Stuttgart: Schattauer, 96-104.

Fivaz-Depeursinge, E./Corboz-Warnery, A. (2001): Das primäre Dreieck. Heidelberg: Carl-Auer-Systeme.

Hobson, P. (2003): Wie wir denken lernen. Gehirnentwicklung und die Rolle der Gefühle. Düsseldorf: Patmos.

Klitzing, K. v. (1994): Von der Paarbeziehung zur Elternschaft. In: psychosozial, 17:4, 49-60.

Klitzing, K. v. (1998a): »Wenn aus zwei drei werden...«. In: Bürgin, D. (Hrsg.): Triangulierung. Stuttgart: Schattauer.

Klitzing, K. v. (Hrsg.) (1998b): Psychotherapie in der frühen Kindheit. Göttingen: Vandenhoeck & Ruprecht.

Konrad, R. (2000): Die Fähigkeit zum Alleinsein und die Fähigkeit zur Selbstregulation. In: Fachtexte zur Entwicklung von Psychotherapie in Theorie und Praxis, 1, 47-54.

Metzger, H.-G. (2000): Zwischen Dyade und Triade. Psychoanalytische Familienbeobachtungen zur Bedeutung des Vaters im Triangulierungsprozess. Tübingen: edition diskord.

Papousek, M./Schieche, M./Wurmser, H. (Hrsg.) (2004): Regulationsstörungen in der frühen Kindheit: Frühe Risiken und Hilfen im Entwicklungskontext der Eltern-Kind-Beziehung. Bern: Huber.

Richter, H.-E. (1963): Eltern, Kind und Neurose. Reinbek: Rowohlt, 1980.

Richter, H.-E. (1970): Patient Familie. Gießen: edition psychosozial, 2007.

Seifert-Karb, I. (2004): Seelische Gesundheit junger Familien im öffentlichen Gesundheitswesen. In: Zeitschrift Frühe Kindheit, 4:4, 20-23.

Seifert-Karb, I. (2006): Solange der Schlüssel noch von außen steckt. Psychoanalytische Familientherapie eines 6 Monate alten Säuglings und seiner Eltern. In: Psychoanalytische Familientherapie, 7:1, 51-76.

Seifert-Karb, I. (2007): Ein Säugling hat immer Mutter und Vater, genau wie diese. In: Eggert-Schmidt Noerr, A./Finger-Trescher, U./Pforr, A.: Frühe Beziehungserfahrungen. Gießen: Psychosozial-Verlag.

Statistisches Bundesamt (2007): Pressemitteilung Nr. 205 vom 16.5.07, Elterngeld attraktiv für Väter. Wiesbaden.

Winnicott, D. W. (1974): Reifungsprozesse und fördernde Umwelt. München: Kindler.

Marianne Leuzinger-Bohleber/Tamara Fischmann/
Luise Läzer

Triangulierung – ein zentrales Konzept der Frankfurter Präventionsstudie?[1]

Einleitende Bemerkungen

Wie die anderen Beiträge in diesem Band detaillierter ausführen, wurde das Konzept der Triangulierung von Autoren der psychoanalytischen Objektbeziehungstheorie entwickelt.

> Als Entwicklungskonzept bezeichnet er [der Begriff, d. V.] idealtypisch die allmähliche Entstehung und Verinnerlichung von drei ganzen, d. h. ambivalenten Objektbeziehungen im Verlauf der ersten Lebensjahre. Dabei handelt es sich in der Regel (aber nicht zwangsläufig) um die Beziehung des Kindes zur Mutter und zum Vater sowie um die Beziehung der Eltern zueinander. Alle drei Beziehungen werden vom Kind nicht nur erlebt, sondern in Verbindung mit den sie begleitenden Phantasien auch intrapsychisch abgebildet und so zu einer inneren triangulierenden Beziehungsstruktur, von deren stets konflikthaftem Hintergrund auch andere Beziehungen erlebt und gestaltet werden. Wichtig ist also im Hinblick auf das Triangulierungskonzept die Differenzierung von realen und beobachtbaren Interaktionen auf der einen und intrapsychischen Repräsentationen von bedeutsamen Bezugspersonen und Beziehungen auf der anderen Seite. (Schon 2000: 723)

1 Die Frankfurter Präventionsstudie wurde von einer großen Gruppe von Forschern und Therapeuten getragen. Leitung: Marianne Leuzinger-Bohleber, Gerald Hüther und Angelika Wolff. Verantwortliche für die Datenerhebung und das Design: Yvonne Brandl, Stephan Hau, and Bernhard Rüger. Psychologische und pädagogische MitarbeiterInnen Lars Aulbach, Betty Caruso, Katrin-Marleen Einert, Oliver Glindemann, Gerlinde Göppel, Paula Hermann, Pawel Hesse, Jantje Heumann, Gamze Karaca, Julia König, Jochen Lendle, Alex Schwenk, Adelheid Staufenberg, Sibylle Steuber, Christiane Uhl, Judith Vogel, Christina Waldung, Lisa Wolff. Zudem engagierten sich Kinder- und Jugendlichentherapeutlnnen des Instituts für Analytische Kinder- und Jugendlichenpsychotherapie (IAKJP) als TherapeutInnen und/oder SupervisorInnen in der Studie. Wir danken ihnen allen für ihr Engagement und ihre Mitarbeit.

Es war vor allem Abelin (1971), der von der »frühen Triangulierung« sprach und betonte, dass das Kind lange vor der späteren »ödipalen Triangulierung« seine Beziehung zu den wichtigsten primären Bezugspersonen internalisiert. Diese Internalisierungsprozesse sind entscheidend für die Entwicklung stabiler Selbst- und Objektrepräsentanzen, sowie für die Entwicklung des Denkens und Phantasierens in einem inneren Raum, dem sogenannten intermediären Bereich nach Winnicott. Wie wir gleich ausführen werden, ist das Konzept fruchtbar für ein Verständnis früher Affekt- und Triebregulationen bzw. ihrer Störungen, die einer psychosozialen Anpassungsstörung oder einem sogenannten »Aufmerksamkeits-Defizit-Hyperaktivitäts-Syndrom« (ADHS) zugrunde liegen kann. In diesem Sinne erwies sich sowohl das Konzept der »frühen« als auch der ödipalen Triangulierung als hilfreich bei der Suche nach möglichen lebensgeschichtlichen Determinanten psychosozialer Anpassungsstörungen.

Noch in einer zweiten Hinsicht stützten wir uns bei der Planung der Frankfurter Präventionsstudie auf das psychoanalytische Konzept der Triangulierung: Oft wird in der Fachliteratur in einem metaphorischen Sinne von *Triangulierung* gesprochen, nämlich als Perspektive eines Dritten, eines Fremden auf das Eigene. Eine solche triangulierende Perspektive erweist sich oft als wichtige Voraussetzung nicht nur für die eben skizzierten frühen Entwicklungsprozesse, sondern auch für kreative, psychische Veränderungen während des gesamten Lebens. Wie wir gleich diskutieren werden, fokussierten wir in der Frankfurter Präventionsstudie auch Professionalisierungsprozesse der Erzieherinnen und Erzieher. Die psychoanalytische Supervision verstanden wir u. a. als eine triangulierende Perspektive auf die dyadische Interaktion ErzieherIn-Kind, die im besten Fall zu einer produktiven Veränderung verhelfen kann. Als Illustration dazu führen wir gleich ein kurzes Beispiel an.

Schließlich möchten wir erwähnen, dass mit der Metapher einer *triangulierenden Perspektive* auch die Chance einer interdisziplinären Zusammenarbeit charakterisiert werden kann. Der interdisziplinäre Partner wirft einen *fremden, triangulierenden* Blick auf die eigene Disziplin, was zwar einerseits zuerst einmal mit Verunsicherungen über eigene bisherige Sichtweisen verbunden ist, oft aber auch innovative Sichtweisen und Entwicklungen in Gang setzen kann. Auf diese Möglichkeiten können wir in diesem Rahmen nicht eingehen, sondern müssen uns damit begnügen, sie in unserer Zusammenfassung zu erwähnen.

Triangulierungsprozesse in einer psychoanalytischen Supervision im Rahmen der Frankfurter Präventionsstudie

Eine Erzieherin A. berichtet in einer Supervision entsetzt, dass sie bei einem fünfjährigen Jungen Hämatome am ganzen Körper entdeckte, offenbar Zeichen einer schweren Misshandlung.

> Ich wollte gar nicht richtig hinschauen. An der dunklen Haut von Emid waren die Blutergüsse zuerst schwer zu entdecken – aber schließlich sah ich sie am ganzen Körper, an Armen, Beinen, am Rücken und am Bauch. Ich konnte schließlich sogar die Schnalle des Gürtels erkennen, mit dem Emid geschlagen worden war [...]. Emid wollte lange nicht sagen, wer ihn so misshandelt hatte. Ich musste ihm versprechen, seinen Eltern gegenüber nichts zu verraten. Es war der Vater. [...] Er muss völlig die Kontrolle verloren haben.

Sie erzählt, dass sie kaum glauben konnte, dass der Vater, ein außerordentlich freundlicher, zuvorkommender Mann, zu solcher Gewalt seinem Kind gegenüber fähig sei.

> Offenbar habe ich mich getäuscht. Dieser Mann spielt uns was vor. Wer ein Kind einmal so brutal schlägt, wird dies wieder tun. Wir müssen unbedingt das Jugendamt einschalten [...].

Die Erzieherin wirkt – begreiflicherweise – empört und moralisch entschlossen, alles zu tun, um den Vater einer »gerechten Verurteilung« auszuliefern.

> Wir dürfen solche Gewalt nicht zulassen – nicht wegschauen – hier müssen klare Grenzen gesetzt werden [...].
>
> »Sie haben sicher recht: Wir dürfen bei solch' schweren Misshandlungen nicht wegschauen. Lassen Sie uns dennoch zuerst versuchen zu verstehen, wie es wohl zu einem solchen Kontrollverlust des Vaters kommen konnte [...]« schlägt die Supervisorin vor.

Die Leiterin der Kindertagesstätte weist darauf hin, dass die Einrichtung Meldepflicht bei solchen Vorkommnissen habe und dass sie schon entsprechende Schritte unternommen habe. Dennoch sei es auch für sie und das gesamte Team wichtig, die Hintergründe der Gewalthandlung besser zu verstehen. Zudem werden zwei weitere Kinder dieser Familie in der Einrichtung betreut. Weitere Erzieherinnen teilen das Entsetzen von A. und äußern ebenfalls moralisch entrüstet, dass der Vater ihnen »etwas vorgespielt habe«:

> Er zeigt immer eine freundliche, offene Fassade und gibt uns den Eindruck, unsere Beobachtungen und Einschätzungen ernst zu nehmen. Und dann dies [...].

Nachdem diese heftigen Affekte in der Supervisionsgruppe thematisiert werden können, erwähnt eine Erzieherin das Flüchtlingsschicksal der Eltern von Emid. Beide konnten als Jugendliche aus einem Bürgerkriegsgebiet in Afrika fliehen. Der Vater arbeitet als Hilfsarbeiter. Die Mutter betreut die Kinder. Das Geld scheint kaum fürs Nötigste zu reichen. Beide Eltern seien sehr angepasst.

> »Ich habe den Eindruck, sie möchten im Grunde genommen nur eins: deutsch und weiß sein [...]«, sagt eine Erzieherin.

Es stellt sich heraus, dass Emid seinem Vater Geld gestohlen hat, um sich ein bestimmtes Spielzeug zu kaufen. Darauf angesprochen, sagte der Vater schließlich:

> Es tut mir leid, ich habe völlig die Kontrolle verloren. Ich war so enttäuscht von meinem Sohn.

Nun folgt ein langes Gespräch über die psychische Situation von Flüchtlingen, ihre vielen Verluste, ihre soziale Isolation, die narzisstische Vulnerabilität, die ökonomische Not und den enormen Anpassungsdruck an die fremde Kultur. Dadurch entsteht eine Gruppenatmosphäre der Betroffenheit und der Einfühlung in die psychische und psychosoziale Situation der Familie. Die anfängliche moralische Entrüstung weicht differenzierten Überlegungen, wie der Familie geholfen werden kann, um die Wahrscheinlichkeit eines affektiven Durchbruchs zu vermindern.

Das Supervisionsgespräch vermittelte den Erzieherinnen eine *triangulierende Perspektive* – und ermöglichte dadurch, aus dem »Schwarz-Weiß-Denken« einer moralischen Entrüstung herauszufinden und eine differenzierende, professionelle Haltung zu entwickeln, die nach neuen, unterstützenden Möglichkeiten für die Familie sucht, ohne gleichzeitig auf eine eindeutige Verurteilung der Gewalthandlung zu verzichten oder die Gefahr eines weiteren Kontrollverlustes zu verleugnen.

Dieses Beispiel mag illustrieren, warum wir die regelmäßige Supervision als zentralen Baustein der Frankfurter Präventionsstudie einplanten. Gelang es, das Vertrauen in die Supervisorinnen und Supervisoren zu entwickeln, konnte der Rahmen der Supervision für die skizzierte triangulierende Perspektive genutzt werden, um die integrativen Kräfte im Team zu stärken und ihre Professionalität zu erhöhen. Damit wurde die Wahrscheinlichkeit gesenkt, dass Überforderung und Lustlosigkeit in den Teams überhand nehmen, bekanntlich gerade in diesem Beruf keine Seltenheit.

Annäherungen an psychosoziale Integrationsstörungen (wie z. B. ADHS) in Zeiten des theoretischen Pluralismus der Psychoanalyse[2]

Trotz aller theoretischen und konzeptuellen Unterschiede stimmen die meisten heutigen psychoanalytischen Autoren darin überein, dass Störungen in der frühen Affektregulation einen der wesentlichen Faktoren bei der Genese von ADHS und anderen Entwicklungspathologien ausmachen. Doch unterscheiden sich – in Zeiten des theoretischen Pluralismus der Psychoanalyse – die Erklärungsansätze der Entstehung und Auswirkungen einer frühen Affektregulationsstörung. Wie beim Blick durch ein Kaleidoskop ermöglicht die reiche Theorienvielfalt der heutigen Psychoanalyse uns einerseits, im komplexen klinischen Fallmaterial immer wieder neue Informationsmuster wahrzunehmen und für den gemeinsamen Erkenntnisprozess mit unseren Patienten zu nutzen. Andererseits stellt uns, wie Charles Hanly (2008) kürzlich ausgeführt hat, der Pluralismus der heutigen Psychoanalyse wissenschaftstheoretisch und methodologisch vor anspruchsvolle Probleme, die wir aber in diesem Rahmen nicht diskutieren können (vgl. dazu u. a. Leuzinger-Bohleber/Bürgin 2003; Leuzinger-Bohleber et al., im Druck). Um in der Metapher zu bleiben: Der Blick durch das Kaleidoskop erschließt uns zwar den Reichtum und die Vielschichtigkeit klinischer Beobachtungen, entbindet uns aber nicht, wie Hanly ausführt, unversöhnliche Widersprüche in den theoretischen Erklärungen der klinischen Phänomene wahrzunehmen und zum Gegenstand eines forschenden, auf eine Vereinheitlichung der psychoanalytischen Wissensbasis strebenden innerpsychoanalytischen und interdisziplinären Dialogs zu machen. Dabei spielt unserer Meinung nach eine Form der psychoanalytischen Konzeptforschung eine zentrale Rolle, die von der klinischen Forschung der Psychoana-

2 Die folgende Passage wird in modifizierter Form in einer Arbeit in der »Psyche« (Heft Juli 2008) publiziert.

lyse ausgeht und die Ergebnisse empirischer und interdisziplinärer Forschung in ihrer kritischen Reflexion psychoanalytischer Konzepte mitberücksichtigt (vgl. dazu Leuzinger-Bohleber et al., im Druck). So soll im Folgenden kurz versucht werden, den Blick durch das plurale Kaleidoskop zu nutzen, um sowohl nach Gemeinsamkeiten als auch nach Widersprüchen bei der Erklärung der Genese von ADHS zu suchen und diese – zusammen mit den klinischen Beobachtungen – in einer aktuellen Konzeptualisierung dieses Syndroms zu integrieren. Die Bezüge zum anfangs erwähnten Triangulierungskonzept können in diesem Rahmen nicht detailliert aufgezeigt, sondern lediglich kurz erwähnt werden.

Ich-psychologische Autoren betonen, dass das Primärobjekt in einer charakteristischen »ADHS Familie«[3] es dem Kind kaum ermöglicht hat, genügend gute, stabile Ich-Funktionen zu entwickeln. Das Kind ist auf eine verlässliche und kontinuierliche Unterstützung der Primärobjekte existentiell angewiesen, um sich in seinem Ich damit zu identifizieren und dadurch sein Verhalten, d. h. seine physiologischen, sensorischen, motorischen und affektiven Prozesse regulieren zu können. Falls die Eltern nicht dazu in der Lage sind, dem Kind diese Unterstützung anzubieten, und ihm die anfangs skizzierten wichtigen Erfahrungen einer frühen Triangulierung zu ermöglichen, kann das Kind kaum eine adäquate primäre Regulierung seiner Triebimpulse und Affekte entwickeln: Hyperaktivität ist eine mögliche Folge. Zudem werden psychisch zu wenig integrierte Triebimpulse das Ich überfluten, besonders in Situationen, die sich dazu eignen und daher die Entwicklung des sekundärprozesshaften, symbolisierten Denkens, i. a. W. die Fokussierung der Aufmerksamkeit auf eine bestimmte Situation, die Verbalisierung von Affekten, Bedürfnissen und Phantasien sowie die Konzentrationsfähigkeit erschweren oder gänzlich verhindern.

Doch war es nach Spezzano (1993) vor allem der Verdienst von William R. D. Fairbairn in den 1940er Jahren, die explizite Auseinandersetzung mit Affektregulierungen initiiert zu haben. Er kann als einer der *Pioniere der psychoanalytischen Objektbeziehungstheorien* angesehen werden. Er ist vor allem

3 In der Frankfurter Präventionsstudie fokussierten wir psychosoziale Integrationsstörungen ganz allgemein. Das sogenannte ADHS betrachteten wir als eine spezifische Form solcher Fehlentwicklungen. Wie wir an anderer Stelle ausführlicher diskutiert haben, scheint uns ADHS aus verschiedensten Gründen zur Zeit eine Modediagnose geworden zu sein (vgl. dazu Leuzinger-Bohleber/Brandl/Hüther 2006).

bekannt geworden durch die Aussage, die Libido sei primär nicht lustsuchend, sondern objektsuchend. Affekte dienen dabei als Möglichkeit, psychisch zwischen »guten« und »schlechten« Objekten bzw. Erfahrungen und damit verbundenen Ich-Zuständen zu unterscheiden, was eine große seelische Bedeutung hat, weil die unerträglichen negativen internalisierten Objekte, Ich-Anteile und Beziehungserfahrungen ins Unbewusste verdrängt werden. Daher fokussieren Autoren, die der *psychoanalytischen Objektbeziehungstheorie* nahe stehen, Internalisierungen wichtiger Beziehungen in der frühesten Kindheit, wenn sie nach plausiblen Erklärungen für die Entstehung von ADHS-Symptomen suchen. Internalisierungsprozesse betrachten sie als zentral für das Ausbilden psychischer Strukturen, aber auch von Triebbedürfnissen und Persönlichkeitsmerkmalen. Neuere – klinische und empirische Studien – haben gezeigt, dass es wichtig ist, zwischen zwei Affektzuständen des Säuglings zu unterscheiden: Zustände mit relativ niedriger Affektaktivierung und Zustände mit heftigen, intensiven affektiven Zuständen, sogenannten »Spitzenaffekten« (vgl. dazu u. a. Kernberg 2001). Im ersten »milden« affektiven Zustand können »normale« Internalisierungen unserer Erfahrungen im Kontakt mit anderen Personen stattfinden, die zur Entwicklung normaler Ich-Funktionen führen. Die Erfahrungen sind mit angenehmen, realitätsadäquaten Körperempfindungen verbunden, die, wie Leuzinger-Bohleber und Pfeifer (2002) diskutiert haben, als sensomotorisch-affektive Koordinationen ihren Niederschlag im Gedächtnis finden. Diese sensomotorisch-affektiven Koordinationen dienen in späteren Situationen, mit analogen Informationen, die wir durch die verschiedenen Sinneskanäle (auditiv, visuell, haptisch etc.) aufnehmen, dazu, dass wir »Gedächtnis« produzieren, d. h. uns aufgrund früherer Erfahrungen in der Realität orientieren, Erwartungen an »normales« Verhalten unserer Interaktionspartner entwickeln und diese adäquat interpretieren können. Sie werden im Laufe der Entwicklung mit Bildern und Sprache verbunden. Anders ist es mit der Erfahrung von »Spitzenaffekten«, d. h. intensiven positiven und negativen Affekten, die die Reizverarbeitungskapazität des Säuglings überfordern. In solchen extremen affektiven Zuständen, einerseits der Freude, der Euphorie, des Glücks im Zusammensein mit einem anderen oder aber von Angst, Schrecken, Wut oder Schmerz entstehen psychisch problematische, aber äußerst wirksame »embodied memories«: Bilder von idealisierten Beziehungen, die sich nach den glücklichen Momenten des Kindes an der Brust ausrichten und sich als Wünsche nach Verschmelzung mit dem Liebesobjekt, dem Einssein und der absoluten Zugehörigkeit psychisch niederschlagen. Die extrem negativen Affekte bewirken – in analoger Weise – extreme Selbstbilder eines hassenden, intensiven Aggressionen ausgesetzten Wesens, das Angriffen von außen hilflos ausgesetzt ist. Je intensiver die Frustrationen und die Schmerzerfahrungen sind, etwa in traumatischen Erfahrungen, desto intensiver sind auch die ausgelösten aggressiven Impulse, die das kindliche Ich psychisch nicht ertragen oder dem eigenen Selbst zuschreiben kann: Daher projiziert es diese aggressiven Impulse sogleich auf den anderen und erlebt sich daher zusätzlich als von außen bedroht und verfolgt. Das Resultat ist, dass sich Erinnerungen an negative und – für das Selbst und das Objekt – gefährliche Beziehungserfahrungen als »psychische Wahrheiten« niederschlagen. In Momenten der Spitzenaffektentladung oder in traumatischen Situationen entsteht daher eine psychische Tendenz, Erlebnisse als absolut gute oder absolut schlechte zu kategorisieren: Beziehungen werden in einen idealisierten und in einen verfolgenden Teil aufgespalten.

Unter normalen, »genügend guten«, nicht traumatischen Bedingungen (Winnicott) entwickelt sich eine zunehmende Toleranz gegenüber solchen extremen Situationen, so dass die archaisch-primitive Erfahrung einer Spaltung zwischen »gut« und »böse« schließlich psychisch integriert werden kann.[4] Die psychoanalytische Objektbeziehungstheorie hat betont, dass das äußere Objekt – durch Empathie in den Zustand des hilflosen Säuglings – dazu beitragen muss, dass die Spitzenaffekte immer wieder zuverlässig und voraussehbar gelindert werden können. Daher vermittelt es ein Urvertrauen in ein gutes Objekt. Parallel dazu erlebt sich das »auftauchende Selbst« als psychisch in der Lage, zu einem Verschwinden von extremen Frustrationen, von Wut und Hass, selbst beizutragen. Es definiert sich daher als ein basal aktives und nicht nur als ein passiv ausgeliefertes. Basierend auf diesen basalen Objektbeziehungserfahrungen kann das Selbst in der weiteren Entwicklung bestenfalls (in der Terminologie der *psychoanalytischen Selbstpsychologie*) auf archaische primitive Abwehrmechanismen, wie die Phantasie des grandiosen Selbst oder der omnipotenten Elternimago, sukzessiv verzichten und ein tragendes, sicheres, kohärentes Kernselbstgefühl entwickeln (vgl. dazu u. a. Parens 1994).

Mit dem Konzept der frühen Triangulierung werden, wie anfangs erwähnt,

[4] Vgl. dazu Melanie Kleins Unterscheidung der »paranoid-schizoiden« und der »depressiven Position«.

diese für die Affektregulierung zentralen Internalisierungsprozesse ebenfalls beschrieben.

In den letzten Jahren waren es vor allem die *empirischen Befunde der Affekt- und Säuglingsforschung*, die bei Psychoanalytikern das Interesse an Affektregulierungen weckten. Zahlreiche Untersuchungen konnten belegen, dass das wichtigste Verstärkungssystem der frühen Kindheit die Affektivität der Primärobjekte ist (vgl. Krause 1998, 2005). Dies gilt sowohl für die ersten Lebensmonate als auch später, wenn etwa mit einem Jahr das Kind im Zusammenhang mit der zunehmenden Mobilität und damit verbundenen kognitiven, sprachlichen und emotionalen Veränderungen vermehrt auf ein soziales, sicherheitsspendendes Versichern seiner »Heimatbasis« durch seine primäre Bezugsperson angewiesen ist. Zu dem sogenannten »social referencing« wurde eine Vielzahl eindrücklicher Studien vorgelegt. Wahrscheinlich das bekannteste Experiment ist eine Modifikation des Kriechens über eine »visuelle Klippe«, womit ursprünglich die Wahrnehmung des Kindes und altersadäquate Angstreaktionen untersucht wurden. Nun zeigten neue Analysen der Videobänder in eindrücklicher Weise, dass Krabbelkinder den Blickkontakt zu ihren Müttern suchen, sobald sie die (vermeintliche) Gefahr wahrnehmen. Dabei mildert nicht die rein kognitive oder sprachliche Rückmeldung die Angst der Kinder. Es ist vor allem die resonante, emotionale Reaktion der Bezugsperson, die dem Kind Sicherheit spenden kann. Auch an diesem Beispiel sehen wir die Relevanz einer empathischen Begleitung der frühen Entwicklungsschritte für das Ausbilden emotionaler, kognitiver und sozialer Kompetenzen. Fehlen die Fähigkeiten zum »attunement«, »containing« und »holding«, sowie später zum »social referencing«, kann das Kind nicht durch Identifikation mit dem »genügend guten« Objekt sich mit diesen Fähigkeiten und der damit verbundenen triangulierenden Funktion identifizieren und sukzessive eine eigene innere Impuls- und Affektregulierung entwickeln.

Daniel Stern (1985), um nur ein Beispiel herauszugreifen, hat in Mikroanalysen von auf Video aufgezeichneten Interaktionen eindrucksvoll gezeigt, wie Säuglinge auf ihre depressiven Mütter reagieren. Er fand unterschiedliche Reaktionstypen. Säuglinge eines Typs scheinen mit allen ihnen zur Verfügung stehenden Mitteln zu versuchen, ihre »toten Mütter« zum Leben zu erwecken: Ein beobachtbares hyperaktives Verhalten ist die Folge. Zudem scheinen diese Babys über zu wenig innere und äußere Spielräume zu verfügen, um ihre eigenen Impulse und Gefühle als Indikatoren eines »auftauchenden Selbst« erleben zu können. Sie können zu wenig die wiederkehrende Erfahrung einer »Selbst-Wirkung«, »Selbst-Kohärenz« und »Selbst-Affektivität« machen, die ihnen das basale Gefühl einer eigenen Selbst-Geschichte vermittelt, ein Gefühl, das, wie wir inzwischen wissen, eine der Voraussetzungen darstellt, ein stabiles Kernselbstgefühl zu entwickeln. Dies mag einer der Gründe sein, warum in psychoanalytischen Psychotherapien häufig die Entwicklung eines »falschen Selbst« bei ADHS-Kindern beobachtet werden kann.

Wichtige Beiträge zur Affektregulation wurden auch in der empirischen Bindungsforschung vorgelegt, die bekanntlich wie kaum eine andere psychoanalytische Theorie die Brücke zur akademischen Psychologie, also auch zur modernen Affektforschung schlagen kann (vgl. dazu u. a. Döll-Hentschker 2008). Hier nur fragmentarisch zusammengefasst: Die Bindungstypen werden als Auswirkungen der frühen Beziehungserfahrungen im ersten Lebensjahr betrachtet. Das Kind hat jenes »innere Arbeitsmodell« entwickelt, das sich als am erfolgreichsten im Umgang mit seiner primären Bezugsperson erwies. Das sicher gebundene Kind (Bindungstyp B) hatte dank einer feinfühligen Mutter die Chance, eine sichere Beziehung zu ihr aufzubauen, in der das ganze Spektrum menschlicher Gefühle im Sinne einer Kommunikation mit dem anderen wahrgenommen, erlebt und ausgedrückt werden kann. Das unsicher-vermeidende Kind (Bindungstyp A) dagegen machte immer wieder die Erfahrung, dass sich seine Mutter am wohlsten fühlt, wenn es keine intensiven Affekte zeigt und sich ihr gegenüber kontrolliert, distanziert und affektarm verhält. Das ambivalent gebundene Kind (Bindungstyp C) hat das erste Lebensjahr mit einer Mutter verbracht, die manchmal angemessen, manchmal aber zurückweisend oder überbeschützend, d. h. insgesamt inkonsistent und daher für das Kind in keiner sicher voraussagbaren Weise reagiert. Die desorganisiert/desorientiert gebundenen Kinder (Bindungstyp D), konnten, so die Hypothese, überhaupt kein stabiles inneres Arbeitsmodell aufbauen, da ihre Mütter an den Folgen eines akuten Traumas (z. B. eines dramatischen Verlusts eines zentralen Bezugsperson) litten. Sie waren davon psychisch so sehr absorbiert, dass sie kaum eine kohärente Bindung zu ihrem Säugling aufnehmen konnten. Eine Folge davon ist, dass das Kind kaum eine adäquate Affektregulation entwickeln konnte. Daher finden wir bei Kindern mit ADHS vermehrt Kinder mit den Bindungstypen C und D.

In dieser Tradition stehend haben Peter Fonagy, György Gergely, Elliot L. Jurist und Mary Target (2002) kürzlich ein integratives Verständnis von

Affektregulierung vorgelegt.[5] Sie nehmen viele der oben erwähnten psychoanalytischen Erklärungsmodelle auf, formulieren aber den Anspruch, erstmals aufgrund eines sozialen Biofeedbackmodells der Affektspiegelung die Entwicklung der Affektregulation und ihrer Störungen sowie der damit eng verbundenen Entwicklung der Mentalisierungsfähigkeit kausal erklären zu können.

> Abgestimmte Interaktionen mit der Mutter (Jaffe et al. 2001; Stern 1985) gehen häufig mit Affektspiegelung einher, das heißt, die Mutter repräsentiert dem Kind durch ihre mimischen und vokalen Äußerungen die Gefühle, die es nach ihrer Meinung empfindet, um seine Emotionen zu beruhigen und zu dämpfen. Unserer Ansicht nach unterstützt die Affektspiegelung die Fähigkeit zur Affektregulierung, indem sie dem Kind Gelegenheit gibt, sekundäre Repräsentationen seiner konstitutionellen Affektzustände aufzubauen. Das internalisierte Bild der Bezugsperson, die das innere Erleben des Säuglings widerspiegelt, wird zum Organisator der emotionalen Erfahrung des Kindes. Das Selbst ist für den Umwelteinfluss also nicht lediglich zugänglich, sondern wird zum Teil durch seine Interaktionen mit der sozialen Umwelt konstituiert. (Fonagy et al. 2002: 15)

Daher nimmt für diese Autoren das Konzept der *Affektregulierung* eine zentrale Stelle bei der Konstitution der Selbstentwicklung und der Entwicklung der Mentalisierungsfähigkeit ein.[6]

5 Sie definieren Mentalisierung in der Folge einer philosophischen Tradition, die von Dennett (1978) und anderen als eine Form von vorbewusster imaginativer mentaler Aktivität verstanden wird, weil menschliches Handeln in Begriffen von »intentionalen« Geisteszuständen gedeutet wird. Imaginativ deshalb, weil wir uns vorstellen müssen, was andere Menschen denken oder fühlen könnten. Fonagy und Target haben ihr konkretes Entwicklungsmodell zusammen mit George Moran, Miriam und Howard Steele, Anna Higgitt, György Gergely, Efrain Bleiberg und Elliot Jurist entwickelt. Die Fähigkeit zu mentalisieren ist keine biologische Gegebenheit, sondern bildet sich sukzessiv durch die Interaktion mit den wichtigsten Bezugspersonen heraus. Allerdings verstehen die Autoren diese Fähigkeit nicht als ausschließlich kognitiven Prozess. Sie beginne vielmehr mit der »Entdeckung« von Affekten durch das Medium der primären Objektbeziehungen.

6 »[...] Affektregulierung, das heißt die Fähigkeit, emotionale Zustände zu regulieren, hängt eng mit der Mentalisierung zusammen, die eine grundlegende Rolle für die Entfaltung eines Gewahrseins des eigenen Selbst und dessen Urheberschaft spielt. Wir verstehen die Affektregulierung als Vorspiel zur Mentalisierung; gleichwohl wird ihre Beschaffenheit, sobald die Mentalisierung auftaucht, transformiert: Sie ermöglicht nicht nur die Anpassung von Affektzuständen, sondern erfüllt die tatsächlich basale Funktion der Regulierung des Selbst« (Fonagy/Target 2003: 365).

Für das Thema der hier fokussierten Entwicklungsstörungen, wie ADHS, ist besonders relevant, dass problematische Frühbeziehungen, Misshandlungen oder andere Traumatisierungen die Entwicklung von Mentalisierung und Reflexionsfähigkeit beeinträchtigen. Unsichere Bindung kann als Identifizierung des Kindes mit der Abwehrhaltung der Mutter verstanden werden. Diese Mütter sind z. B. nicht in der Lage, negative Affekte und Stress des Kindes zu spiegeln, weil sie sich selbst dadurch bedroht fühlen. Vermutlich werden bei der Wahrnehmung solcher negativer Affekte Erinnerungen an eigene unerträgliche Erfahrungen geweckt, die daraufhin abgewehrt werden müssen. Daher kann die Nähe zur Mutter von diesen Kindern nur aufrechterhalten werden, wenn sie gleichzeitig ihre Reflexionsfähigkeit opfert. Im Gegensatz dazu werden »verstrickte« Mütter negative Affekte des Kindes in übertriebener Weise spiegeln oder mit eigenen Erfahrungen verwechseln, was auf das Kind fremd oder alarmierend wirkt. Bei beiden Formen der unsicheren Bindung werden die Kinder die Haltung der Bezugspersonen internalisieren. Die fehlende Synchronizität zwischen dem eigenen Affektzustand und jenem der Mutter wird dann zum Inhalt des Selbsterlebens.

Noch dramatischer sind die Auswirkungen früher, schwerer Traumatisierungen auf die Entwicklung bzw. Nichtentwicklung der Mentalisierungsfähigkeit. In einer kürzlich erschienenen Arbeit berichtet Fonagy (2007) von schwer traumatisierten Kindern und Jugendlichen, die er im Gefängnis interviewt bzw. therapiert hat. Ihre Gewalttaten waren wesentlich dadurch bedingt, dass sie kaum die Fähigkeit zu mentalisieren ausgebildet hatten und sie sich daher z. B. nicht in den physischen und psychischen Zustand ihrer Opfer einfühlen konnten. Er spricht von »violent attachment« bzw. von Bindungstrauma. Diese Jugendlichen könnten am ehesten mit der Diagnose »Borderlinestörung« beschrieben werden.

Obwohl viele der ADHS-Kinder der Frankfurter Präventionsstudie (FP) und der zur Zeit laufenden Therapiewirksamkeitsstudie ebenfalls frühe Traumatisierungen erlebt haben (und unsichere Bindungstypen aufweisen), leiden die meisten von ihnen nicht an einer Borderlinestörung. Anhand von zwei Fallbespielen haben wir in einer kürzlich beendeten Arbeit illustriert, dass sie dennoch oft, wenn auch in anderer Weise, unter gravierenden Störungen in der Affekt- und Triebregulation leiden (vgl. Leuzinger-Bohleber/Fischmann/Goeppel/Läzer/Waldung, im Druck).

Aus einer psychoanalytischen Perspektive erweist es sich als unabdingbar, die idiosynkratische Traumageschichte eines bestimmten ADHS-Kindes bzw. -Erwachsenen gemeinsam zu entdecken, um die spezifischen Ursachen der Affekt- und Impulsregulationsstörung zu erkennen (vgl. dazu u. a. Bohleber 2007; Grubrich-Simitis 2007; Leuzinger-Bohleber et al., im Druck). Etwa im Gegensatz zu einer medikamentösen Behandlung bietet eine solche aufdeckende therapeutische Arbeit im besten Falle die Chance, die Ursachen der mangelnden Affekt- und Impulsregulation, die zu der ADHS-Symptomatik geführt hat, zu erkennen und anschließend aktiv zu versuchen, die Schwäche in der Affekt- und Impulsregulation anzugehen. In der Übertragung zum Analytiker werden die »embodied memories« an die traumatogenen Objektbeziehungen und die damit verbundenen Phantasien erkennbar, sowie die Sehnsucht nach alternativen Erfahrungen, die in erfolgreichen Behandlungen im Sinne der oben erwähnten Internalisierungsprozesse zur Entwicklung einer stabilen Affektregulierung genutzt werden.[7]

Frühe Prävention und Intervention: einige psychoanalytische und neurobiologische Überlegungen zur Förderung psychosozialer Integration

Die eben skizzierten psychoanalytischen Erklärungsversuche der Entstehung von ADHS und anderen psychosozialen Integrationsstörungen bildeten den theoretischen Hintergrund für die Konzeptualisierung der Frankfurter Präventionsstudie. Eine Ergänzung und Unterstützung dieser Überlegungen sowie der Betonung der Chancen und Potenziale früher präventiver Maßnahmen sehen viele Autoren in neueren neurobiologischen Befunden (vgl. dazu u. a. Barkley 1997; Levin 1997; Gilmore 2000; Rothstein 2002; Salomonsson 2004). Zabarenko (2002) erwähnt drei Forschungsgebiete, die für das Verstehen von ADHS unmittelbar relevant erscheinen: a) Studien zur Aufmerksamkeit und

7 Wir können in diesem Rahmen auch nicht auf unsere Auffassung eingehen, die wir in anderen Arbeiten ausgeführt haben, dass aufgrund von Konzeptualisierungen der Embodied Cognitive Science anzunehmen ist, dass sich die eben mit Hilfe psychoanalytischer Konzepte skizzierten Störungen der frühen Affektregulation auch neurophysiologisch niederschlagen, z. B. zu den in vielen Studien festgestellten Besonderheiten in den Neurotransmitterregulationen geführt haben (vgl. dazu Leuzinger-Bohleber et al., im Druck).

exekutiven Kontrollfunktionen des Gehirns, b) Lernen und neuronale Plastizität und c) Gedächtnis (vgl. ebd.: 415ff.).

Panksepp (1998) entwirft ein neurobiologisches Modell zur Erklärung von ADHS.

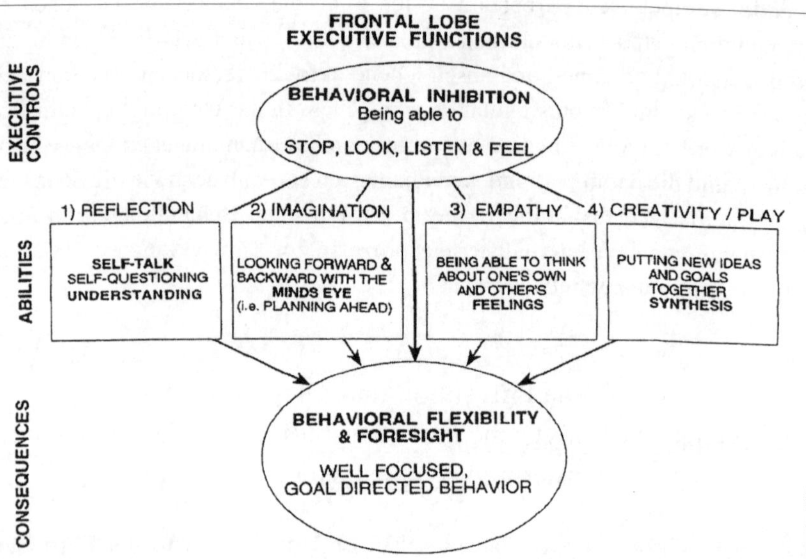

Fig. 1. A synoptic interpretation of the frontal lobe functions that may be deficient in attention deficit hyperactivity disorder (adapted from Barkley, 1997).

Abb. 1

Kurz zusammengefasst, weist Panksepp darauf hin, dass man bei Ratten, die sich von anderen durch eine auffallende Vitalität, ein besonders lebhaftes *Temperament* auszeichnen, gezeigt hat, dass diese Tiere ihr sogenanntes »rough and tumble playing«, d. h. die aktive, quirlige Exploration ihrer Umwelt brauchen, um die neokortikalen Kontrollfunktionen auszubilden, die sie zu einem »produktiven Umgang« mit ihrer genetisch bedingten Vitalität befähigt. Unterbindet man das lebhafte, »hyperactive« Spiel- und Explorationsverhalten, etwa durch sedierende Medikamente, hat diese kurzfristige »Beruhigung« einen langfristigen Preis: Die Ratten verlieren ihre besondere Begabung zur kreativen Problemlösung. Panksepp benutzt diese Forschungsergebnisse zu einigen zusammenfassenden Reflexionen zum Umgang mit ADHS-Kindern in unseren westlichen Gesellschaften. Er plädiert dabei leidenschaftlich für die Bedeutung des kreativen, freien Spiels von Kleinkindern und nimmt gegen eine frühe »Ruhigstellung« durch Amphetamine Stellung. So schreibt er:

> Except for a minority of cases involving distinct medical problems such as hyperthyroidism and explicit brain injuries, most youngster diagnosed with ADHD may simply be normal, highly playful children who have difficulties adjusting to certain institutional expectations…
> From this perspective, much of ADHD may need to be stubstantially reconceptualized as a symptom of our contemporary society and our modes of regulating children's behavior, rather than a symptom of any neurobiological imbalance or disorder…
> Can psychostimulans modify the neural plasticity (learning and other semipermanent neural changes) that characterize childhood? (Panksepp 1998: 92f.)

In eine ähnliche Richtung gehen unsere eigenen, interdisziplinären Konzeptualisierungen der Frankfurter Präventionsstudie. Sie basieren auf einem Verständnis früher Entwicklungsprozesse, wie sie seit einigen Jahren in der sogenannten »Embodied Cognitive Science« in *grundlagenwissenschaftlichen, interdisziplinären Studien zum Gedächtnis* formuliert werden. Immer schon hat die Psychoanalyse postuliert, dass auch früheste Erfahrungen unbewusst späteres – »gesundes« und »krankes« – Verhalten prägen, d. h. unbewusste Erinnerungen unser Denken, Fühlen und Handeln beeinflussen. Seit 25 Jahren beschäftigen sich Pfeifer und Leuzinger-Bohleber mit der grundlagentheoretischen Frage, welche Gedächtnismodelle diese klinisch-psychoanalytischen Erfahrungen am adäquatesten abbilden, bzw. welche psychoanalytischen Erklärungen und Gedächtnistheorien die geringsten Widersprüche zu Gedächtnistheorien aus den Neurowissenschaften aufweisen, obschon diese auf anderen Daten beruhen. Gerade die Gedächtnismodelle der »klassischen« Psychoanalyse mussten aufgrund neuerer neurowissenschaftlicher Studien in den letzten Jahren stark modifiziert werden, da sie sich als nicht mehr kompatibel mit diesem Wissen erwiesen. Auch in der *Cognitive Science* hat sich in den letzten Jahren ein Paradigmenwechsel bezüglich des Verständnisses von Gedächtnis vollzogen (vgl. dazu Leuzinger-Bohleber/Pfeifer 2002, 2006; Pfeifer/Scheier 1999; Pfeifer/Bongard 2007). Dabei werden Ergebnisse der biologisch orientierten Gedächtnisforschung berücksichtigt, die belegen, dass die Computermetapher, die noch heute vielen Gedächtnistheorien und auch dem psychoanalytischen Repräsentanzenmodell zugrunde liegt, grundlegend falsch ist (etwa wenn wir von »Speichern« sprechen, die im Langzeitgedächtnis enthalten sind und aus denen Wissen ins »Kurzzeitgedächtnis« transferiert wird). Lebende Systeme sind zu einer ständigen Adaptation an eine sich ständig verändernde Umwelt gezwungen. Wissen aus früheren Situationen wird dabei benutzt, muss aber immer wieder »umgeschrieben« und an die neue Situation angepasst werden. Daher wird Gedächtnis heute verstanden als ein aktiver, kreativer Vorgang des gesamten Organismus, der auf sensomotorisch-affektiven Koordinationsprozessen und damit in Zusammenhang stehenden »automatischen«, sich ständig adaptierenden Rekategorisierungsprozessen beruht. Gedächtnis ist also kein vorwiegend kognitives Geschehen, sondern ist immer »embodied« (vgl. dazu u. a. Leuzinger-Bohleber/Pfeifer 2002).

Interessant war nun, dass Neurobiologen und Hirnforscher (etwa wie schon erwähnt u. a. Panksepp 1998 oder Hüther 2006) Konzepte zur Bedeutung früher Regulationsmechanismen sowie der Entwicklung des Gehirns vorgelegt haben, die sich mit den eben skizzierten exzellent verbinden lassen.[8] Um dies hier verkürzt zusammenzufassen: Wir teilen die Auffassung, dass die Computermetapher der »klassischen Cognitive Science« oder manche Verkürzungen des klassischen psychoanalytischen Repräsentanzenmodells sowie immer noch verbreitete Gedächtnismodelle in der akademischen Psychologie, falsch sind: Das Gehirn funktioniert nicht wie eine Maschine, deren Defekte sinnvollerweise durch »Tricks« oder durch ein Medikament funktional auszugleichen sind. Vielmehr ist das Gehirn ein lebendiges, biologisches System, das sich nur in ständiger Auseinandersetzung mit der Umwelt weiterentwickelt und – wie Gerald D. Edelman in seinen beeindruckenden Arbeiten gezeigt hat – ohne interagierende, sensomotorisch-affektive Koordinationen nicht dazu in der Lage ist, Kategorien zu entwickeln, d. h. sich selbst und die Umwelt inmitten aller Veränderungen zu verstehen. In diesem Sinne gibt es auch kein vom Körper losgelöstes Denken: Alle seelischen und geistigen Prozesse sind »embodied«, d. h. an Informationsaufnahme und -verarbeitung des gesamten Körpers gebunden. Diese Konzeptualisierungen führen zu spannenden theore-

[8] Wir haben auf diese Parallelen bereits in der Einleitung zum Band »Bindung, Trauma und soziale Gewalt. Psychoanalyse, Sozial- und Neurowissenschaften im Dialog« hingewiesen (Leuzinger-Bohleber 2006).

tischen Debatten, z. B. zu der These von Antonio Damasio, dass der klassische Descartes'sche Dualismus – *hier Körper, da Seele* – in diesem Sinne überholt ist: Körper und Seele bilden eine untrennbare Einheit (vgl. Damasio 1994).

Diese Konzeptualisierungen sind nicht nur theoretisch interessant. Sie erweisen sich auch für den praktischen Umgang mit Kindern, Eltern, Erziehern und Therapeuten als entscheidend. So konnte die Forschungsgruppe von Hüther, Darwis, Moll u. a. zeigen, dass die Ausreifung der dopaminergen Projektionen im sich entwickelnden Gehirn bis zur Pubertät nicht abgeschlossen sind (Moll et al. 2000), d. h. durch psychosoziale, pädagogische und therapeutische Einwirkungen bis zu dieser Zeit relativ gut beeinflussbar sind. *I. a. W. können fehl gelaufene Entwicklungen, – neurobiologisch und psychisch – durch geeignete, adäquatere Beziehungs- und Umwelterfahrungen noch weitgehend korrigiert oder wenigstens abgemildert werden.* Diese Chance wird durch eine medikamentöse Behandlung, die – aufgrund des eben erwähnten veralteten »Maschinenmodells« des Gehirns – einen postulierten Defekt pharmakologisch auszugleichen versucht, weitgehend vergeben.

Daher versuchten wir in der Frankfurter Präventionsstudie statt möglichen neurobiologischen oder psychischen Defiziten *ausschließlich* mit medikamentösen Behandlungen zu begegnen, mit Hilfe pädagogischer und psychoanalytischer Beziehungsangebote dem betroffenen Kind (bzw. seinem Gehirn), die Chance zu geben, fehlgeleitete Bindungs- und Beziehungserwartungen durch neue, adäquatere Erfahrungen zu korrigieren und dadurch der Selbst- und Identitätsentwicklung des Kindes eine andere Richtung zu geben. Nehmen wir die erwähnten neurobiologischen Forschungsergebnisse ernst, bedeutet dies gleichzeitig, fehlgeleitete Verknüpfungen in den neuronalen Netzwerken der Kinder zu schwächen und stattdessen neue, adäquatere neuronale Verknüpfungen zu unterstützen (vgl. dazu auch Doigde 2007).

Solche Chancen können verpasst bzw. nicht optimal genutzt werden. Diese Gefahr haben wir im Auge, wenn wir, wie kurz erwähnt, von einer »Medikalisierung[9] sozialer Probleme« sprechen (vgl. Amft/Gerspach/Mattner 2003;

[9] Damasio (1994/97) thematisiert diese Gefahr ebenfalls, wenn er schreibt: »Ich denke, die Neurobiologie und die Medizin müssten höchste Anstrengungen unternehmen, um Leiden der oben beschriebenen Art zu lindern. Ein ebenso wichtiges Anliegen der biomedizinischen Bemühungen müssten die Leiden bei Geisteskrankheiten sein. Doch was man gegen das Leid tun kann, das aus persönlichen und sozialen Konflikten außerhalb des medizinischen Sektors erwächst, ist eine ganz andere und völlig offene Frage. Ge-

Amft 2006; Gerspach 2006; Mattner 2006). Eine medikamentöse Behandlung kann oft eine wichtige Maßnahme sein, um psychische und psychosoziale Eskalationen zu unterbrechen und soziale Stigmatisierungen bis hin zum Ausschluss des Kindes aus dem Kindergarten oder der Schule zu verhindern. Allerdings wird, wie eben ausgeführt, aus psychoanalytischer und neurobiologischer Sicht dem Kind dadurch keine Möglichkeit der Entwicklung innerer Selbststeuerungsprozesse zum Umgang mit seinen Affekten, Impulsen und Konflikten gegeben: Dies kann nur durch einen verstehenden Zugang zum Kind in empathischen, tragfähigen emotionalen Beziehungen geschehen. Wir wissen, dass dies ein anspruchsvolles, zeitaufwendiges und immer wieder neu ins Bewusstsein von uns allen zu hebendes Faktum ist. Viele empirische und klinische Erfahrungen scheinen dafür zu sprechen, dass sich dieser Aufwand lohnt. *Die kindliche Seele und das kindliche Gehirn sind noch derart plastisch, anpassungs- und lernfähig, dass auch schwere frühinfantile Traumatisierungen durch korrigierende emotionale Beziehungserfahrungen in den ersten Lebensjahren in ihrer Wirkung relativiert und die weitere Entwicklung in eine progressive Richtung gelenkt werden kann. Dabei ist der Aufwand, verglichen mit Verhaltensänderungen bei Erwachsenen, relativ gering – eine enorme Chance für Frühpräventionen und -interventionen!*

---

genwärtig ist der Trend zu beobachten, überhaupt keinen Unterschied zu machen und jeglichem Unbehagen mit medizinischen Mitteln zu Leibe zu rücken. Die Vertreter dieser Richtung führen ein bestechend klingendes Argument ins Feld. Wenn beispielsweise ein Anstieg der Serotoninkonzentration nicht nur Depressionen lindert, sondern auch Aggressionen dämpft, die Schüchternheit reduziert und das Selbstbewusstsein stärkt, warum soll man sich dann diesen Umstand nicht zunutze machen? Muß man nicht ein schlimmer Spielverderber und Puritaner sein, um einem Mitmenschen die Vorzüge aller Wundermittel vorzuenthalten? Das Problem liegt natürlich darin, dass die Situation aus vielen Gründen nicht so eindeutig ist. Erstens sind die langfristigen biologischen Wirkungen der Medikamente unbekannt. Zweitens wissen wir nicht, welche Folgen eine gesellschaftlich so verbreitete Medikamentenverwendung hätte. Drittens und vielleicht am wichtigsten: Wenn die vorgeschlagene Lösung für individuelles und soziales Leiden die Ursachen für individuellen und sozialen Konflikt außer acht lässt, dann dürfte sie nicht lange Bestand haben. Vielleicht behandelt sie ein Symptom, aber an den Wurzeln der Krankheit verändert sie nichts« (350, 351).

Ausgewählte empirische Ergebnisse der Frankfurter Präventionsstudie[10] (Tamara Fischmann, Katrin Luise Läzer[11])

Die repräsentative, kontrollierte und prospektive Frankfurter Präventionsstudie wurde 2003-2006 durchgeführt. Um eine repräsentative Stichprobe von insgesamt 1000 Kindern[12] (n = 500 Kindern für eine Interventionsgruppe und eine ebenso große Vergleichsstichprobe von n = 500 Kindern) aus je 14 Städtischen Kindertagesstätten ziehen zu können, wurde im Herbst 2003 eine Basiserhebung in allen Städtischen Kindertagesstätten Frankfurts durchgeführt (insgesamt 4500 Kinder, 114 Einrichtungen). Die Basiserhebung bezog sich auf Kindergartenkinder, die als Drei- bis Vierjährige im Herbst 2003 neu aufgenommen wurden (ca. 2700 Kinder). Als Zeitfenster wurde das Intervall August 1998 bis Juli 2000 festgelegt. Die zentrale Hypothese der Studie war, dass ein zweijähriges, psychoanalytisches (nicht medikamentöses) Präventions- und Interventionsprogramm die Anzahl der Kinder mit psychosozialen Integrationsstörungen (insbesondere mit ADHS) im ersten Schuljahr statistisch signifikant senken kann. Zur Bildung vergleichbarer Gruppen wurden die Kindergärten gemäß ihrer Sozialstruktur und Anzahl auffälliger Kinder Clustern (Gruppen) entsprechend der uns vorliegenden Erhebungen aus den Kindergärten zufällig zugeordnet. Je zwei Kindergärten, die vergleichbaren Clustern entstammten, bildeten dann ein Paar (ein Interventions- und ein Vergleichskindergarten).

Im Frühling 2004 begannen wir mit der Durchführung des Präventions- und

10 Diese Zusammenfassung ist eine Modifikation eines Teils einer früheren Publikation (Leuzinger-Bohleber/Staufenberg/Fischmann 2007). Die Studie wurde von der Zinnkan Stiftung (Hauptanteil der Finanzierung), der Hertie Stiftung, der Polytechnischen Gesellschaft und der Research Advisory Board der (RAB) der International Psychoanalytical Association gefördert.

11 Dr. Tamara Fischmann hat in Zusammenarbeit mit Prof. Dr. Bernhard Rüger die Daten der Frankfurter Präventionsstudie statistisch ausgewertet, die in dieser Arbeit zusammengefasst werden. Dr. Katrin Luise Läzer ist federführend an der Nachfolgestudie der Frankfurter Präventionsstudie, der sogenannten vergleichenden Therapiewirksamkeitsstudie von hyperaktiven Kindern beteiligt.

12 Wir mussten eine so große Stichprobe ziehen, da ungefähr mit 10% verhaltensauffälligen Kindern (oder ca. 5-6% Kindern, die später ein ADHS entwickeln) gerechnet werden muss. Für statistische Gruppenvergleiche brauchen wir i. d. R. ein n = 30. Zudem mussten wir in dieser »Feldstudie« mit einem relativ großen Drop-out rechnen (Wegzug von Kindern, nur teilweise Bereitschaft der Eltern zur Mitarbeit, vor allem in der Kontrollgruppe).

Interventionsprogramms in den 14 zufällig ausgewählten Kindertagesstätten. Es bestand aus verschiedenen Bausteinen: vierzehntägliche Supervisionen durch erfahrene Supervisorinnen und Supervisoren, wöchentliche psychoanalytisch-pädagogische Angebote durch MitarbeiterInnen der Studie, intensive Elternarbeit sowie psychoanalytische Einzeltherapien für besonders bedürftige Kinder in den Einrichtungen selbst. Falls notwendig wurde mit dem Sozial- und Jugendamt sowie der Waisenhausstiftung zusammengearbeitet.

Nach einer Anlaufzeit wurde das Projekt in allen Einrichtungen gut angenommen und etabliert. Alle Einrichtungen sprachen sich nach dem offiziellen Abschluss der Studie im August 2006 für eine Fortführung der Supervisionen aus. In manchen Kindertagesstätten wurde auch die Fortsetzung der wöchentlichen psychoanalytisch-pädagogischen Arbeit gewünscht.

Eine offene Frage unseres Projekts war, ob es uns gelingen würde, Kindergartenkinder aus bildungsfernen Schichten, die dringend psychotherapeutische Hilfe benötigen, aber kaum die Schwelle zu einem niedergelassenen Therapeuten oder einer Ambulanz überwinden, durch unser Angebot zu erreichen. Inzwischen ist es gelungen, bei 17 solcher Kinder eine Therapie einzuleiten. Bei acht weiteren Kindern waren die Eltern nicht bereit, therapeutische Hilfe anzunehmen. Nach den Werten des Döpfner Fragebogens für Erzieher und Eltern, des Conners-Wells-Fragebogens für Eltern und Lehrer und den beiden Child Behaviour Check Lists (CBCL) für Eltern und Lehrer sowie dem Urteil von zwei weiteren unabhängigen Beobachtern zeigen die meisten dieser Kinder hyperaktive Störungen nach ICD-10. Die Therapien werden nach einem Manual psychoanalytischer Behandlungen für Kinder mit hyperaktiven Störungen durchgeführt, das 2004 von einer Gruppe kinderanalytischer Kolleginnen erarbeitet wurde. Die Entwicklung und Überprüfung des Manuals basierte auf den Ergebnissen der Katamnesestudie psychoanalytischer Behandlungen hyperaktiver Kinder (Staufenberg et al. 2006, unterstützt von der VAKJP).

Einige wichtige Ergebnisse der quantitativen Datenauswertungen

Unser Design erlaubt uns sowohl Gruppenvergleiche (Ergebnisse der Interventions- verglichen mit der Kontrollgruppe) als auch Vergleiche von sogenannten »matched pairs«[13].

[13] Matched pair: Kinder aus Kindertagesstätten mit analogen Strukturen in der Interventions- bzw. Kontrollgruppe.

Wie die folgenden Abbildungen 2 und 3 zeigen, können wir unsere Haupthypothese durch einen Gruppenvergleich belegen. Als Hauptkriterium diente der postulierte Rückgang von Aggressivität auf der Döpfner Skala (VBV).[14] Aggression (Abb. 2) ist die wichtigste Variable, wenn wir soziale Anpassungsfähigkeit betrachten. Lebhafte (»hyperaktive«) Kinder können sowohl in einer Gruppe von Kindergartenkindern als auch in der Grundschule belebende Elemente darstellen und die Gruppe mit ihrer Phantasie und Lebendigkeit befruchten, falls sie sich nicht gleichzeitig übermäßig in aggressive Auseinandersetzungen mit anderen Kindern oder den Erwachsenen verwickeln. Ebenfalls statistisch signifikante Ergebnisse erzielen wir auf der Unterskala »Ängstlichkeit« (Abb. 3). Bekanntlich steht gerade bei Jungen Aggressivität oft in Zusammenhang mit einer Abwehr von Angst.

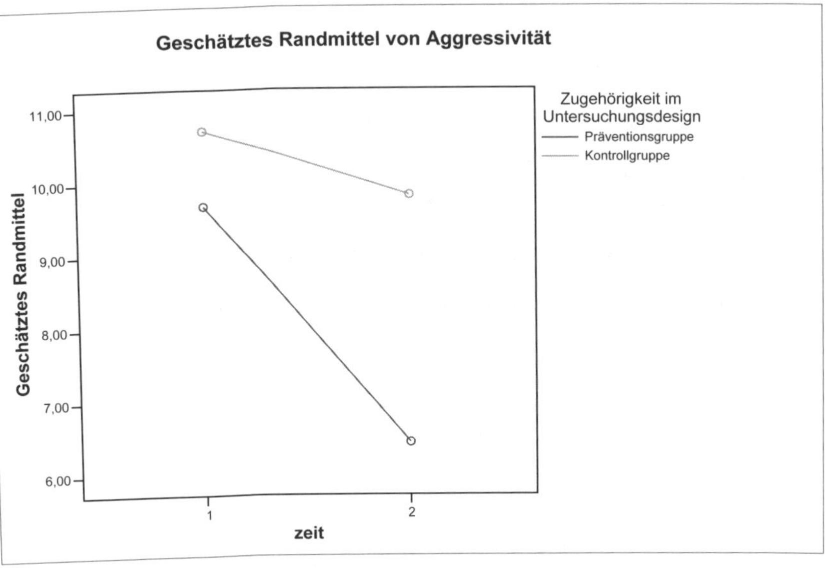

Abb. 2: Vergleich Präventions- und Kontrollgruppe: Unterskala Aggressivität
N/Präventionsgruppe= 177, N/Kontrollgruppe= 185
Zeit Gruppe: F= 5.90; p<.02**

14 Der VBV 3-6 umfasst vier Skalen, die auf der Basis einer Faktoren- und Trennschärfeanalyse gebildet wurden. Skala 1: oppositionell-aggressives Verhalten; Skala 2: Hyperaktivität versus Spieldauer; Skala 3: sozial-emotionale Kompetenzen und Skala 4: emotionale Auffälligkeiten (vgl. Döpfner et al. 1993).

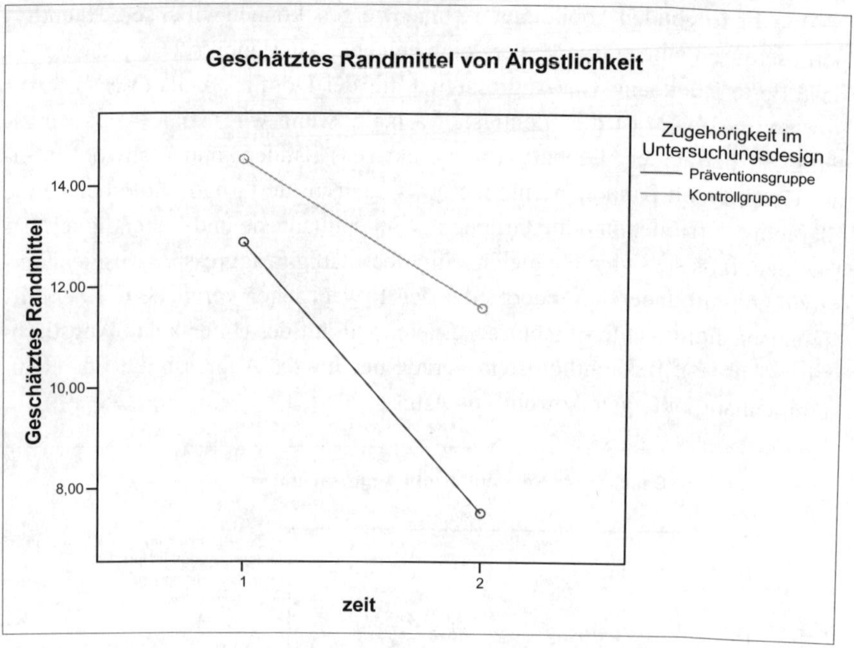
Geschätztes Randmittel von Ängstlichkeit
Zugehörigkeit im Untersuchungsdesign
Präventionsgruppe
Kontrollgruppe
Geschätztes Randmittel
14,00
12,00
10,00
8,00
1
2
zeit

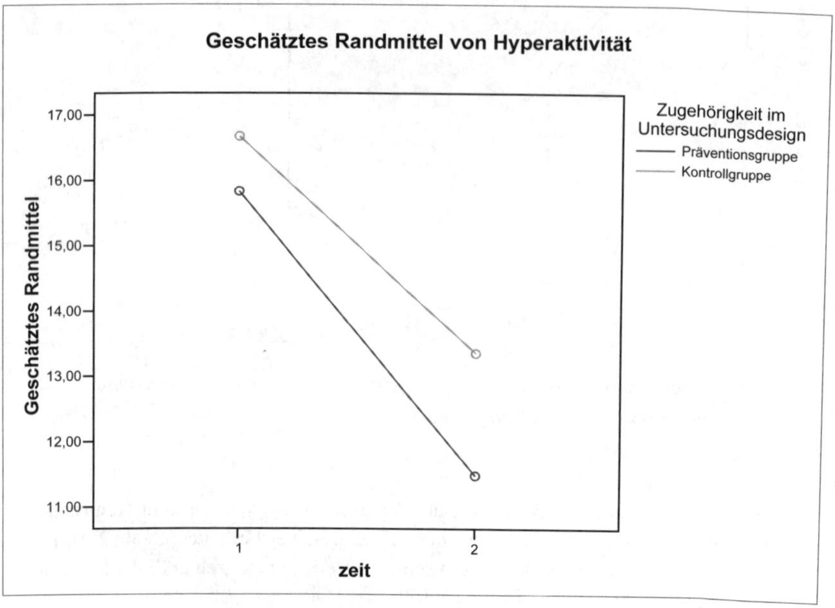
Geschätztes Randmittel von Hyperaktivität
Zugehörigkeit im Untersuchungsdesign
Präventionsgruppe
Kontrollgruppe
Geschätztes Randmittel
17,00
16,00
15,00
14,00
13,00
12,00
11,00
1
2
zeit

Abb 3: Vergleich Präventions- und Kontrollgruppe: Unterskala Ängstlichkeit
N/Präventionsgruppe = 177, N/Kontrollgruppe= 184
Zeit Gruppe: F= 4,96; p>.03**

Abb. 4: Vergleich Präventions- und Kontrollgruppe: Unterskala Hyperaktivität
N/Präventionsgruppe= 178; N/Kontrollgruppe= 184
*Zeit: F= 72.95; p = .00***
*Zeit*Gruppe: F= 1.31; p= .25 (n.s.)*

Interessanterweise stellen wir einen statistisch signifikanten Rückgang auf der Unterskala »Hyperaktivität« sowohl in der Präventions- als auch in der Kontrollgruppe fest. Allerdings ist der Unterschied zwischen Präventions- und Kontrollgruppe nicht statistisch signifikant (Abb. 4).

Bekanntlich umfasst die Unterskala 2 »Hyperaktivität« der VBV einerseits Fragen zur motorischen Impulsivität (wie z. B. Frage 34: »Ist ständig auf Achse und bleibt nur für kurze Zeit an seinem Platz.«), andererseits sind auch Fragen zur Konzentrationsfähigkeit darin enthalten (wie z. B. Frage 19: »Kann sich nur für kurze Zeit auf ein Spiel oder eine Beschäftigung konzentrieren.«). Aus vielen Studien ist bekannt, dass das motorische Unruheverhalten im Alter unserer Stichprobe (vier- bis sechsjährige Kindergartenkinder) abnimmt. Daher erwarteten wir einen Rückgang des motorischen Unruheverhaltens sowohl in der Interventions- als auch in der Kontrollgruppe. Entscheidend wird sein, ob unser Interventionsprogramm dazu beitragen konnte, dass sich die Konzentrationsfähigkeit der Kinder – verglichen mit jener der Kontrollgruppe – verbessert. Die Konzentrationsfähigkeit wird sich aber vor allem im Schulunterricht bemerkbar machen. Daher können wir einen eventuellen Unterschied in der Konzentrationsfähigkeit beider Gruppen erst in der geplanten Messung nach dem ersten Schuljahr überprüfen.

Allerdings ergibt sich schon zum jetzigen Zeitpunkt ein statistisch signifikanter Unterschied, falls wir die Daten geschlechtsspezifisch auswerten. Doch sind es – entgegen unserer Erwartung – die Mädchen, die vom Präventionsprogramm profitieren.

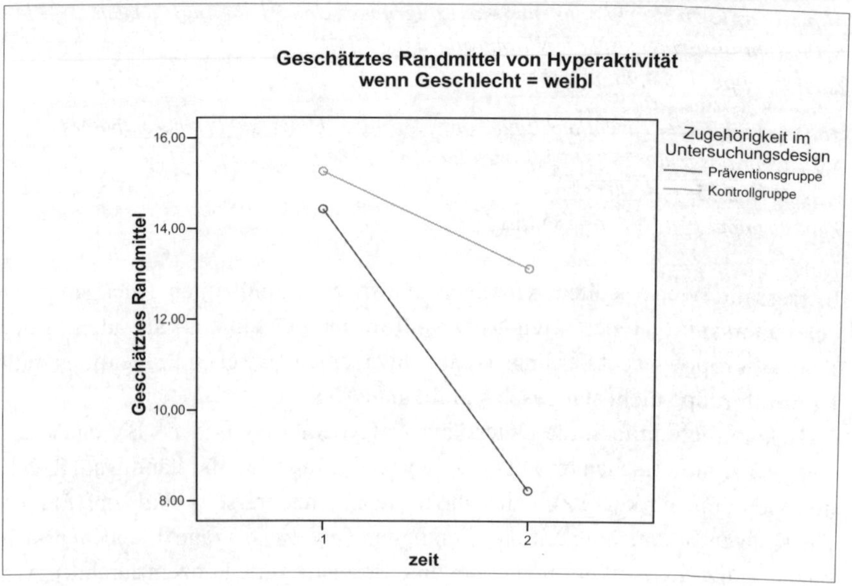

Abb. 5: Vergleich Präventions- und Kontrollgruppe: Unterskala Hyperaktivität, Mädchen N/Präventionsgruppe= 70; N/Kontrollgruppe= 62
*Zeit: F= 32.41; p=.00***
*Zeit*Gruppe: F = 7.74; p< .01***

Weist dieses überraschende Ergebnis darauf hin, dass – wie so oft – Mädchen von einem pädagogisch/psychoanalytischen Angebot eher profitieren als Jungen? Oder hat dies mit der Entwicklung geschlechtsspezifischer Rollen in diesem Alter zu tun? Ist es ein Hinweis, dass Jungen in einer vorwiegend von Frauen dominierten Bildungsinstitution eine Gegenbesetzung zu »weiblich-ruhigem« Verhalten entwickeln? Oder hat sich dank der Supervision die Wahrnehmung der Erzieherinnen geändert, so dass sie vermehrt zwischen »lebendig-hyperaktivem« und »hyperaktiv-aggressivem« Verhalten bei den Jungen differenzieren können? Wir führen zur Zeit noch weitere Detailauswertungen durch, um diese Interpretationsmöglichkeiten abzustützen bzw. zu verwerfen.

Zusammenfassend: Unsere Haupthypothese konnte durch einen Gruppenvergleich bestätigt werden. Die Aggressivität (gemessen mit der Unterskala: Aggressivität des VBV) nimmt bei den Kindern der Interventionsgruppe statistisch signifikant ab. Auch bei der Unterskala »Ängstlichkeit« beobachten wir einen statistisch signifikanten Rückgang in der Präventionsgruppe. Diese Ergebnisse sind insofern erstaunlich, als es sich bei unserer Präventionsstudie um eine Feldstudie und nicht um eine »Laborstudie« handelt, d. h. eine Studie, bei der mit vielen intervenierenden Variablen zu rechnen ist. Dass sich dennoch statistisch nachweisen lässt, dass sich die Kinder der Interventionsgruppe bezüglich ihres aggressiven Verhaltens signifikant von jenen der Kontrollgruppe unterscheiden, zeigt, dass das nicht medikamentöse, psychoanalytisch-pädagogische Präventionsprogramm die soziale Integration verbessern kann. Bezogen auf die Unterskala »Hyperaktivität« finden wir einen statistisch signifikanten Unterschied zwischen Präventions- und Kontrollgruppe erstaunlicherweise nur bei den Mädchen: ein Ergebnis, dessen Interpretation wir zur Zeit noch durch weitere Datenanalysen statistisch abzustützen versuchen.

ADHS ist nicht gleich ADHS: Qualitative Beobachtungen aus der Frankfurter Präventionsstudie

Eines der Ziele der Studie war es, aus einer psychoanalytischen Perspektive zu einer Differenzierung der ADHS-Diagnose beizutragen, d. h. dafür zu sensibilisieren, dass verschiedenste Kinderschicksale, bzw. deren Auswirkungen auf die psychischen Strukturbildungen und Regulationen, sich hinter der einen deskriptiven Diagnose ADHS »verbergen« können. Die psychoanalytische Forschungs- und Behandlungsmethode eignet sich in besonderer Weise, das komplexe Zusammenwirken unbewusster und bewusster Determinanten von ADHS zu verstehen – und darauf aufbauend – psychotherapeutisch zu behandeln.

Wir haben an anderer Stelle versucht, einige diagnostische Subgruppen zu beschreiben, die wir in dem umfangreichen Datenmaterial der Frankfurter Präventionsstudie gefunden haben und sie mit exemplarischen Fallbeispielen zu beschreiben (vgl. dazu Leuzinger-Bohleber/Staufenberg/Fischmann 2007). Wir möchten an dieser Stelle auf sie verweisen und uns damit begnügen, die heuristischen Untergruppen hier zu erwähnen, die selbstverständlich in weiteren Studien systematisch untersucht werden müssten.

I. ADHS Kinder mit einem hirnorganischen Problem
II. ADHS Kinder mit einer emotionalen Frühverwahrlosung
III. ADHS und Trauma
IV. ADHS und Kultur

V. ADHS und Hochbegabung
VI. ADHS, Trauer und Depression
VII. ADHS und das Aufwachsen mit einer »toten Mutter« (vgl. Green 1986)

Um einen klinischen Eindruck zu vermitteln, skizzieren wir einige Beispiele vor allem jener ADHS-Kinder, bei denen vermutlich eine emotionale Frühverwahrlosung die ADHS-Symptomatik wesentlich determinierte (II), übrigens die häufigste Subgruppe in unserer Studie. Die kurzen Fallbeispiele[15] mögen auf die Einzigartigkeit jedes einzelnen Kinderschicksals hinweisen, die zur Entwicklung des sogenannten »ADHS« führen können, sowie die Komplexität des Zusammenwirkens von genetisch-biologischen und Umweltfaktoren veranschaulichen.

Hanna (vier Jahre) ist das jüngste von vier Kindern (ein Bruder ist volljährig, zwei Schwestern, sieben und zehn Jahre alt). Das Kind ist vom zweiten Mann der Mutter, von dem sie aber auch seit drei Jahren getrennt ist. Die Mutter, Sozialhilfeempfängerin, lebt zusammen mit ihrem Vater und den drei Mädchen. Im ersten Jahr fiel das Kind in der Einrichtung auf, weil es häufig krank war (Lungenentzündung, Bronchitis). Hanna ist zum jetzigen Zeitpunkt entwicklungsverzögert. Sie spricht selten und mit wenig Wortschatz, bzw. undeutlich. Im Kontakt schaut sie ihren Gegenüber direkt an und setzt sofort ein Lächeln auf, welches zugewandt scheint. Auf Fragen antwortet sie aber nur mit Kopfschütteln oder Nicken, meist ohne klaren Bezug zu der Frage. Sie wirkt oft verträumt und in sich zurückgezogen. Die Erzieherinnen beschreiben sie als Träumerchen. Beim Spiel ist sie oft alleine, kann sich nicht konzentrieren und wechselt die Räumlichkeiten und die Spiele nach einigen Minuten. Dann steht sie mitten im Raum, schaut vor sich hin und nimmt keinen Anteil am Geschehen. Sie wirkt wie verloren. Das Kind ist insgesamt ungepflegt. Die Mutter wirkt meist überfordert und lieblos.

Mohammed (fünf Jahre) stammt aus der Türkei. Seine Mutter ist alleinerziehend. Der Vater war während der ersten vier Lebensjahre des Kindes in Haft. Inzwischen sind die Eltern getrennt, doch hält der Vater den Kontakt zu Mo-

[15] Ich danke den Mitarbeiterinnen der Präventionsstudie Gerlinde Goeppel und Judith Vogel für einige dieser Zusammenfassungen.

hammed. Die Mutter (23 Jahre alt) scheint mit dem Kind überfordert zu sein, möchte aber keine fremde Hilfe in Anspruch nehmen. In der Kindertagesstätte beobachten die Erzieherinnen mehrere Krampfanfälle und vermuten eine epileptische Erkrankung, da das Kind minutenlang abwesend ist und danach aufschreckt und nur schwer zur Realität zurückfindet. Die Mutter reagiert auf die Fragen und die Besorgtheit der Erzieherinnen unwirsch und versichert (allerdings kaum glaubwürdig), das Kind sei vor geraumer Zeit untersucht worden: Es gäbe keinen Hinweis auf Epilepsie. Der Junge ist in der Kita schlecht integriert, auch weil er oft fehlt oder nur sehr kurz in der Einrichtung anwesend ist, »[...] da die Mutter es nicht geschafft hat, pünktlich zu kommen« (Erzieherin A). Mohammed scheint der ganze Stolz der Mutter zu sein und wirkt auf die Erzieherinnen oft wie ein kleiner Prinz.

Ebenfalls auffallend sind seine – verglichen mit gleich alten Kindern – langsame Auffassungsgabe und seine motorische Ungeschicklichkeit, oft Gründe für Konflikte und Frustrationen, die meist in aggressive Auseinandersetzungen mit anderen Kindern münden. Mohammed kann sich schlecht konzentrieren und »wenig bei der Sache bleiben«. Meist versucht er »der Größte« oder »der Stärkste« zu sein.

Lisa (viereinhalb Jahre) hat eine ältere und eine jüngere Schwester. Alle Kinder haben unterschiedliche Väter. Derzeit lebt ein neuer Freund der Mutter bei der Familie. Zum leiblichen Vater besteht wenig Kontakt, obwohl das Kind ihn häufig erwähnt und ihn in der Phantasie idealisiert. Die Mutter ist Sozialhilfeempfängerin und hat immer wieder verschiedene Jobs. Die Herkunftsfamilie der Mutter ist ebenfalls lange beim Jugendamt bekannt. Es gab in der Vergangenheit schon die Drohung des Kindesentzuges (für den Bruder der Mutter). Die Mutter äußert daher, sie habe schlechte Erfahrungen mit Ämtern. Lisa fällt durch große Distanzlosigkeit auf. Sie nimmt sofort körperlichen Kontakt auf, umarmt und herzt Erwachsene. Nach Aussagen der Mutter verhält sie sich außerhalb der Kita genau gegenteilig. Sie hat große Ängste, schon bei kleineren Ereignissen (z. B. im Einkaufszentrum, bei wenigen Metern Entfernung von der Mutter beginnt sie zu weinen und völlig hilflos zu wirken). In der Kita fällt auf, dass sie inzwischen keine Freundinnen mehr hat. Sie stört meist andere Kinder beim Spiel und versucht, nur mit den Erwachsenen zu spielen. Sie ist dabei schnell frustriert und reagiert aggressiv, vor allem Schwächeren gegenüber. Beim Spiel selbst fällt es ihr schwer, sich länger auf etwas zu konzentrieren, sie ist auch motorisch sehr unruhig und wird von den Erzieherinnen als »hyperaktiv« bezeichnet.

Daniel ist ein sechs Jahre alter Junge. Er besucht seit drei Jahren den Kindergarten. Daniel leidet seit seiner Geburt unter einer seltenen Stoffwechselkrankheit. Schon als Baby konnte er nicht selbstständig Nahrung aufnehmen, erbrach sich und musste schließlich künstlich über eine Nasensonde ernährt werden. Hinzu kommt, dass er von klein auf längere Krankenhausaufenthalte bewältigen musste. Auch heute wird er ergänzend über eine Magensonde ernährt, nimmt jedoch kleine Mengen Nahrung auf natürlichem Wege ein. Die bereits von den Eltern vorbereitete Nahrung wird dem Jungen auch in der Kindertageseinrichtung von den ErzieherInnen verabreicht.

In der Einrichtung selbst fiel Daniel schon immer durch sein sehr aggressives und impulsives Verhalten, wie Schlagen, Treten und Schreien, seine Ruhe- und Orientierungslosigkeit auf. Innerhalb der ersten eineinhalb Jahre verbesserte sich sein Zustand in der Kindertagesstätte. Er wurde ruhiger und baute vor allem zu den Erzieherinnen eine gute Beziehung auf. Im letzten Jahr eskalierte die familiäre Situation und die Mutter verließ die Familie. Dies stürzte Daniel und seinen Vater in eine starke Krise, was sich natürlich auch in Verhaltensrückschritten in der Einrichtung bemerkbar machte. Der Junge ist in der Gruppe nahezu nicht zu bändigen, die ErzieherInnen, trotz ihrer enormen Bemühungen, überfordert.

In der durch das Projekt realisierten Supervision der Kindertageseinrichtung fand das Team die Möglichkeit, den Fall intensiv zu besprechen. Natürlich gab es sowohl von Seiten der Projektmitarbeiterin als auch von Seiten der ErzieherInnen den Vorschlag, Daniel durch eine Einzeltherapie zu unterstützen, dieser wurde aber vorerst aufgrund der akuten Krisensituation innerhalb der Familie verschoben. Da sich die Familie seit der Geburt des Kindes in ständiger Begleitung von Krankenhäusern, Ärzten und Therapeuten befindet, wurde als erstes versucht, den Jungen durch eine intensive, tragfähige Beziehung zu einer Erzieherin seiner Gruppe zu stützen. Eine Einzel- oder Familientherapie kann in diesem Fall erst in einem zweiten Schritt ins Auge gefasst werden.

Das folgende Fallbeispiel[16] (Gruppe III) mag noch kurz illustrieren, dass sich

[16] Das Fallbeispiel wurde auch in Leuzinger-Bohleber/Staufenberg/Fischmann (2007) publiziert.

die Subgruppen gegenseitig nicht ausschließen, obschon ADHS einer der Hauptquellen der Regulationsstörungen zuzuordnen sein mag. Oft schien uns jeweils eine der Determinanten als die entscheidende, so etwa die familiären Traumatisierungen bei Abdid.

Die Supervisorin bemerkt sogleich die veränderte Atmosphäre im Team: Als sie den Raum betritt, scheint dies niemand zur Kenntnis zu nehmen. Die Erzieherinnen sprechen wild durcheinander, zwei streiten sich laut – eine andere scheint den Tränen nahe. Was hat sich ereignet? Der vierjährige Abdid hat Moritz von der drei Meter hohen Schaukel gestürzt und gelacht, als er sah, dass Moritz am Kopf und am Arm blutete und sich offenbar ernsthaft verletzt hat. Die Erzieherin beginnt zu weinen, als sie von der Szene erzählt. Sie sei völlig am Ende. Fast jeden Tag komme es zu aggressiven Auseinandersetzungen, an denen Abdid beteiligt ist, oft verbunden mit Verletzungen. Abdid bringe ihre ganze Arbeit durcheinander. Sie könne einfach nicht mehr, sei froh, wenn Abdid mal krank sei. Überhaupt denke sie, er sollte aus der Kita ausgeschlossen werden. Andere Erzieherinnen stimmen ihr zu. Abdid sei eine derartige Belastung für die gesamte Kita, dass die gesamte Arbeit in Frage gestellt sei. Zudem beklagen sich Eltern zunehmend und werfen der Leitung der Kita vor, sie sei zu nachgiebig. Ein weiteres Problem ist, dass Abdid Süßigkeiten und Spielsachen von anderen Kindern stiehlt und nur lacht, wenn er dabei ertappt wird. Zudem scheint er unfähig zu sein, aufs WC zu gehen: Er stellt sich zum Urinieren auf den Klodeckel und verschmutzt die ganze Toilette. Kurz zusammengefasst, stellt sich in der Supervision heraus, dass Abdid seit neun Monaten die Kita besucht. Er stammt aus Afghanistan und hat fast drei Jahre praktisch auf der Straße gelebt. Der Vater lebte schon in Deutschland. Die Mutter befand sich mit Abdid allein in einer damals offenbar immer noch gefährlichen und umkämpften Region. Sie erwartet nun ein zweites Kind. Sie spricht kaum Deutsch. Auf die Erzieherinnen wirkt sie unnahbar, verschlossen: Es entsteht die Vermutung, dass sie selbst an einer schweren Depression leidet und sozial isoliert ohne Freunde und Verwandte in einer kleinen Wohnung lebt. In der Gruppe entstehen Phantasien darüber, was diese junge Frau wohl in den Monaten des Krieges erlebt haben mag. Ist sie Analphabetin, da sie bei der Anmeldung nicht fähig war, den Kindergartenvertrag selbst zu unterschreiben? Der Ehemann wirkt gewandter, ausgesprochen höflich und auf den ersten Blick bereit, Ratschläge der Erzieherinnen anzunehmen. Allerdings werden die konkreten Vorschläge (Aufsuchen einer Beratungsstelle etc.) nicht befolgt. Nachdem der familiäre Hintergrund gemeinsam beleuchtet wird, wenden wir uns den Gefühlen der Erzieherinnen zu, die durch das aggressive und destruktive Verhalten von Abdid bei ihnen ausgelöst werden. Wir fragen uns, ob Abdid seine Überlebensstrategie als Straßenkind in Afghanistan in der Kita fortsetzt: Schlagen, Beißen und Stehlen waren damals vielleicht notwendige Formen des Überlebens. Provoziert er bei den Erzieherinnen und den anderen Kindern ähnliche Gefühle, die er damals selbst erlebt hat (im Sinne des bei traumatisierten Kindern so häufigen Mechanismus der Umkehr von passiv Erlittenem in aktiv Zugefügtes)? Durch das offene Gespräch über die Mischung aus Hilflosigkeit, Wut, Verzweiflung und Insuffizienz bei den Erzieherinnen, besonders bei der Leiterin der Gruppe von Abdid, entspannt sich die Atmosphäre in der Supervisionssitzung. Die Erzieherin beginnt sogar zu weinen und gesteht, wie erschrocken sie selbst über ihre aggressiven Gefühle dem Kleinen gegenüber war, was sie in elementare Zweifel an ihrer Professionalität sowie an ihrem Beruf überhaupt führte. »Gestern war ich soweit, dass ich dachte, ich kann nur noch kündigen [...].« In der Supervision wird – wiederum im Sinne der anfangs erwähnten triangulierenden Perspektive – deutlich, dass diese Gefühle und Zweifel verständlich sind und die extremen, vermutlich traumatischen Erfahrungen des kleinen Jungen spiegeln. Vermutlich versucht er unbewusst, dem Team durch sein unerträgliches Verhalten seine schrecklichen Erfahrungen zu kommunizieren. Durch diese Vermutungen werden nicht nur die Erzieherinnen entlastet: Es entsteht auch wieder vermehrt Einfühlung in das Schicksal von Abdid sowie der Wunsch, ihm gemeinsam zu helfen. Als ersten Schritt will sich die Leiterin der Kita mit den Eltern in Verbindung setzen, um ihnen vorzuschlagen, dass sie eine Familienhelferin akzeptieren. Eine Einzel- oder Familientherapie kann erst als zweiter Schritt ins Auge gefasst werden. Da damit gerechnet werden muss, dass sich der Vater auch diesmal alles höflich anhört, aber keine Hilfe akzeptiert, wird die Kitaleiterin ihn damit konfrontieren, dass Abdid nur in der Einrichtung bleiben kann, wenn die Eltern bereit sind, professionelle Hilfe anzunehmen. Übrigens hat es sich in dieser Einrichtung als enorm entlastend erwiesen, dass inzwischen vier der schwierigsten Kinder durch Therapeutinnen in den Einrichtungen selbst behandelt werden.

Kurze Zusammenfassung

Das psychoanalytische Konzept der Triangulierung erwies sich in der Frankfurter Präventionsstudie in verschiedener Hinsicht als hilfreich:

a) Als eine Perspektive bei der Analyse der Genese von frühen Affekt- und Regulationsstörungen, wie sie in den Lebensgeschichten der sogenannten ADHS-Kinder beobachtet werden können.

b) Als eine Metapher zur Beschreibung von kreativen Entwicklungsprozessen, die durch die »triangulierende Funktion eines Dritten« erleichtert oder sogar initiiert werden können. In der Frankfurter Präventionsstudie erhofften wir eine solche kreativ triangulierende Wirkung sowohl von der Supervision als auch von der wöchentlichen Arbeit der psychologischen Mitarbeiterinnen in den Kindertagesstätten. Ein Hinweis, dass die Teams diese Chancen für sich nutzten, sehen wir darin, dass alle Teams (mit einer Ausnahme) nach den zwei Projektjahren eine Fortsetzung der Supervision wünschten und in eindrücklichen Berichten schilderten, wie hilfreich sich für sie der »Blick von außen« auf ihre alltägliche Arbeit in den Kindertagesstätten erwiesen hatte. Offenbar erlebten sie die Supervisionen als Möglichkeit, ihre Professionalität weiter auszubauen, um den wichtigen Integrationsaufgaben, die sie in unserer Gesellschaft in eindrücklicher Weise oft im Stillen erfüllen, eher gewachsen zu sein.

c) Als Metapher zur Beschreibung der Chancen, die für uns Psychoanalytiker die Kooperation mit unseren interdisziplinären Mitforschern eröffneten: Der »fremde Blick«, den z. B. neurobiologische Hirnforscher oder Gedächtnisforscher aus dem Gebiet der sogenannten »Embodied Cognitive Science« auf unsere psychoanalytischen Modelle von Entwicklung und Gedächtnis werfen, erweist sich zwar oft zuerst als verunsichernd, ja sogar als beängstigend, weil lieb gewordene eigene Sichtweisen, die immer auch Sicherheit spenden, hinterfragt werden. Wird diese Phase der Verunsicherung allerdings überwunden, werden neue Perspektiven gewonnen, die innovative Entwicklungen besonders in der psychoanalytischen Konzeptforschung initiieren können. Wir haben kurz erwähnt, dass sich durch den interdisziplinären Dialog mit den Neurowissenschaften und der »Embodied Cognitive Science« unser psychoanalytisches Verständnis von »Wiederholen, Erinnern und Durcharbeiten« wesentlich verändert hat (vgl. dazu u. a. Leuzinger-Bohleber/Henningsen/Pfeifer 2008).

d) Als eine Dimension der selbstkritischen Reflexion des Verhältnisses von Forschung und Praxis. Für uns Forscher erwies sich die intensive Erfahrung mit den Kindern, ihren Familien und den Erzieherinnen und Erziehern oft als »triangulierend« im Hinblick auf unsere Konzepte, Methoden und Interpretationen der Daten. Umgekehrt vermuten wir, dass auch für die »Praktiker« in den Kindertagesstätten das Gesehenwerden und die Wertschätzung ihrer tagtäglichen Arbeit durch »Dritte« von außen so manche Reflexions- und Entwicklungsprozesse auslösen konnten.

Jedenfalls hoffen wir, dass wir durch diesen zusammenfassenden Einblick in die Frankfurter Präventionsstudie, ihre Zielsetzungen, Konzeptualisierungen und methodischen Vorgehensweisen vermitteln konnten, wie fruchtbar und herausfordernd für uns diese Art der »triangulierenden Feldforschung« war. Wir wünschen uns, dass die dabei erzielten Ergebnisse dazu beitragen können, das Verständnis für die betroffenen Kindern und ihre Familien zu erweitern und die enorme Integrationsarbeit vermehrt zu würdigen, die die Erzieherinnen und Erzieher besonders in den Einrichtungen unserer Großstädte, oft trotz schlechter Bezahlung und schwerer institutioneller Bedingungen, tagtäglich leisten.

Literatur

Abelin, E. L. (1971): The role of the father in the separation-individuation process. In: McDevitt, J./Settlage, C. (Hrsg.) (1971): Separation. Individuation. New York: International Universities Press.

Amft, H. (2006): ADHS: Hirnstoffwechselstörungen und/oder Symptom einer kranken Gesellschaft. In: Leuzinger-Bohleber, M./Brandl, Y./Hüther, G. (Hrsg.) (2006): ADHS – Frühprävention statt Medikalisierung. Theorie, Forschung, Kontroversen. Göttingen: Vandenhoeck & Ruprecht.

Amft, H./Gerspach, M./Mattner, D. (2004): Kinder mit gestörter Aufmerksamkeit. ADHS als Herausforderung für Pädagogik und Therapie. Stuttgart: Kohlhammer.

Barkley, R. (1997): ADHD and the nature of self-control. New York: Guilford Press.

Bohleber, W. (2007): Erinnerung, Trauma und kollektives Gedächtnis – Der Kampf um die Erinnerung in der Psychoanalyse. In: Psyche, Z Psychoanal 61, 293-321.

Damasio, A. R. (1994): Descartes' Irrtum. Fühlen, Denken und das menschliche Gehirn. München: Deutscher Taschenbuch Verlag, 1997.

Dennett, D. C. (1978): The intentional stance. Cambridge: MIT Press.

Döll-Hentschker, S. (2008): Die Veränderung von Träumen in psychoanalytischen Behandlungen. Affekttheorie, Affektregulierung und Traumkodierung. Frankfurt a. M.: Brandes & Apsel.

Döpfner, M. et al. (1993): Verhaltensbeurteilungsbogen für Vorschulkinder, VBV 3-6. Weinheim: Beltz Test GmbH.

Doidge, N. (2007): The brain that changes itself. Stories of personal triumph from the frontiers of brain science. New York: Viking.

Fonagy, P. (2007): Violent attachment. Vortrag auf der Tagung »In Gewalt verstrickt – psychoanalytische, pädagogische und philosophische Erkundungen«. Universität Kassel, 9./10.2.2007.

Fonagy, P./Target, M. (2003): Psychoanalyse und die Psychopathologie der Entwicklung. Stuttgart: Klett-Cotta, 2006.

Fonagy, P./Gergeley, G./Jurist, E. L./Target, M. (2002): Affektregulierung, Mentalisierung und die Entwicklung des Selbst. Stuttgart: Klett-Cotta, 2004.

Gerspach, M. (2006): Zum Verstehen von Kindern mit Aufmerksamkeitsstörungen. In: Leuzinger-Bohleber, M./Brandl, Y./Hüther, G. (Hrsg.): ADHS – Frühprävention statt Medikalisierung. Theorie, Forschung, Kontroversen. Göttingen: Vandenhoeck & Ruprecht.

Gilmore, K. (2000): A psychoanalytic perspective on attention-deficit/hyperactivity disorder. In: Journal of the American Psychoanalytic Association, 48, 1258-1293.

Green, A. (1986): The dead mother. In: Green, A.: On private madness. London: The Hogarth Press.

Grubrich-Simitis, I. (2007): Trauma oder Trieb – Trieb und Trauma: Wiederbetrachtet. In: Psyche, Z Psychoanal 61, 637-656.

Hanly, C. (2008): Logic, meaning and truth in psychoanalytic research. Vortrag auf der Joseph Sandler Research Conference 2008 »Early Development and its Disturbances«. Frankfurt a. M., 29.2.-2.3.2008.

Hüther, G. (2006): Die nutzungsabhängige Herausbildung hirnorganischer Veränderungen bei Hyperaktivität und Aufmerksamkeitsstörungen. Einfluss präventiver Maßnahmen und therapeutischer Interventionen. In: Leuzinger-Bohleber, M./Brandl, Y./Hüther, G. (Hrsg.): ADHS – Frühprävention statt Medikalisierung. Theorie, Forschung, Kontroversen. Göttingen: Vandenhoeck & Ruprecht.

Jaffe, J./Beebe, B./Feldstein, S./Crown, C. L./Jasnow, M. D. (2001): Rhythms of dialogue in infancy. Coordinated timing in development. Boston: Blackwell.

Kernberg, O. F. (2001): Object relations, affects, and drives. In: Psychoanalytic Inquiry, 21, 604-619.

Krause, R. (1998): Allgemeine Psychoanalytische Krankheitslehre. Band 2.: Modelle. Stuttgart, Berlin, Köln: Kohlhammer.

Krause, R. (2005): Drive and affect in perverse actions. In: Fonagy, P./Krause, R./Leuzinger-Bohleber, M. (Hrsg.): Identity, gender, and sexuality. London: International Psychoanalytical Association.

Läzer, K. L. (2008): Does gender matter? Ergebnisse der SchülerInnenumfrage zum naturwissenschaftlichen Unterricht. In: Faulstich-Wieland, H./Willems, K./Feltz, N./Freese, U./Läzer, K. L.: Genus – geschlechtergerechter naturwissenschaftlicher Unterricht in der Sekundarstufe I. Bad Heilbrunn: Verlag Julius Klinkhardt.

Leuzinger-Bohleber, M. (2006): Einführung. In: Leuzinger-Bohleber, M./Haubl, R./Brumlik, M. (Hrsg.): Bindung, Trauma und soziale Gewalt. Psychoanalyse, Sozial- und Neurowissenschaften im Dialog. Göttingen: Vandenhoeck & Ruprecht.

Leuzinger-Bohleber, M./Brandl, Y./Hüther, G. (Hrsg.) (2006): ADHS – Frühprävention statt Medikalisierung. Theorie, Forschung, Kontroversen. Göttingen: Vandenhoeck & Ruprecht.

Leuzinger-Bohleber, M./Bürgin, D. (2003): Pluralism and unity in psychoanalytic research. Some introductory remarks. In: Leuzinger-Bohleber, M./Dreher, A. U./Canestri, J. (Hrsg.): Pluralism and unity? Methods of research in psychoanalysis. London: International Psychoanalytical Association.

Leuzinger-Bohleber, M./Pfeifer, R. (2002): Remembering a depressive primary object: Memory in the dialogue between psychoanalysis and cognitive science. International Journal of Psychoanalysis, 83, 3-33.

Leuzinger-Bohleber, M./Pfeifer, R. (2006): Recollecting the past in the present: memory in the dialogue between psychoanalysis and cognitive science. In: Mancia, M. (Hrsg.): Psychoanalysis and neuroscience. Milan: Springer.

Leuzinger-Bohleber, M./Staufenberg, A./Fischmann, T. (2007): ADHS. Indikation für psychoanalytische Behandlungen? In: Praxis der Kinderpsychologie und Kinderpsychiatrie, 56, 356-385.

Leuzinger-Bohleber, M./Henningsen, P./Pfeifer, R. (2008): Die psychoanalytische Konzeptforschung zum Trauma und die Gedächtnisforschung der Embodied Cognitive Science. In: Leuzinger-Bohleber, M./Roth, G./Buchheim, A. (Hrsg.) (2008): Psychoanalyse, Neurobiologie, Trauma. Stuttgart: Schattauer.

Leuzinger-Bohleber, M./Fischmann, T./Goeppel, G./Läzer, L./Waldung, C. (im Druck): Störungen der frühen Affektregulation. Klinische und empirische Annäherungen an ADHS. Erscheint in: Psyche, Sommer 2008.

Leuzinger-Bohleber, M./Fischmann, T./Vogel, J. (im Druck): »Weißt Du, manchmal möchte ich nicht mehr leben...«. Frühprävention als Stärkung der Resilienz gefährdeter Kinder? Beobachtungen und Ergebnisse aus der Frankfurter Präventionsstudie. Erscheint in Haubl, R./Dammasch, F. (Hrsg.): Kinder ohne Kindheit. Göttingen: Vandenhoeck & Ruprecht.

Levin, F. M. (1997): Discussion of Mark Solms' »Why consciousness?«. In: Journal of the American Psychoanalytic Association, 45, 732-739.

Mattner, D. (2006): ADS – die Biologisierung abweichenden Verhaltens. In: Leuzinger-Bohleber, M./Brandl, Y./Hüther, G. (Hrsg.): ADHS – Frühprävention statt Medikalisierung. Theorie, Forschung, Kontroversen. Göttingen: Vandenhoeck & Ruprecht.

Moll, G. H./Mehnert, C./Wicker, M./Bock, N./Rothenberger, A./Rüther, E./Hüther, G. (2000): Age-associated changes in the densities of presynaptic monoamine transporters in different regions of the rat brain from early juvenile life to adulthood. In: Developmental Brain Research, 119, 251-257.

Panksepp, J. (1998): Affective neuroscience. The foundation of human and animal emotions. New York: Oxford University Press.

Parens, H. (1994): The development of aggression in early childhood. Northvale/London: Aronson.

Pfeifer, R./Bongard, J. (2007): How the body shapes the way we think: A new view of intelligence. Cambridge: MIT Press.

Pfeifer, R./Scheier, C. (1999): Understanding intelligence. Cambridge: MIT Press

Rothstein A. (2002). Plea for a balanced conception of AD/HD and its diagnosis and treatment. In: Psychoanalytic Inquiry, 22, 391-412.

Salomonsson, B. (2004): Some psychoanalytic viewpoints on neuropsychiatric disorders in children. In: International Journal of Psychoanalysis, 85, 117-136.

Schon, L. (2000): Triangulierung. In: Mertens, W./Waldvogel, B. (Hrsg.): Handbuch psychoanalytischer Grundbegriffe. Stuttgart: Kohlhammer.

Spezzano, C. (1993): Affect in psychoanalysis. Hillsdale, London: The Analytic Press.

Staufenberg, A. et al. (2006): Manual zur psychoanalytisch-psychotherapeutischen Behandlung psychosozialer Integrationsproblemen bei Kinder. Die Frankfurter Präventionsstudie. Unveröffentlicht.

Stern, D. N. (1985): Die Lebenserfahrung des Säuglings. Stuttgart: Klett-Cotta, 1992.

Zabarenk, L. M. (2002): AD/HD, psychoanalysis and neuroscience: A survey of recent findings and their applications. In: Psychoanalytic Inquiry, 22, 412-432.

Teil III

Pädagogisches und therapeutisches Handeln

Bernd Niedergesäß

Das Fremde und das Dritte

> Fremdheit ist ein generelles Thema der Triade. Sie ist Belastung und Chance zugleich. Die Triangulierung öffnet die Chance, Beziehungen libidinös und aggressiv zu differenzieren und dabei verschiedene Perspektiven einzunehmen. Dies setzt die Anerkennung der Fremdheit voraus. (Metzger 2000: 148)

Durch die Geburt eines behinderten Kindes werden zumeist Erwartungen enttäuscht, die viele Eltern während der Schwangerschaft gehegt haben. Die Auseinandersetzung mit dem noch ungeborenen Kind während der Schwangerschaft, aber oft auch schon in der Zeit davor, ist für alle Eltern auch eine (teils nur inszenierte, teils bewusste) Auseinandersetzung mit ihrer eigenen Kindheit, ihren Eltern, ihrem eigenen Elternsein und ihrer Partnerschaft. Die Geburt des Kindes bedeutet eine Zäsur in dieser Auseinandersetzung und stellt die bisherigen Phantasien auf den Prüfstand der weiteren Entwicklung mit dem realen Kind. Für die Eltern eines behinderten Kindes bedeutet dies oft die Erfahrung eines kränkenden Verlustes in seinen vielfältigen Aspekten, aber auch das Erleben, in ein fremdes Gegenüber zu schauen, was sie zumeist erschrecken lässt. Diese Kränkung und dieses Erschrecken zu ertragen, ist in der Regel sehr schwer. Es kann sehr oft nur ausgehalten werden, wenn nur ein (gerade noch) erträglicher Teil der Realität wahrgenommen und der andere Teil vom eigenen Erleben abgetrennt wird. Es scheint dann dem Schutz aller Beteiligten in der Familie zu dienen, dass diese sich nach der Geburt des behinderten Kindes so organisiert und stabilisiert, dass eine aufgespaltete Wahrnehmung für alle möglich wird.

Diese Form der Familienorganisation bedeutet jedoch auf der anderen Seite Starre, die Verhinderung von Entwicklung des Systems Familie und aller daran Beteiligten. Es bedeutet, dass jeder der Beteiligten sich selbst und sie sich auch einander fremd werden. Der Vater kann unter diesen Bedingungen seiner spezifischen Funktion als »Dritter« in der Familie, der nicht nur Halt für das System Familie garantieren soll, sondern auch als der »andere Beziehungspartner« neben der Mutter die Rolle als Katalysator für die Weiterentwicklung des Kindes einnehmen soll, nicht gerecht werden. Diese Funktionen des Dritten können jedoch z. T. auch Strukturen außerhalb der Familie als Rahmen für die Entwicklung des Kindes im öffentlichen Raum übernehmen (wie Frühförderung, Krippe, Krabbelstube), wenn sie bereit sind, sich mit der ihnen gegenüber tretenden Fremdheit und den eigenen Gefühlen der Befremdung auseinanderzusetzen. Sie können damit unterstützen, dass die Familienstrukturen als Rahmen für die Weiterentwicklung aller Beteiligten im privaten Raum wieder in den Fluss kommen.

Im Folgenden werde ich zuerst die möglichen Phantasien von Eltern während der Schwangerschaft und die möglichen Schicksale dieser Phantasien nach der Geburt eines behinderten Kindes darstellen. Die Ausführungen von Monika Jonas (1988) zu dem Verlusterleben von Eltern behinderter Kinder und das Konzept des »Fremden in uns« von Arno Gruen (2000, 2001) werden dabei eine zentrale Bedeutung einnehmen. Sodann werde ich die Rollen der Mutter, des Kindes und des Vaters als Drittem in der Familie sowie dessen eingeschränkte Funktion im Rahmen einer Familie mit einem behinderten Kind darlegen. Abschließend werde ich die Funktionen beschreiben, die Personen oder Systeme außerhalb der Familie als unterstützende Dritte für die Familie einnehmen können. Dies wird anhand eines Praxisbeispiels aus einer integrativen Krabbelstube erläutert.

Phantasien und deren mögliche Schicksale

Während der Schwangerschaft

Den Phantasien und Erwartungen von Eltern während der Schwangerschaft (aber auch oft schon in der Zeit davor) lassen sich drei Ebenen zuordnen:

- die Ebene des Kindes,
- die Ebene der Elternschaft und
- die Ebene der Partnerschaft (vgl. dazu Schleske 1998, 2000; Klitzing 1998, 2002).

Die Eltern können auf diesen Ebenen sowohl den Blickwinkel des Kindes (aus dem eigenen Erleben als Kind) einnehmen, als auch die Sicht des heutigen Erwachsenen. Für sie sind zudem Phantasien und Erwartungen auf allen drei Ebenen gleichzeitig möglich.

In dem Bild ihres zukünftigen Kindes können sich Phantasien der Eltern über einen Neubeginn des Lebens ausdrücken, indem ihre Wünsche in ihrem Kind Wirklichkeit werden oder die Erfüllung dort bringen sollen, wo in ihrer »eigenen Vergangenheit eine Leere geblieben ist« (Mannoni 1972: 23). Dieses erträumte Kind soll alles wiedergutmachen, was in der Geschichte der Eltern gefehlt hat, es soll fortführen, worauf sie verzichten mussten, insbesondere die ödipale Phantasie, ein Kind vom Vater zu bekommen bzw. mit der Mutter zu haben (vgl. ebd.).

Wie Huwiler (1998) in einer Befragung von 648 Müttern feststellte, freuten diese sich in der Zeit der Schwangerschaft beim Gedanken an die Zeit nach der Geburt insbesondere, das Kind zu halten und zu streicheln, es anzusehen, es in seiner Entwicklung zu fördern, mit ihm zu sprechen und für es zu sorgen (vgl. ebd.: 27). In derselben Befragung zeigte sich jedoch auch, dass diese Mütter sehr besorgt waren, dass ihr Kind eine schwere Krankheit haben könnte und sie seine Bedürfnisse nicht verstehen könnten (vgl. ebd.: 29).

Eingedenk der Erfahrungen mit ihren eigenen Eltern, entwickeln Eltern eine idealisierte Vorstellung von sich selbst als »guter Mutter« oder »gutem Vater«, die sie ihrem Kind sein wollen (vgl. Jonas 1988: 104). Zu weiteren Phantasien von zukünftigen Müttern führt Jonas aus, dass Frauen durch Kinder – die sozial zu ihrer exklusiven Domäne gehören – als Mütter ihre eigenständige Identität als Frauen zwar aufgeben, um aber durch das Kind in den Augen der Gesellschaft damit vollständig zu werden. Damit komme es Frauen als Mutter auch zu, über die Kinder in der Familie nun Macht ausüben zu können, wovon sie außerhalb der Familie noch im großen Maße ausgeschlossen sind.

Die mit der Partnerschaft nach der Geburt des Kindes einhergehenden Phantasien – geprägt von den bisherigen Erfahrungen mit dem Partner/der Partnerin sowie den Erfahrungen der Partnerschaft der Eltern – basieren zum einen auf dem Wunsch von Frauen, dann mit ihrem Partner ein gemeinsames Ziel zu haben (vgl. Huwiler 1998: 27), aber auch auf der Hoffnung, dass in der zukünftigen Beziehung zu ihrem Kind emotionale Erfahrungen möglich werden, die mit ihrem Partner als unzulänglich erlebt werden (vgl. Chodorow 1985).

Die möglichen Schicksale von vorgeburtlichen Phantasien und Erwartungen in Familien mit einem behinderten Kind

Um die Abweichungen der vorgeburtlichen Erwartungen von der Realität in Familien nach der Geburt eines behinderten Kindes richtig bewerten zu können, zu Beginn dieses Absatzes kurz einige Bemerkungen zu den diesbezüglichen Diskrepanzen im Allgemeinen anhand der Untersuchung von Huwiler (1998). Er fasst seine Ergebnisse so zusammen, dass die Erwartungen der Mütter mit der Realität der Mutter-Kind-Beziehung sowohl vier Monate als auch drei Jahre nach der Geburt im Erleben der Mütter im Wesentlichen übereinstimmten. Dagegen wurden zwar die vorgeburtlichen Erwartungen an die Unterstützung des Partners vier Monate nach der Geburt noch von der Realität als bestätigt erlebt, es gab jedoch drei Jahre nach der Geburt große negative Abweichungen, insbesondere bei der Mithilfe im Haushalt, während die Bereitschaft zum Spiel mit dem Kind als vorhanden erlebt wurde.

Ich fasse im Folgenden wesentliche Ergebnisse von Jonas (vgl. 1988: 154ff.) unter den oben genannten Gesichtspunkten zusammen. Die Mütter von behinderten Kindern:

- erleben nach der Geburt ihres behinderten Kindes einen Identitätsverlust als Mutter, da ihr »Produkt«, das Kind, das nun an ihre Identität gekoppelt ist, beschädigt geboren wurde;
- fühlen einen Kompetenzverlust durch das hohe Maß an Fremdbestimmung, das sie durch die Fachleute für ihr Kind erleben;
- erleben einen Verlust der idealen Beziehungsphantasien, eine Entwertung des idealen mütterlichen Selbstbildes und können sich als Mütter durch ein behindertes Kind nicht vervollständigt fühlen, die verbotenen inzestuösen Phantasien scheinen mit einem behinderten Kind bestraft worden zu sein;
- erleben eine Bedrohung der partnerschaftlichen Gemeinschaft.

Da diese Mütter, aber auch die Väter von behinderten Kindern aufgrund der genannten Gefühle sich nicht auf die während der Schwangerschaft ersehnte Weise vollständig erleben können, sondern sich nun als unvollständig, inkompetent, entwertet und vernichtet erleben, empfinden sie ein Beschädigtsein, das in ihnen eine unbändige, existentielle (Kohut 1975 beschreibt sie als narzisstische) Wut auslöst, die sie jedoch als »gute Eltern« an der Ursache (oder besser dem Anlass) dieser Gefühle, ihrem Kind, nicht ausleben dürfen. Gerspach (2000: 13) schreibt dazu:

> Nicht nur die Wut des Kindes, sondern auch die Wut der Eltern, vor allem der Mutter, unterliegt einem Tabu. Ihre Beziehung zum Kind ist demnach nicht nur durch die Verdrängung sexueller, sondern vor allem auch aggressiver Empfindungen bestimmt. Die Behinderung des Kindes erinnert unbewusst an das eigene infantile Trauma, sich selbst als Kind (in Teilen) abgelehnt erlebt zu haben. Um also selber der Wiederbelebung der eigenen seelischen Wunden durch früh erlebte Kränkungen zu entgehen, darf die Bearbeitung der Projektionen auf die kindliche Behinderung nicht zugelassen werden. Damit wird dem Kind die Möglichkeit genommen, sich mit seinen eigenen Phantasien über die Behinderung auseinanderzusetzen.

Es ist jedoch nicht nur, was die Eltern *nicht* vorfinden, was sie in eine persönliche und familiale Krise stürzt, sondern vor allem das, was sie und andere in ihrem Kind (ungewollt) vorfinden: das Fremde.

Das Fremde in uns

Eltern behinderter Kinder berichten folgendermaßen über ihr Erleben von Behinderung und das anderer Leute. Über andere Leute:

> Ich glaube, bei oberflächlichen Begegnungen reagieren die Leute so, dass sie sich nicht bewusst machen, dass sie Angst haben und aufgrund dieser uneingeschränkten Angst reagieren sie mit Ablehnung. [...] Sie bekommen Angst, weil es etwas Fremdes ist. [...] Die Behinderung ist für viele eine diffuse Sache.

Über sich selbst:

> Es ist die Andersartigkeit. Es ist wie ein Schock. Man wird gestört, weil ein Bild, das man idealtypisch vom Menschen hat, ins Schwanken gerät. [...] Es ist das Unkontrollierbare bei diesen Kindern, was ich nicht ertragen kann. [...] Dieser Speichelfluss, Sie glauben gar nicht, was das für mich für eine Überwindung war. Viele, die sich mit denen beschäftigen, stört das gar nicht mehr. Aber mich schon. (Schröder-Veil 1984: 90f.)

> Eine Mutter wartet mit ihrem geistig behinderten Kind im Sportwagen an der Bushaltestelle. Als der Bus kommt, hilft ein freundlicher Helfer der jungen Mutter, den Wagen in den Bus zu heben. Drinnen erst erkennt der Helfer, dass er ein behindertes Kind getragen hat, und mit den Worten, »So ein Kind fährt nicht mit in einem öffentlichen Bus!« trägt er den Wagen eigenhändig wieder hinaus. Die Mutter hinter-

> her, die Bustüren schließen sich, der freundliche Helfer fährt mit dem Bus davon. (Niedecken 1998: 54)

Solche Beispiele sind wohl eher die Ausnahme. In der Regel erfahren Mütter diese Ablehnung weniger offen aggressiv, aber kaum weniger kränkend.

> Die Reaktionen der Umwelt auf die Behinderung erleben die Frauen oft als für sich selbst vernichtend. Mitleid und gaffende Blicke, wenn die Kinder älter sind und immer noch im Wagen gefahren werden müssen. Nachfragen nach eventuellem Medikamenten- oder Alkoholmissbrauch während der Schwangerschaft werden von den Frauen als kränkend erlebt und lassen sie ein Gefühl dafür bekommen, dass ihr Kind und sie selbst nicht in Ordnung sind, nicht stimmen. Vermeintlich gut gemeinte Ratschläge, ihr Kind in ein Heim zu geben oder es möge doch sterben, lassen die Frauen verstummen, machen ihnen klar, dass ihr Kind, so wie es ist, sozial unerwünscht, nicht gewollt ist. (Jonas 1988: 158)

Jonas (1988: 154) erwähnt, dass manche »Frauen in der Beratung [...] von Vertauschungsfantasien [sprechen], dass dieses Kind nicht das ihre ist, sondern ein *fremdes«* (Herv. vom Verf.). Der Kontext, in dem Petra Dreyer wenige Tage nach der Geburt, noch getrennt von ihrem weiterhin im Krankenhaus bleibenden Kind, diese Gefühle erlebt, ist folgender:

> Wieder zu Hause, wieder weit weg von Jens, mache ich einfach schlapp. Dass ich Jens gesehen, ihn gestreichelt habe, macht alles im Augenblick nur noch schlimmer. Ich versinke in Grübelei: Will ich dieses Kind? Ist es wirklich *mein* Kind? Was wird in den kommenden Tagen aus ihm werden? Werde ich wirklich mit ihm leben können? Wie wird unser Familienleben aussehen, werden wir es schaffen? Warum musste alles so schiefgehen? Welche Schuld trifft mich? Was habe ich falsch gemacht? Die Gedanken drehen sich im Kreis, ich schließe die Augen und wünsche mir wieder den Tod von Jens. (1988: 15; Herv. im Orig.)

Behinderte Kinder können also bei Unbeteiligten und Eltern Gefühle von Fremdheit auslösen, befremdende Gefühle von Nicht-dazu-gehören, von Abwertung und Verachtung. Ihre Anwesenheit kann als unerträglich erlebt werden. Diese Fremdheitsgefühle von Müttern, und vermutlich genauso von Vätern, deuten darauf hin, dass auch ihnen solche Gefühle nahe liegen. Wenn wir in einem anderen einen Fremden sehen und ihn deshalb verachten und abwerten, erkennen wir – so Gruen (2000, 2001) – in ihm in Wirklichkeit nur von unserem Erleben abgespaltene und darum fremde, unreine Anteile von uns selbst. Sie mussten uns fremd werden, da wir sonst die Liebe unserer Eltern nicht hätten erhalten können. Diese konnten bestimmte Gefühle, insbesondere die Lebendigkeit der Kinder, nicht aushalten. Dadurch erlebten sich die Eltern als ohnmächtig und hilflos, da sie an eigene, sehr frühe, schmerzliche Erfahrungen von Ohnmacht und unerträglicher Hilflosigkeit erinnert zu werden drohten. Kinder haben ein feines Gespür dafür und es bedarf nicht immer massiver Mittel der Eltern, dass Kinder dann diese »eigenen Gefühle und Wahrnehmungen verwerfen« (Gruen 2000: 55).

> Kinder fühlen sich körperlich und moralisch hilflos, ihre Persönlichkeit ist zu wenig konsolidiert, um auch nur in Gedanken protestieren zu können, die überwältigende Kraft und Autorität des Erwachsenen macht sie stumm, ja beraubt sie oft der Sinne. Doch dieselbe Angst, wenn sie einen Höhepunkt erreicht, zwingt sie automatisch, sich dem Willen des Angreifers unterzuordnen, jede seiner Wunschregungen zu erraten und zu befolgen, sich selber ganz zu vergessen, sich mit dem Angreifer vollauf zu identifizieren. (Ferenczi 1984, zit. nach Gruen 2000: 55)

Gruen schreibt weiter, dass Kinder sodann anfangen, ihren Schmerz um den Verlust ihrer Lebendigkeit als Schwäche zu empfinden, weil die Eltern diese Gefühle verbieten. Würden sie diese Gefühle bei ihrem Kind wahrnehmen, müssten sie sich schuldig fühlen, und dies gilt es mit Gewalt zu verhindern (vgl. Gruen 2000). Doch der Schmerz und die daraus resultierende Wut existieren weiter in den Kindern, nur richten sie sich jetzt gegen das Eigene, das nun als fremd erlebt wird (vgl. auch Bohleber 1992: 698ff.).

> Die Eigene aber wird weiterhin als fremd außerhalb des eigenen Selbstbildes verfolgt. Wenn das passiert, verliert ein Mensch seinen Zugang zu seinem Schmerz und seiner Angst. Angst muss grundsätzlich unterdrückt bleiben. Das ist der Grund, warum Menschen, die ursprünglich Opfer waren, andere in Angst und Leiden versetzen müssen. Nur so können sie der Angst und dem Schmerz, die ihnen genommen wurden, wieder habhaft werden und sie vernichten. (Gruen 2000: 47)

Doch trotz dieser massiven Einschränkungen bleibt auch ein Rest der Fähigkeit, sich berühren zu lassen, der Sehnsucht nach dieser weitgehend verlorenen Lebendigkeit und der Kraft, den Schmerz auszuhalten, der mit dem Wiedererleben der frühen Ohnmachtserlebnisse verbunden ist. Es ist diese Lebendigkeit, die wir in anderen suchen, insbesondere Eltern in ihren Kindern, die uns fremd geworden ist und es ist die selbst erlittene Ohnmacht, die wir gleichzeitig in ihnen bekämpfen.

Doch Eltern behinderter Kinder können diese ersehnte Lebendigkeit in ihren Kindern anfangs nur schwer oder gar nicht entdecken. Petra Dreyer hat dies bei ihrem ersten Besuch von Jens in der Intensivstation so erlebt:

> Flach atmend, die Augen geschlossen, Arme und Beine reglos neben dem winzigen, zerbrechlichen Körper, so liegt Jens da. Ein ausgesprochen hübsches Kind, doch erinnert es an eine Puppe, nicht an einen kleinen, lebendigen Menschen. Das ist sie, diese Distanz, die ich noch oft erleben werde im Zusammensein mit ihm. Jens ist ein Schmuckstück, knuddelig, aber *tot*. (Dreyer 1988: 14; Herv. im Orig.)

Darüber hinaus scheinen diese Kinder auch behindert in ihrer Anpassungsfähigkeit (Gruen 2000: 35ff. nennt es Gehorsam) zu sein, in ihrem Gespür, ihren Eltern deren sehr frühe, schmerzliche Erfahrungen von Ohnmacht und unerträglicher Hilflosigkeit zu ersparen und ihre eigenen Gefühle und Wahrnehmungen zu verwerfen. Dies macht sie für ihre Eltern oftmals so schwer erträglich. Die damit verbundenen Gefühle müssen in Familien von behinderten Kindern ausgehalten werden. Dies bedeutet Stillstand und Starre und nicht Entwicklung. Denn Entwicklung wäre bedrohlich, weil diese die Gefahr birgt, dass die Eltern in unvorhersehbaren Kontakt mit ihren eigenen abgespaltenen Anteilen kommen könnten. Doch neben der Angst vor diesem Kontakt gibt es auch die Sehnsucht, den Hunger nach Lebendigkeit, die den Eltern behinderter Kinder die Kraft und die Zuversicht geben kann, sich auf das Wagnis einer Entwicklung der familialen Verhältnisse und ihres Kindes dennoch einzulassen.

Die Familie als Rahmen für ambivalente Gefühle

Das Aushalten der sehr gegensätzlichen ambivalenten Impulse und Wünsche von Müttern und Vätern behinderter Kinder innerhalb der Familie, aber auch zwischen Familie und Gesellschaft muss innerfamiliär organisiert werden. Jonas (1988: 116) schreibt dazu:

> Ambivalenz erfordert integrierende Ich-Kräfte, um die Spannungen auszuhalten und die verschiedenen Empfindungen zu tolerieren. Sie wird dort problematisch, wo sie nicht mehr ertragen wird und deshalb aufgespalten werden muss. Es wird dann versucht, nur eine Seite der Ambivalenz zu leben und die andere aus dem Bewusstsein auszustoßen, sie gegebenenfalls zu verdrängen und in die Umwelt zu projizieren.

Was dies für den Erfahrungsraum eines behinderten Kindes, in Abgrenzung zu

Familien, die solche starken, widersprüchlichen Gefühle nicht (bzw. nicht in diesem Maße) integrieren bzw. aushalten müssen, bedeutet und wie sich dies auf die Entwicklung eines Kindes auswirkt, soll im Folgenden beschrieben werden. Ich werde mit der allgemeinen Beschreibung von möglichen Erfahrungsräumen für Kinder beginnen.

Dyadische und triadische Strukturen von Erfahrungsräumen für Kinder

Die Entwicklung eines Kindes hängt davon ab, welche Erfahrungen es machen kann und wie es diese verarbeitet. Sein Erfahrungsraum nach der Geburt sind in der Regel die Beziehungen in seiner Familie, also primär zu Mutter und Vater. Wie diese ihre Beziehungen zu ihrem Kind gestalten, hängt zum einen von ihren Bildern von ihm ab, wie sie es in der Gegenwart sehen und zum anderen von ihren Vorstellungen, wie es werden könnte, und zum dritten davon, welchen Raum sie dabei den Vorstellungen des jeweils anderen Elternteils geben. Denn es macht einen wesentlichen Unterschied, wie sich ein Kind im »Spiegel« des Verhaltens von Erwachsenen erkennt und ob es dabei einen oder zwei Spiegel vorfindet. Macht es seine Erfahrungen mit der Welt in der Regel nur mit einem Gegenüber (im Dialog), also in einer Zweierbeziehung (Dyade), erfährt es nicht, dass es auch anders gesehen werden könnte und damit, dass es auch anders sein könnte. Im Spiegel beider Eltern erfährt es unterschiedliche Bilder von sich und damit die Anregung, sich mit der Differenz auseinanderzusetzen. Dies kann die Grundlage für es sein, ein differenziertes Bild seiner Selbst zu entwickeln. Inwieweit sich für das Kind diese Bilder zu einem Gesamtbild integrieren lassen oder unverbunden bleiben, hängt davon ab, wieweit die Eltern ihre jeweiligen unterschiedlichen Vorstellungen in einer gemeinsamen Vorstellungswelt über ihr Kind integrieren können und so mit dem Kind in einer Dreiecksbeziehung, Triade, stehen (vgl. dazu auch Ermann 1993).

Im Anschluss an Metzger gehe ich davon aus, dass sich dyadische und triadische Konzepte von kindlichen Erfahrungsräumen nicht ausschließen, sondern sinnvoll ergänzen, da es in einer triadischen Vorstellungswelt der Eltern Phasen vorwiegend dyadischer Erfahrungen und Phasen vorwiegend triadischer Erfahrungen gibt (vgl. Metzger 2000: 66f.). Dabei ermöglicht die *dyadische Erfahrung* Übereinstimmung, die Bestätigung bereits vorhandener Bilder, Ruhe, die Stillstand von Entwicklung bedeute, aber auch der (inneren)

Verarbeitung von triadischen Erfahrungen dienen kann. Die Impulse zur Entwicklung müssen in dyadischen Prozessen aus dem *Inneren* von einem der beiden Gegenüber kommen. *Triadische Erfahrungen* dagegen beruhen auf Entwicklungsimpulsen von *außen* und bedeuten Auseinandersetzung mit der Differenz zweier Spiegelbilder. Sie ermöglichen Entwicklung, Differenzierung und Veränderung des Bestehenden, fordern diese jedoch auch ein. Triadische Erfahrungen ermöglichen einem Kind darüber hinaus, am Modell der Eltern zu lernen, sich aus der Perspektive von zwei anderen zu sehen, sowie auch die beiden anderen aus wechselnden Perspektiven zu betrachten (vgl. Rotmann 1978; Buchholz 1990). Diese Erfahrungen schlagen sich in Einigungsprozessen (vgl. dazu Lorenzer 1977; Milani-Comparetti 1986; Stern 1992) zwischen zwei oder drei Interaktionspartnern, in inneren Strukturen nieder, die »als ›Modelle‹ des Denkens und als ›Handlungsmuster‹ zugleich fungieren (und im Laufe der weiteren Entwicklung) mit Sprachzeichen verknüpft (werden)« (Lorenzer 1977: 39). Den Prozess der Verinnerlichung (äußerer) triadischer Strukturen nennt man Triangulierung.

Erste Entwicklungsprozesse des Kindes (allgemein)

Die Beziehungsprozesse zwischen Mutter, Vater und Kind und damit dessen Entwicklung verlaufen abhängig von der Gestaltung des Erfahrungsraumes durch die Eltern. In dieser Gestaltung kommt zum Ausdruck, inwieweit die Eltern als Paar Unterschiede in ihren Vorstellungen über ihr Kind integrieren können und sich so in ihren unterschiedlichen Vorstellungen, Rollen und Fähigkeiten eher ergänzen, ob diese eher konflikthaft nebeneinander stehen oder sich ausschließen (vgl. dazu auch Figdor 1991). Der Beziehungsprozess beginnt nicht erst mit der Geburt des Kindes, sondern »bereits während der Schwangerschaft und (hat) wahrscheinlich schon viel früher Vorstufen in der Vorstellungswelt der Eltern« (Klitzing 1998: 104). Zuschreibungen der Eltern ihrem imaginierten Kind gegenüber haben Bedeutung für die Entwicklung des realen Kindes (vgl. Schleske 1998, 2000; Klitzing 1998: 112f.).

Doch die Eltern »erleiden einen Verlust durch die Geburt des Kindes, das wirkliche Kind stimmt nie mit dem vorgestellten überein. Das reale Kind ist so anders. Diese Verlusterfahrung, die Ent-Täuschung oder einfach das Erleben der Differenz zwischen Vorgestelltem und Eingetretenem erlaubt es in der Regel, diesem Kind eine Autonomie in seiner Entwicklung zuzugestehen. Es ist auf eine *erträgliche* Weise anders. Es ist verschieden von den elterlichen Projektionen, natürlich nicht ganz, aber ihm wird eine Existenz zugestanden« (Buhmann 2000: 101; Herv. d. Verf.). Im Vorgriff auf den nächsten Abschnitt lässt sich schon an dieser Stelle fragen, was es für Eltern bedeutet, wenn ihr Kind auf *unerträgliche* Weise anders ist?

Vor dem Hintergrund der in unserer Gesellschaft üblichen Rollenverteilung ist der Vater in der Regel derjenige, der – wenigstens für einige Zeit nach der Geburt – für die Rahmenbedingungen für die Beziehung von Mutter und Kind Sorge trägt, während die Mutter die Hauptbeziehungspartnerin des Kindes ist (vgl. Rotmann 1985; zu den Funktionen der Mutter vgl. auch Stern 1998). Ein Kind ist von Anfang an in der Lage, die Unterschiedlichkeit von anderen Menschen zu erkennen und unterschiedliche Beziehungen zu ihnen einzugehen (vgl. Dornes 1993a, 1993b). Die Beziehung zum Vater ist eine wichtige Beziehung für das Kind, unabhängig von der unterschiedlich langen Zeit, die Mutter und Vater in der Regel mit dem Kind verbringen. Sie ermöglicht Mutter und Kind einen Raum für phasenweise Regressionen sowie einen Spielraum für ihre Beziehungsgestaltung, z. B. um das für diese spezifische Beziehung richtige Verhältnis von Nähe und Distanz zu erproben, um gegenseitig auch negative Gefühle zuzulassen, da eine zweite Beziehung ein Ausweichen gestattet. Dies ermöglicht dem Kind auch, sich aus der anfangs zumeist engen (auch zeitweise von symbiotischen Gefühlen geprägten) Beziehung zur Mutter zu lösen (vgl. Buchholz 1990; Klitzing 1998). Man nennt die Verinnerlichung dieser frühen Loslösungserfahrungen die präödipale Triangulierung (vgl. dazu Abelin 1971).

Von Geburt an sind Vater und Mutter unterschiedliche Beziehungs- und Spielpartner für ihr Kind. Während Mütter sich in der Regel im großen Maße den Beziehungs- und Spielwünschen ihres Kindes anpassen, fordern die Väter in ihrem Verhalten auch Anpassungsleistungen des Kindes an ihre Wünsche (vgl. Metzger 2000: 64f.; Herzog 1998; Abelin 1975). Weiterhin sind Vater und Mutter gegenseitige Projektionsflächen für ihre Vorstellungen und Gefühle ihrem Kind gegenüber. Diese Projektionen können angesichts ihrer Erfahrungen mit ihrem realen Kind im Rahmen des familialen Diskurses abgearbeitet werden.

In der ödipalen Phase, d. h. wenn das Kind beginnt, sexuelle Wünsche auf den gegengeschlechtlichen Elternteil zu richten, haben beide Eltern als Paar gemeinsam die Funktion, das Kind aus ihrem Raum der intimen Paarbeziehung als Dritten auszuschließen (Abelin 1975). Damit wird für das Kind die

Bedeutung seiner Sexualität und der Grenzen des Auslebens in der Familie zum Thema. Die Art der Erfahrung des Ausschlusses eines Dritten in der Zeit zuvor (wenn das Kind also getrennt mit der Mutter oder dem Vater zusammen war) ist eine wichtige Grundlage für diese Bearbeitung (vgl. dazu auch Buhmann 1997: 100f.).

Aufbauend auf diesen Erfahrungen und mit dem familienspezifischen Wertesystem (der Kultur in der Familie) macht später dann der Jugendliche in der Adoleszenz Erfahrungen mit der Kultur, dem Wertesystem der Gesellschaft. Erdheim (1988, 1992) beschreibt, dass im Dreieck Individuum, Familie und Kultur, diese gegenüber der Familie ein »drittes Objekt« repräsentiert, das die Loslösung von der Familie, aber später auch eine eigenständige, erwachsene Position gegenüber dem gesellschaftlichen Wertesystem ermöglicht. Dieser Ablösungsprozess aus der Familie wird wiederum von der präödipalen Erfahrung der Loslösung und der ödipalen Verarbeitung des Ausschlusses mitgeprägt. Bei diesem – oben idealtypisch – dargestellten Prozess von kindlicher Abhängigkeit zur Autonomie des Erwachsenen hat der Vater als Teil einer triadischen Familie und später die Kultur in unterschiedlichen Funktionen eine große Bedeutung. Andere Strukturen, welche das Wechselspiel von dyadischem (Erleben in entweder-oder-Strukturen) und triadischem Erleben (Erleben in sowohl-als-auch-Strukturen) ermöglichen oder begünstigen, sind Übergangsobjekte oder -räume (vgl. Winnicott 1984; Ermann 1993).

Beziehungsprozesse in Familien mit einem behinderten Kind

Der oben skizzierte Entwicklungsverlauf kann mannigfaltige Veränderungen bzw. Beeinträchtigungen erfahren, wenn das Zusammenspiel von Erstem, Zweitem und Drittem in der Familie besonderen Bedingungen unterliegt, wie z. B. durch die Geburt eines behinderten Kindes. In den meisten Familien widerspricht dieses reale Kind den Erwartungen, die Mutter und Vater von ihrem zukünftigen Kind während der Schwangerschaft hatten. Die Folge davon sind Enttäuschung, Kränkung, Bestrafungsphantasien (wegen des phantasierten Inzests) und Fremdheitsgefühle (die Verarbeitung von ungefühlter Wut und Hass) der Eltern gegenüber ihrem Kind. Dies hat in der Regel – gegenüber anderen Familien – vermehrte Spaltungsprozesse im Erleben von Vater und Mutter zur Folge und damit Auswirkungen auf das triadische Gefüge der Familie. Diese Spaltungsprozesse sind in der Regel solange bedeutsam, bis diese schwierigen

Gefühle von Vater und Mutter gefühlt und auch in ihrer Bedeutung für ihre Beziehung thematisiert werden können. Solange kann eine Organisation der Familie sinnvoll sein, die die Versorgungsfunktion der Familie trotz des Spaltungserlebens der Beteiligten ermöglicht und sie stabilisiert. Ich werde sie im Weiteren »Spaltungsfamilie« nennen und nun deren Dynamik beschreiben.

Diese Dynamik bedeutet in der Regel für eine gewisse Zeit einen Prozess der Aufspaltung und Verlagerung aller »bösen« Anteile innerhalb des familialen Rahmens von der Mutter weg zu den beiden anderen Protagonisten des familialen Dramas/Dreiecks hin, dem Kind und dem Vater. Dies ist in diesem Rahmen notwendig, damit die Mutter erst einmal in ihrem Erleben, rein von belastenden, verstörenden Gefühlen, ihrem Kind nahe sein, es halten und ihm so eine Chance zum Leben und Wachstum geben kann. Die gemeinsame Wut der Eltern ist aufgrund dieser Aufspaltung im familialen Erleben nun am ehesten noch beim Vater spürbar, richtet sich gegen Außenstehende (vgl. Jonas 1988: 179) und in subtiler Form auch gegen das Kind. Gegenüber den bei vielen Familien feststellbaren Rückzugstendenzen/Ausgrenzungen von Vätern aus bestimmten Bereichen der Familie einige Monate nach der Geburt eines Kindes, tritt diese Rückzugstendenz von Vätern in Familien mit einem behinderten Kind (auch durch Krankheit) verstärkt auf (siehe oben die Beschreibung von Huwiler 1998). Vater und Mutter erleben dies ambivalent. In der Konsequenz erleichtert es ein solcher Rückzug dem Vater, weniger in Wut zu geraten und der restlichen Familie, sich nicht dieser möglichen Wut auszusetzen. Es bedeutet jedoch eine starke Beeinträchtigung für den Entwicklungsprozess der gesamten Familie, da der Vater damit seiner Funktion als Drittem weitgehend nicht gerecht werden kann.

In seiner Funktion, die Rahmenbedingungen für die Familie zu garantieren, bleibt der Vater in der Spaltungsfamilie zwar wichtiger Teil des triadischen Rahmens für sein behindertes Kind, er wird aber in dieser Funktion – wie oben beschrieben – oft als ungenügend erlebt, in seinem Tun abgewertet. Seine (mögliche) Funktion als ein »anderer Beziehungspartner« für sein Kind ist in diesem Rahmen dysfunktional. Sie könnte nämlich bedeuten, dass er zur Mutter alternative Beziehungs- und Erlebensformen mit dem Kind leben würde und damit die Beziehungsstrukturen zwischen Mutter und Kind zwar ergänzen, sie aber auch tendenziell in ihrer Ausschließlichkeit in Frage stellen würde. Da diese Funktion immer auf ein Sowohl-als-auch-erleben-können abzielt, ist sie für die Aufrechterhaltung des Spaltungserlebens (entweder – oder) kontraproduktiv und gefährlich. Deshalb ist für die Stabilität einer Spaltungsfamilie eine Situation, welche die Abwesenheit des Vaters als aktiven Beziehungspartner für das Kind zur Folge hat, wünschenswert, z. B. durch Rückzug (z. B. infolge ausgedehnter Tätigkeit zur Aufrechterhaltung der Rahmenbedingungen der Familie) oder Ausgrenzung (z. B. Abwertung der väterlichen Kompetenz).

Auch als Projektionsfläche für negative Aspekte im Familiensystem ist der Vater bei der Aufrechterhaltung der Spaltungsfamilie sehr wichtig, was die Tendenz zu Rückzug oder Ausgrenzung verstärkt. Bei einer Familienorganisation, in welcher der Rückzug oder die Ausgrenzung des Vaters integraler Bestandteil ist (also eine stabile Zwei-plus-Eins-Situation), ist das System ambivalenten Erlebens von allen am sichersten gewährleistet. Der Vater muss in der Logik dieses Systems ein Fremder werden, um dem Kind wenigstens z. T. diese Rolle (oder sogar den Tod) zu ersparen (vgl. Burckhardt-Mußmann 2000). Besteht die Spaltung des Erlebens der Eltern auch während der ödipalen Phase ihres behinderten Kindes fort, bedeutet das Fehlen bzw. die Nichtanwesenheit des Partners als Teil des Paares für das Kind, dass es in der Regel keinen Ausschluss bei seinen sexuellen Wünschen erfährt und deshalb diese Wünsche und deren Grenzen in der Familie nicht erleben und bearbeiten kann. Stattdessen wird in vielen Familien mit behinderten Kindern deren Geschlechtlichkeit geleugnet, was eine Thematisierung von kindlichen sexuellen Strebungen von Seiten der Eltern überflüssig zu machen scheint. Infolge der Verleugnung des Sexuellen machen diese Kinder deshalb in der Regel nicht die Erfahrung, dass der vorübergehende Ausschluss aus der Triade jeden Beteiligten treffen kann, jederzeit als reversibel und positiv als Zeit für sich (als – so Winnicott – in Anwesenheit der Mutter Für-sich-sein-können) empfunden werden kann. Stattdessen wird von diesen Kindern der Ausschluss aus der Dreierkonstellation als bedrohlich und mit Abwertungen verbunden erlebt.

Vor dem Hintergrund der beschriebenen Entfremdung besteht ein Klima zwiespältiger Gefühle bei allen Familienmitgliedern hinsichtlich der Entwicklung des Kindes und bei diesem selbst Gefühle des Sich-nicht-entwickeln-dürfens und Sich-doch-entwickeln-sollens. Die Projektionen der Eltern lassen ihm kaum »Spielräume« in seiner Entwicklung (vgl. Stern 1992). Die Erfahrungen dieser Kinder, in Anwesenheit der Mutter für sich sein zu dürfen, die Welt in einem »intermediären Raum« im Sinne Winnicotts (1984: 36ff.) zu erkunden, sind sehr begrenzt. Auch Niedecken resümiert in ihrem Buch »Namenlos«: Dieser Spielraum kann bei behinderten Kindern »fehlen, er kann zerstört, besetzt, unterminiert sein« (Niedecken 1998: 69). Und Schröder-Veil (1984: 87) führt dazu aus: »Zwangsläufig kontrollierte die Mutter ihr (behindertes) Kind viel schärfer als seine Geschwister, gab ihm weniger Spielraum. Sie empfindet das selbst als übermäßig, doch sie hat Angst.«

Unterstützung bei der Triangulierung durch ergänzende Dritte

Oft benötigen Familien mit einem behinderten Kind Unterstützung von außen, um ihr Spaltungserleben zu überwinden. Frühförderung und Krabbelstube/Krippe können diese triangulierende Funktion, die Rolle eines unbelasteten (unkontaminierten) Dritten einnehmen. Dies kann in Form einer Unterstützung innerhalb der Familie durch eine Frühförderung geschehen oder durch eine Entlastung außerhalb der Familie durch eine Krabbelstube/Krippe.

Aufgrund ihrer persönlichen und professionellen Distanz sind bei den PädagogInnen eher weniger festgelegte Phantasien über die Entwicklung des Kindes möglich, was diesem einen subjektiven Spielraum für seine Entwicklung geben kann. Das Kind kann zudem (vielleicht zum ersten Mal oder nun verstärkt) die Erfahrung machen, in Anwesenheit der Gruppe allein zu sein, in einem intermediären Raum neue Erfahrungen auszuprobieren (vgl. Niedergesäß 1989, 1990, 2000) und damit seine eigenen Impulse (sein wahres Selbst) zu spüren.

In der Institution, im öffentlichen Raum, gibt es im Gegensatz zu den sehr individuellen Beziehungsformen und -regeln zwischen Mutter und Kind, Regeln und Rituale, die für alle gelten, das Dritte (das Gesetz) (vgl. Lacan 1975). Die Auseinandersetzung mit den ambivalenten Gefühlen der Eltern bestimmt anfangs die pädagogische Aufgabe mit dem behinderten Kind in der Krabbelstube (vgl. Mannoni 1972). Nur wenn es den Eltern gelingt, sich mit ihrer eigenen Beschädigung auseinanderzusetzen, für die das Kind kein Ausgleich sein konnte, sondern die das Kind für seine Eltern gerade symbolisiert, können sich für das Kind in der Familie Spielräume eröffnen. Die im Wesentlichen inszenierte und nur in geringerem Maße bewusste Auseinandersetzung der Eltern berührt den Alltag der Einrichtung tagtäglich. Sie in Grenzen zuzulassen, auszuhalten, durch Benennen (dies bedeutet nicht lebensgeschichtliche Verortung oder Durcharbeiten) zu begleiten, gehört zum schwierigsten Teil der Aufgabe als Dritte. Das Ordnen dieser Prozesse im Rahmen von Trauerverarbeitungsmodellen kann dabei hilfreich sein (Jonas 1988: 136ff.). Die Triangulierungsprozesse zwischen Team und Kind können Modell für Entwicklungsprozesse innerhalb der Familie sein.

Die Bedeutung einer Krabbelstube für die Entwicklung von behinderten Kindern und ihren Familien liegt demnach in folgenden Punkten:

- in ihrer Funktion als unkontaminiertes Drittes im festgefahrenen Triangulierungsprozess, unmittelbar für Mutter und behindertes Kind, indirekt für das in der Ambivalenz erstarrte Familiensystem;
- in ihrer Funktion als Dritte können die PädagogInnen aufgrund ihrer professionellen Distanz anders als die Familie unbefangener Entwicklungsspielräume für das Kind denken und spüren, die diesem einen erweiterten Entwicklungsspielraum, einen intermediären Raum, eröffnet, in dem es seinen eigenen Impulsen nachspüren kann;
- durch Entlastung der Mutter, der Familie eröffnet sich die Chance einer Entwicklung/Weiterentwicklung des Trauerprozesses in der Familie;
- Begleitung der Eltern auf diesem schmerzhaften Prozess der Trauerarbeit und der Auseinandersetzung mit ihrer eigenen Beschädigung.

Kibrom – ein Fallbeispiel

Die Bedeutung einer Krabbelstube als ergänzender Dritter soll im Folgenden auf der Grundlage von Protokollen aus einer wissenschaftlichen Begleitung über die Entwicklung eines behinderten Kindes in einer integrativen Gruppe für Kinder von einem bis vier Jahren gezeigt werden. In der Gruppe arbeiteten die Erzieherinnen Edelgard und Marita sowie der Zivildienstleistende Peter.

Kibrom, ein zweijähriges Kind mit Down-Syndrom aus einer Emigrantenfamilie aus Eritrea[1], war von August 1989 bis Juli 1991 in der Krabbelstube. Er ist – so anfangs die Schilderung der Mutter – entwicklungsverzögert, robbt, beginnt zu krabbeln, kann noch nicht selbstständig essen, hat ein Loch in der Herzwand und muss deshalb demnächst operiert werden. Die anderen Mitglieder der Familie, so die Mutter, lieben ihn. Der Vater

[1] Alle im Folgenden genannten Namen und Daten aus den zitierten Protokollen der Erzieherin Edelgard sind anonymisiert. Bei der Wiedergabe der Zitate wurde versucht, ihre Beobachtungen von ihren Interpretationen (kursiv) zu unterscheiden.

> sei ganz verrückt nach Kibrom. Wenn er von der Arbeit kommt, geht er sofort zu ihm und spielt und schmust mit ihm. Er frage sie jetzt jeden Tag, wie es Kibrom in der Krabbelstube ergangen ist. Auch über die Beziehung der Brüder, sagt Frau O., es wäre eine ganz besondere Liebe. Der ältere Sohn würde immer auf den jüngeren Bruder warten. (Protokoll vom 15.10.89)

Ähnliche Gefühle lösen Kibrom und seine Mutter in den ersten Tagen der Eingewöhnung aus.

Im Vorspann zu ihren Protokollen von August 1989 bis September 1990 schreibt Edelgard:

> Am 19.08. schrieb ich ins Tagesprotokoll: Kibrom und seine Mutter, Frau O., sind »vollkommen« unkompliziert. Sie lässt ihm Freiräume, beobachtet und spielt auch mit ihm. Kibrom ist offen im Umgang mit den Kindern. Ich habe den Eindruck, die beiden fühlen sich schon ganz wohl hier.

Diese idealisierende Sicht von Mutter und Kind wird von beiden Pädagoginnen im Verlaufe der Eingewöhnung von Kibrom aufgrund folgender Erfahrungen differenziert: Beim Frühstück werden

> Obstteller und Gläser, die auf dem Tisch stehen, von Frau O. sofort außer Reichweite gestellt. Sie gibt ihm alles häppchenweise in den Mund. *Uns fällt vor allem auf, dass sie ihm während des Frühstücks ständig Obst oder Brot in den Mund stopft, ob er will oder nicht. Frau O. macht sich Sorgen, weil Kibrom »so schlecht isst und nicht selbst greift«. [...] Auf uns macht Kibrom einen wohlgenährten Eindruck. [...] Sie lässt ihm bei den Essenssituationen keine Möglichkeit selbst zu greifen. In den Spielsituationen beobachten wir, dass er durchaus in der Lage ist zu greifen.* Hat er von der Stopferei genug, kann er das auch zeigen, aber Frau O. reagiert, indem sie ihm weiterhin Essen in den Mund steckt. Seine Abwehr wird von ihr nicht beachtet. Kibrom macht auch jedesmal den Mund wieder auf, kaut und lässt den Matsch dann einfach aus seinem Mund herausfallen. Frau O. entsorgt dann den Matsch und beginnt mit der Wiederholung. **Ihr Gesichtsausdruck dabei ist von Verzweiflung geprägt** (Herv. des Verf.). *An den Essensituationen wird von Anfang an deutlich, dass in der Beziehung der beiden zueinander etwas nicht stimmt. Sie erkennt seine Signale nicht oder übersieht sie einfach. Kibrom macht, was von ihm verlangt wird (Mund auf) und wehrt sich, indem er das Essen wieder ausspuckt.* Im Gegensatz zu den Essenssituationen lässt sie ihm während der Spielphasen auch Freiräume. (Protokolle von August bis September 1989)

Frau O. scheint verzweifelt, weil sie ihrem Sohn nicht eine genügend gute, nährende Mutter sein kann. Er macht nicht die Entwicklung, zeigt nicht die

Signale beim Essen, die sie von ihm erwartet, er ist »nur« satt, er bleibt behindert. Er kann in ihrer Wahrnehmung nicht (richtig) greifen, denn wenn er greift, ein Stück selbstständig is(s)t, wirft er ihr das Nährende um die Ohren. (»Meint Frau O.« – so Edelgard in ihrem Protokoll vom 15.10.89 – »wenn sie erzählt, dass er so schlecht isst, dass er schlecht ist?«) Die einerseits ersehnte Entwicklung würde eine noch entschiedenere Ablehnung ihrer Mütterlichkeit bedeuten, ihre weitere Entwertung eine hoffnungslose Situation, die sie verzweifeln lässt. Nur wenn Kibrom ein Baby bleibt – also ohne die ersehnte Entwicklung – können sie einen für beide tragfähigen Kompromiss finden: Frau O. gibt das, was sie geben kann in Hülle und Fülle, stopft Essen in ihn hinein und er nimmt alles folgsam in den Mund, kaut es auch noch und spuckt es dann aus. Verdaubar ist das maßlos Gefütterte, das maßlose Bemuttern nicht für ihn.

Die ersten Begegnungen in der Krabbelstube mit den anderen Familienmitgliedern differenzieren auch die diesbezüglichen Schilderungen der Mutter:

> In den Herbstferien kam Kibroms Bruder mit Frau O. in die Krabbelstube um Kibrom abzuholen. Ich hatte nicht den Eindruck, dass beide besonders begeistert voneinander sind. Kibrom hat kaum auf seinen Bruder reagiert und dieser stand ziemlich teilnahmslos im Flur herum. Auch Frau O.'s Begeisterung (sie betonte wiederholt, wie toll Kibrom es findet, dass sein Bruder dabei ist und wie toll dieser es findet, Kibrom in die Krabbelstube zu begleiten) konnte die beiden nicht anstecken. [...] Gestern war Kibroms Papa da. Frau O. kam wie gewohnt mit Kibrom auf dem Arm strahlend zur Tür herein. Der Papa folgte ihr und sie stellte ihn uns vor. Er blieb im Flur stehen, während Frau O. Kibrom auszog. Ich sagte zum Kibrom-Papa, dass er sich gerne die Räume anschauen kann, was er dann auch tat. Als er zurückkam, war Kibrom krabbelstubenbereit und Frau O. überreicht ihn Marita zum Winken. Der Abschied verlief wie immer, nur dass Papa dabeistand. (Protokoll vom 15.10.89)

Die Wahrnehmung der Realität von Frau O. ist offenbar verzerrt, sowohl die der Bedürfnisse von Kibrom als auch die ihrer Beziehung zu ihm sowie die der anderen Familienmitglieder. Diese Art der Verarbeitung des Verlusterlebens prägt die erste Phase der Trauerverarbeitung von Müttern behinderter Kinder (Nichtwahrnehmung und Suche), sowohl auf der kindzentrierten als auch auf der identitätszentrierten Ebene (vgl. Jonas 1988: 165ff.). Frau O. und ihre Familie haben auf den unterschiedlichen Ebenen Arrangements hergestellt, in denen die widersprüchlichen Gefühle der Enttäuschungen und Hoffnungen lebbar geworden sind.

Zu Hause ist Kibrom bei Essensituationen der Familie nicht dabei. Frau O. füttert ihn alleine. Herr O. hat zwei Jobs. Er kommt um 17 Uhr von seiner ersten Arbeit, dann wird gegessen, ohne Kibrom, dann geht er um 18 Uhr wieder. Er kommt spät nach Hause, wenn Kibrom bereits schläft. Er, der Kibrom anfangs nicht wollte, ist nun der Meinung, die Behinderung von Kibrom

> sei gottgewollt und man soll gar nicht darüber nachdenken. [...] Frau O.'s Schwiegermutter sagt, die Behinderung von Kibrom sei Frau O.'s Fehler. (Protokoll vom 15.10.89)

Folgende Arrangements ermöglichten bis dahin das Nebeneinander der ambivalenten Gefühle aller Beteiligten um den Preis des Stillstands der Entwicklung von Kibrom:

- Es gibt die warme, Kibrom zugewandte, von ihm begeisterte Seite bei Frau O. und die andere Seite, die seine Bedürfnisse beim Essen vernachlässigt, sie übersieht, vor seiner weiteren Entwicklung Angst hat. Denn dann könnte er ihr vermutlich auch aggressiv Grenzen setzen, sie hilflos machen, sie in ihrer Identität als gute Mutter noch mehr kränken.
- Der Vater ist ablehnend und distanziert gegenüber seinem Sohn. Doch er schafft durch seine zwei Jobs den finanziellen Rahmen für das Leben (mit Kibrom) in der Familie; er lebt seine Aggression außerhalb dieser.
- Die Essenssituation zeigt die Struktur von zwei Zweierbeziehungen in der Familie: von Vater und Mutter (und der anderen Kinder dann als Dreierbeziehungen) einerseits und der Zweierbeziehung von Mutter und Kibrom andererseits.
- Kibrom ist einerseits gegenüber den Wünschen der Mutter nach maßloser Fütterung gefügig, setzt ihr aber andererseits Grenzen, indem er das nicht verdaubare Essen zwar kaut, aber dann ausspuckt. In seiner absehbaren weiteren Entwicklung zeichnet sich ab, dass er der Mutter sehr vehement Grenzen setzen wird, lustvoll und aggressiv.
- Auf der Beziehungsebene (Erlebensebene) werden von den Beteiligten zwar Spaltungen vorgenommen (entweder – oder), aber auf der Ebene des Systems Familie (Handlungsebene) gibt es sowohl-als-auch-Kompromisse.

Dieses mühsam hergestellte Gleichgewicht wurde nun durch die von Frau O. entgegen der Empfehlung ihres Kinderarztes initiierte Entwicklung Kibroms in der Krabbelstube in Frage gestellt. Nach Beendigung der Eingewöhnungsphase beginnt für Kibrom eine Phase intensiven Lernens in der Krabbelstube, anknüpfend an seine Essgewohnheiten. Grenzen zu akzeptieren lernen ist nun das große Thema an vielen Punkten.

> Nach ca. zwei Wochen ist Kibrom das erste Mal alleine während des Frühstücks da. Als erstes fliegt der Teller samt Obst durch die Küche, gefolgt von zwei Gläsern mit Wasser. Mittlerweile legen wir die Obststücke einzeln vor ihm auf den Tisch. Er greift sie und steckt sie sich in den Mund. Wenn er nicht mehr möchte, nimmt er das Obst, kaut es und spuckt es wieder aus oder wirft es gleich durch die Gegend. *Er hat keine andere Handlungsweise parat, um zu zeigen, dass er nichts essen will. Da die Mutter auf seine Signale nicht reagiert, muss er vielleicht zu solch massiven Verständigungsformen greifen.* Wir sagen ihm immer wieder, dass er nicht essen muss und zeigen ihm, wie er das Obst oder den Teller wegschieben kann/soll. Kontakt zu den Frühstücksnachbarn sucht er, indem er sie an den Haaren oder an den Ohren zieht. Während der Spielsituationen ist er immer mehr in der Lage, die Krabbelstube selbstständig zu erobern. Er robbt/krabbelt zum Spielgeschehen oder sucht sich ein lauschiges Plätzchen. (Protokolle von August bis September 1989)

Ein paar Wochen später schreibt Edelgard:

> Während der Tischsituationen fliegen mittlerweile weniger Teller und Gläser durch die Gegend. Das Glas fliegt, wenn er trinken möchte und niemand ihm etwas anbietet oder wenn es »provozierend« vor ihm steht, wo er doch gerade nicht trinken will. Der Teller fliegt, wenn er keinen Hunger hat. (Protokoll vom 26.10.89)

In der Familie hat sich die Mutter völlig auf seine »narzisstische« Sicht der Welt (vgl. Kohut 1975: 140ff.) eingestellt, ist bedingungslos der verlängerte Arm seiner Wünsche und setzt diese Bedingungen für Kibrom bei den anderen Familienangehörigen ebenso bedingungslos durch. »Er ist doch behindert«, erwidert sie fassungslos und verzweifelt über eine völlig andere Sicht/Wertung ihrer häuslichen Welt, wenn die Pädagoginnen in der Krabbelstube sie darauf ansprechen und ihr zu erklären versuchen, dass auch Kinder mit Behinderung Grenzen akzeptieren lernen können, nur schwerer vielleicht. In der Krabbelstube macht Kibrom die Erfahrung, dass es Regeln gibt, die für alle Kinder und Erwachsenen gelten und die seinen häuslichen Erfahrungen widersprechen können. Er lernt, dass die Dinge um ihn herum unabhängig von seinen Wünschen existieren, dass Kinder und Erwachsene eigene, von ihm unabhängige Wünsche haben und dass alle Wünsche ihre Berechtigung haben.

Letzten Freitag hatte Kibrom einen »Zusammenstoß« mit Otto und Anwar. Ich saß mit einigen Kindern am Küchentisch. Die drei waren im Spielzimmer. Ich hörte Otto und Anwar schimpfen. Kurze Zeit später weinte Kibrom. Als ich das Spielzimmer betrat, lag Kibrom auf dem Boden und weinte bitterlich. Anwars Gesichtsausdruck verriet: »Tja Kibrom, selbst dran schuld«, und Otto grinste schuldbewusst in den Teppichboden. Auf meine Frage, was los sei, antwortete Otto: »Kibrom weint« und Anwar: »Jaaaa, Kibrom weint«. Ich nahm Kibrom auf meinen Schoß und fragte die beiden, warum er denn weine (ich konnte keine Blessur feststellen). Anwar: »Ogga macht!« Otto hatte Kibrom umgeschubst. Mehr bekam ich nicht heraus. Warum, wollten sie nicht erzählen. Kibrom hat sich schnell beruhigt. Ich denke, hier hat er zum ersten Mal gespürt, dass er sich mit den Kindern nicht alles erlauben kann. Er nimmt sich zuviel heraus. (Protokoll vom 22.11.89)

Im November 1989, Kibrom ist nun drei Monate in der Krabbelstube, erfahren die Pädagoginnen

zwischen Tür und Angel, dass Kibrom bei den gemeinsamen Essen der Familie nie dabei [sei]. Er muss so lange in sein Zimmer, weil er Teller und Gläser durch die Gegend wirft. *Die Krabbelstube ist also der einzige Ort, wo er am Tisch mitessen darf und man sich mit ihm auseinandersetzt, ihm Wut und Verzweiflung [offen*; Einschub vom Verf.] *zeigt.* (Protokoll vom 25.11.89)

Kibroms Lernprozesse in der Krabbelstube haben nach einigen Monaten Rückwirkungen auf das Miteinander in der Familie. Beim Elterngespräch berichtet Frau O. von zu Hause:

Kibrom isst jetzt am Tisch mit, auf ihrem Schoß, und sie füttert ihn. Nur so geht es, sonst fliegt alles durch die Luft. *Mama muss füttern.*

Frau O erzählt weiter,

dass sie mit Kibrom nicht schimpfen kann (wie früher mit dem Bruder) wegen der Behinderung. Sie sagt aber auch, immer wieder, dass sie weiß, dass Kibrom viel versteht und viel kann, wenn er nur will. Sie sehnt sich nach ein bisschen Freiheit, sie möchte sich mit Freundinnen treffen, sie würde gerne abends zur Gymnastik gehen, kann aber nichts machen, weil Kibrom sich nur von ihr zu Bett bringen lässt.
Nach jedem Elternabend erzählt sie uns jedoch, dass Kibrom von seinem Bruder ins Bett gebracht wurde und er bereits schlief, als sie nach Hause kam. Als ich sie darauf anspreche, wechselt sie das Thema und fängt wieder vom Essen an. (Protokoll vom 09.02.90)

Nicht nur bezüglich der Entwicklung von Kibrom in der Krabbelstube, sondern auch in der Familie haben sich nach diesen ersten Monaten Veränderungen ereignet.

Kibrom isst auch in der Familie mit am Tisch, wenn auch noch nicht selbst wie in der Krabbelstube. Der Bruder kann ihn auch ins Bett bringen, auch wenn Frau O. dies nur ungern eingesteht. Sie ist nicht nur in der Krabbelstube, sondern auch zu Hause nicht mehr diejenige, die ausschließlich für Kibrom zuständig ist. Sie beginnt wieder, ihre Bedürfnisse, die sie als Frau unabhängig von ihm als Mutter hat, zu spüren.

Es besteht eine selbstverständliche Triangulierung zwischen den Pädagoginnen im Team und Kibrom – Edelgard spricht bei der Aufzeichnung ihrer Beobachtungen und Gefühle oft von »wir« –, es ist geteiltes, gemeinsames Erleben, von dem sie berichtet. Sie berichtet dies weniger als Person, sondern aus ihrer Rolle heraus. Vermutlich war dieses selbstverständliche Miteinander der Verantwortlichen in der Krabbelstube, verbunden mit den Fortschritten von Kibrom, selbstständig zu essen und Regeln in der Gruppe zu akzeptieren, Ermutigung und Modell für die Familie. Dies ist umgekehrt der Anlass gewesen, auch den Vater in das nächste Elterngespräch mit einzubeziehen. Themen der (ödipalen) Triangulierung können so zum ersten Mal besprochen werden, wie die Unfähigkeit von Kibrom, die Eltern auch nur für Augenblicke in der Küche alleine zu lassen.

Der Trauerprozess der Mutter hat sich weiterentwickelt, eigene Bedürfnisse dürfen wieder gefühlt werden. Jonas (1988: 195ff.) beschreibt diese (dritte) Phase als die des Suchens, Findens und sich Trennens. Es ist auffällig, dass im Erleben der Mutter – wie es in den Protokollen wiedergegeben wird – die von Jonas beschriebene Phase zwei, die Phase der chaotischen Emotionen (ebd.: 178), nicht existent zu sein schien. Dafür werden diese Gefühle und deren Bearbeitung bei den Pädagoginnen und auch bei Kibrom in den Protokollen immer wieder hervorgehoben.

Vermutlich ist es sinnvoll, den Trauerprozess nicht nur auf eine Person (bei Jonas ist dies die Mutter) zu beziehen, sondern auf ein Familiensystem oder das korrespondierende System Familie und Krabbelstube. Bezogen auf das Familiensystem würde in unserem Beispiel damit die Position des Vaters in seinem depressiven Rückzug bei gleichzeitiger Präsenz im System verstehbar, also in seiner das Familiensystem stabilisierenden sowohl-als-auch-Position neben der anfänglich ambivalenten Position der Mutter. Sieht man Familie und Krabbelstube als korrespondierendes System, könnte man die Bearbeitung der chaotischen Gefühle im intermediären Raum der Krabbelstube als notwendiges Verbindungsglied im Trauerverarbeitungsprozess der Familie sehen.

Zusammenfassung

Durch die Geburt eines behinderten Kindes werden oft Erwartungen, die viele Eltern während der Schwangerschaft gehegt haben, enttäuscht. Sie können in ihrem Kind nicht das ersehnte »ideale Selbst«, die Ergänzung erblicken, um sich nun endlich vollständig fühlen zu können. Sie schauen oft in ein fremdes Gegenüber, das sie erschrecken lässt. Dies kann Angst und Hass auslösen. Dieses Erleben innerhalb der Familie aber auch zwischen Familie und Gesellschaft ist Teil von sehr gegensätzlichen Impulsen und Wünschen von Müttern und Vätern behinderter Kinder, deren Aushalten sehr belastend ist und innerfamiliär organisiert werden muss.

Dies geschieht oft durch Distanzierung der Väter von Mutter und Kind mittels Rückzug oder Ausgrenzung. Spaltungsgefühle beherrschen dann das Erleben in der Familie. Dies kann man als eine Selbstbewältigungsstrategie der Familie begreifen, um ihr schwächstes Glied vor bedrohlich destruktiven Impulsen der Eltern zu schützen und die Familie vor einem Bruch zu bewahren. Dieses Arrangement verhindert zum einen jedoch die Möglichkeit von Dreiecksbeziehungen in der Familie, also von triangulierenden Erfahrungen des Kindes und damit seine Lösung aus der Beziehung zur Mutter mit Unterstützung des Vaters als einem unbelasteten (unkontaminiertem) Dritten. Dadurch wird die Entwicklung von entweder-oder- zu sowohl-als-auch-Erlebensformen des Kindes beeinträchtigt. Zum anderen ist aufgrund dieser Organisation der Beziehungen innerhalb der Familie und den damit verbundenen Projektionen in dem Erleben der Eltern kaum »Spielraum« für eine Entwicklung des Kindes. Der Mutter fehlt das Vertrauen, ihr Kind in ihrer Anwesenheit alleine die Welt in einem Zwischenraum (intermediären Raum) erleben und erfahren zu lassen.

Eine Krabbelstube/Krippe kann diese triangulierende Funktion, die Rolle des unkontaminierten Dritten einnehmen. Aufgrund ihrer persönlichen und professionellen Distanz sind bei den PädagogInnen eher weniger festgelegte Phantasien über die Entwicklung des Kindes möglich, die diesem einen subjektiven Spielraum für seine Entwicklung geben können. Es kann zudem in Anwesenheit der Gruppe allein sein und beginnen, seine eigenen Impulse zu erspüren. In der Institution, im öffentlichen Raum, gibt es, im Gegensatz zu den sehr individuellen Beziehungsformen zwischen Mutter und Kind, Regeln und Rituale, die für alle gelten. Sie sind wichtiger Bestandteil des Dritten. Die Auseinandersetzung mit den ambivalenten Gefühlen der Eltern bestimmt anfangs die pädagogische Aufgabe mit dem behinderten Kind in der Krabbelstube und stellt eine Form der Unterstützung der Eltern bei deren Trauerverarbeitung dar. Die Triangulierungsprozesse zwischen Team und Kind können Modell für Entwicklungsprozesse innerhalb der Familie werden.

In dieser Darstellung wurde zugunsten der Übersichtlichkeit des Gedankengangs auf die systematische Berücksichtigung folgender Gesichtspunkte verzichtet:

- die Entwicklung und Bedeutung bestimmter Bindungsformen zwischen den Eltern und ihrem behinderten Kind vor dem Hintergrund der eigenen Bindungserfahrungen der Eltern,
- die besondere Stellung der Geschwister behinderter Kinder und deren Bedeutung im Familiengefüge,
- die Bedeutung der Auseinandersetzung der PädagogInnen mit dem Thema Behinderung während ihrer integrativen pädagogischen Arbeit vor dem Hintergrund ihrer individuellen Erfahrungen.

Literatur

Abelin, E. (1971): Role of the father in the separation-Individuationprocess. In: McDevitt, J./Settlage, C. (Hrsg.): Separation. Individuation. New York: International Universities Press.

Abelin, E. (1975): Some Further Observations and Comments on the Earliest Role of the father. In: International Journal of Psychoanalysis, 56, 293-302.

Bohleber, W. (1992): Das Fantasma der Nation. In: Psyche, 46, 687-709.

Buchholz M. (1990): Die Rotation der Triade. In: Forum Psychoanalyse, 6, 116-134.

Buhmann, C. (1997): Kind, Körper, Subjekt. Therapie, Erziehung und Prävention im Werk von Françoise Dolto. Gießen: Psychosozial-Verlag.

Burckhardt-Mußmann, C. (2000): Tod eines behinderten Kindes. In: Werkstattgruppe Familienorientierte Frühförderung (Hrsg.): Das behinderte Kind und seine Eltern. Heidelberg: Asanger.

Chodorow, N. (1985): Das Erbe der Mütter. Psychoanalyse und Soziologie der Geschlechter. München: Frauenoffensive.

Dornes, M. (1993a): Der kompetente Säugling. Frankfurt: Fischer.

Dornes, M. (1993b): Psychoanalyse und Kleinkindforschung. In: Psyche, 47, 1116-1152.

Dreyer, P. (1988): Ungeliebtes Wunschkind. Frankfurt a. M.: Fischer.

Erdheim, M. (1988): Psychoanalyse und Unbewußtheit in der Kultur. Frankfurt a. M.: Suhrkamp.

Erdheim, M. (1992): Das Eigene und das Fremde, Über ethnische Identität. In: Psyche 46. Jg., 730-744.

Ermann, M. (1993): Das Dreieck als Beziehungsform. In: Praxis der Psychotherapie und Psychosomatik, 34, 261-269.

Figdor, H. (1991): Kinder aus geschiedenen Ehen. Mainz: Matthias-Grünewald-Verlag.

Gerspach, M. (2000): König Schwellfuß. Der ödipale Konflikt ums behinderte Kind. In: Werkstattgruppe Familienorientierte Frühförderung (Hrsg.): Das behinderte Kind und seine Eltern. Heidelberg: Asanger, 3-19.

Gruen, A. (2000): Der Fremde in uns. Stuttgart: Klett-Cotta

Gruen, A. (2001): Der Fremde, das innere Opfer und die Bedrohung der Demokratie. Manuskript bei den Römerberggesprächen in Frankfurt a. M..

Herzog, J. M. (1998): Frühe Interaktionen und Repräsentanzen. Die Rolle des Vaters in frühen und späten Triaden. Der Vater als Förderer der Entwicklung von der Dyade zur Triade. In: Bürgin, D. (Hrsg.): Triangulierung. Der Übergang zur Elternschaft. Stuttgart, New York: Schattauer.

Huwiler, K. (1998): Was erwarten Mütter in der Erwartung? In: Bürgin, D. (Hrsg.): Triangulierung. Der Übergang zur Elternschaft. Stuttgart, New York: Schattauer, 23-38.

Jonas, M. (1988): Trauer und Autonomie bei Müttern schwerstbehinderter Kinder. Inauguraldissertation an der J. W.-Goethe-Universität in Frankfurt a. M.. (Auch Mainz: Matthias-Grünewald-Verlag, 1990).

Klitzing, K. v. (1998): »Wenn aus zwei drei werden...«. Ergebnisse einer prospektiven Studie zur entstehen der Eltern-Kind-Beziehung. In: Bürgin, D. (Hrsg.): Triangulierung. Der Übergang zur Elternschaft. Stuttgart, New York: Schattauer.

Klitzing, K. v. (2002): Frühe Entwicklung im Längsschnitt. Von der Beziehungswelt der Eltern zur Vorstellungswelt des Kindes. In: Psyche, 56:9, 863-887.

Kohut, H. (1975): Formen und Umformungen des Narzissmus. In: Ders.: Die Zukunft der Psychoanalyse. Frankfurt a. M.: Suhrkamp.

Lacan, J. (1975): Schriften, Band 2. Frankfurt: Suhrkamp.

Lorenzer, A. (1977): Sprachspiel und Interaktionsformen. Frankfurt: Suhrkamp.

Mannoni, M. (1972): Das zurückgebliebene Kind und seine Mutter. Olten: Walter 1964.

Metzger, H.-G. (2000): Zwischen Dyade und Triade. Tübingen: edition diskord.

Milani-Comparetti, A. (1986): Von der »Medizin der Krankheit« zu einer »Medizin der Gesundheit«. In: Paritätisches Bildungswerk (Hrsg.): Von der Behandlung der Krankheit zur Sorge um Gesundheit. Frankfurt a. M.

Niedecken, D. (1998): Namenlos. Neuwied: Luchterhand.

Niedergesäß, B. (1989): Förderung oder Überforderung, Probleme und Chancen der außerfamilialen Betreuung von Kleinstkindern. Mainz: Matthias-Grünewald-Verlag.

Niedergesäß, B. (1990): Verwirrungen um Ruth. Psychoanalytische Pädagogik im integrativen Kindergarten. In: Frühförderung interdisziplinär, 3, 114-119.

Niedergesäß, B. (2000): Von Krokodilen und Krankenwagenfahrern. In: Werkstattgruppe Familienorientierte Frühförderung (Hrsg.): Das behinderte Kind und seine Eltern. Heidelberg: Asanger.

Rotmann, M. (1978): Über die Bedeutung des Vaters in der »Wiederannäherungsphase«. In: Psyche, 32, 1105-1147.

Rotmann M. (1985): Frühe Triangulierung und Vaterbeziehung. In: Forum der Psychoanalyse, 1, 308-317.

Schleske, G. (1998): Interaktionen zwischen imaginärem und realem Kind. Von der Schwangerschaft zur frühen Mutter-Kind-Beziehung. In: Bürgin, D. (Hrsg): Triangulierung. Der Übergang zur Elternschaft, Stuttgart, New York: Schattauer.

Schleske, G. (2000): Schwangerschaftsfantasien von Müttern und ihre psychoanalytische Bedeutung für die frühe Mutter-Kind-Beziehung. In: Werkstattgruppe Familienorientierte Frühförderung (Hrsg.): Das behinderte Kind und seine Eltern. Heidelberg: Asanger.

Schröder-Veil, S. (1984): Verarbeitung des Aspekts Behinderung bei den Betreuern und Eltern. In: Französische Reformierte Gemeinde Frankfurt (Hrsg.): Wissenschaftliche Begleitung des Geschehens in einem Integrativen Kindergarten, Endbericht. Schriftenreihe: Lernziel Integration, Bonn, 35-106.

Stern, D. (1992): Die Lebenserfahrung des Säuglings. Stuttgart: Klett-Cotta.

Stern, D. (1998): Die Mutterschaftskonstellation. Stuttgart: Klett-Cotta.

Winnicott, D. W. (1984): Reifungsprozess und fördernde Umwelt. Frankfurt a. M.: Fischer, 1965.

Heinz Krebs

Triangulierung in institutionellen Kontexten am Beispiel der Erziehungsberatung als Teil der Kinder- und Jugendhilfe

Institutionelle Erziehungsberatung

Der vorliegende Beitrag beschreibt die Aufgaben und Leistungen der Erziehungsberatung als ein mehrdimensionales und dynamisches Modell. Vor dem Hintergrund dieser Sichtweise wird Erziehungsberatung als ein auf Triangulierung basierendes Geschehen ausgewiesen. Das betrifft einerseits die Institution und andererseits die Beratungen. Es soll gezeigt werden, dass Triangulierung einen wesentlichen Baustein institutioneller und fallbezogener Reflexivität darstellt.

Institutionelle Erziehungsberatung ist in der Bundesrepublik eine Leistung, die im Kinder- und Jugendhilfegesetz (SGB VIII, §16, 27, 28) verankert ist. Damit besteht für Eltern, Kinder und Jugendliche ein Rechtsanspruch auf Beratung. Erziehungsberatung nimmt nicht allein die sogenannten Symptomträger in den Blick, sondern bezieht ebenfalls das familiale und damit das soziale Umfeld mit in die Beratung ein. Sie ist einerseits eine präventive Leistung und berät in allen Fragen zur Erziehung. Andererseits beschäftigt sie sich mit dauerhaften Erziehungskonflikten bis hin zu Lernschwierigkeiten, Verhaltensauffälligkeiten, Entwicklungsstörungen und schwerwiegenden psychischen und psychosomatischen Störungen, die bei der einzelnen Person und/oder in der Familie auftreten. Oft handelt es sich bei den Fällen der Erziehungsberatung um Problemlagen, die Ausdruck von Mehrfachbelastungen sind, also eine Mischung aus sozialen, institutionellen und individuellen Faktoren darstellen (vgl. Wiesner u. a. 1995: 306f.).

Mittlerweile besteht ein Konsens darüber, und es ist im SGB VIII auch so festgelegt, dass Erziehungsberatung keine Domäne psychologisch-therapeutischer Kompetenzen allein sein kann, sondern Arbeitsweisen zum Tragen kommen sollen, die die sozialen, juristischen, institutionellen, psychologischen, pädagogischen und ethischen Dimensionen eines Falles einbeziehen (vgl. Müller 1993; Krebs 1999). Diese multiperspektivischen Arbeitsweisen, die ebenfalls die interdisziplinäre Zusammenarbeit in den Teams der Erziehungsberatungsstellen und mit anderen Fachkräften sowie Einrichtungen vorsehen, sind beispielsweise bei Fällen der Kindeswohlgefährdung im Sinne des §8a SGB VIII sogar explizit vorgeschrieben.

Als psychosoziale Beratungsform hat Erziehungsberatung die Wechselwirkungen zwischen Person und Umwelt zum Thema. Diese beziehen sich auf soziale Problemlagen und Anforderungen, die individuelle Belastungen und psychische Konflikte hervorrufen und als persönlicher Leidensdruck wahrgenommen werden. Diese wiederum können ihrerseits zur Entwicklung und Steigerung sozialer Problemlagen beitragen. Psychosoziale Beratung muss daher Raum und Gelegenheit für die Bearbeitung und Reflexion dieser Zusammenhänge bieten. Sie soll die ratsuchenden Personen bei der Suche nach persönlichen Ressourcen, aber auch bei der Suche nach Umweltressourcen unterstützen (vgl. Schnoor 2006a: 7, 2006b: 50).

Psychosoziale Beratung kann die Betrachtung und Abwägung des Spannungsverhältnisses zwischen den sozialen und individuellen Faktoren von Problemlagen allerdings nicht auflösen, sondern muss dieses sozusagen in der »Schwebe halten«, d. h. als offene Frage behandeln, die Gegenstand der Beratung und Reflexion wird. Dies kann nur gelingen, wenn sich psychosoziale Beratung, hier die institutionelle Erziehungsberatung, ihrer »Kontextualität« (Weber) bewusst wird. Sie muss diese Bezogenheit als eine eigene fachliche und methodische Aufgabe betrachten, die sich in spezifischen Beratungs- und Settingsformen niederschlägt. Mit anderen Worten, es ist notwendig, dass Erziehungsberatung als eine reflexive und kontextbewusste Beratungspraxis entworfen wird (vgl. Weber 2006: 88f.).

Ich möchte in diesem Beitrag ein kritisch-reflexives Beratungskonzept skizzieren, das auf multiperspektivischen und psychoanalytisch-pädagogischen Erwägungen fundiert (vgl. Krebs 1999; Finger-Trescher 1999, 2006). Es geht hierbei um die Herstellung eines Möglichkeitsraums für ratsuchende Eltern, Kinder und Jugendliche, die verortet in ihren sozialen Bezügen und Bindungen ein Mehr an persönlicher Freiheit bekommen sollen, sich in schwierigen Situationen so oder so zu entscheiden. Beratung muss dafür auf einer fallspezifischen, aber auch institutionellen Ebene Triangulierung herstellen, damit Klienten und Berater aus einer exzentrischen Perspektive heraus, einerseits sich selber in der Beziehung zu anderen Personen und andererseits in ihrer professionellen Arbeit wahrnehmen und reflektieren können (vgl. Grieser 2007: 585).

Erziehungsberatung als reflexive Institution in triadischen Kontexten

Ratsuchende nehmen in der Regel Beratung dann in Anspruch, wenn Konflikte und Erschwernisse in Familie, persönlichem Umfeld und/oder Schule nicht mehr mit einem alltäglichen Krisenmanagement bewältigt werden können. Diese Zusammenhänge werden in der Beratung angesprochen. Damit ein Beratungsprozess in Gang kommen kann, sollte es gelingen, aus der Vielschichtigkeit und Fülle der indizierten Lebenszusammenhänge Themen bzw. Anliegen zu destillieren.

Das Einkreisen von Themen und Anliegen als Gegenstand der Beratung ist deswegen kein leichtes Unterfangen, da diese immer Teile der ratsuchenden Personen und ihrer Lebenspraxis bleiben. Dadurch ist keine eindeutige Trennung von Person und Gegenstand möglich, wie z. B. bei einer medizinischen Behandlung, bei der ein erkranktes Organ getrennt von der Persönlichkeit des Patienten behandelt werden kann. In der Beratung entsteht daher ein selbstbezüglicher Dauerprozess des Ringens um die Bedeutungen und Definitionen der Problemlagen. Damit dieser Prozess überhaupt eine gewisse Stabilität, Dauer und Selektivität bekommen kann, muss Erziehungsberatung bestimmte konzeptionelle und institutionelle Regelungen treffen (vgl. Schülein 1998, 1999). Diese sollen gewährleisten, dass die Klienten Subjekt der Beratung bleiben, d. h. nicht Objekt einer Expertendienstleistung nach einem »Maschine-kaputt-Modell« (Oevermann 1996, zit. nach Katzenbach 2004: 327) werden.

Institutionalisierte Selbstreflexion, die sich an Dialog, Intersubjektivität, Selbstbestimmung und wechselseitiger Anerkennung orientiert, kann sich nicht auf die Klienten bzw. ihre Problemlagen als Objekte des beraterischen Handelns beziehen. Sie muss sich auf etwas Drittes beziehen, das sich in der professionellen Beziehung in der Auseinandersetzung mit der Lebenspraxis und den Konflikten der Klienten erst herstellt (vgl. Grieser 2003: 111f.).

Erziehungsberatung kann man – wie jeder pädagogischen Situation – eine tri-

anguläre Struktur unterstellen, da es immer um eine Beziehung von Personen in unterschiedlichen Rollen und Positionen geht und um eine dritte Sache, zu der die Beteiligten ein je eigenes, nicht nur sachliches, sondern in der Regel persönliches und affektiv aufgeladenes Verhältnis haben (vgl. Müller 2000: 166; Schon 2000). So kann das gemeinsam ausgehandelte Anliegen zwischen Klient und Berater, das Streben nach Lösungen und die darum gruppierten Sichtweisen sowie ihre bewussten und unbewussten Bedeutungen eine solche dritte Sache in der Erziehungsberatung darstellen.
Dabei können es Berater aber nicht belassen. Ein Berater kann nicht triangulär handeln, wenn er seinem Klienten nicht noch eine weitere bzw. erweiterte Außenperspektive »zumutet«. Es handelt sich hier um die kontextuellen Bezüge, d. h. die sozialen, juristischen, institutionellen Bezüge in die Klient und Berater eingebettet sind. Müller spricht in diesem Zusammenhang von den »auferlegten Relevanzen« von sozialer Arbeit und Pädagogik wie beispielsweise Arbeitgeber, Behörden, Arbeitsagenturen, Schulen und Jugendgerichte (vgl. Müller 2001: 1195).
Körner nimmt diese spezifische Außenperspektive ebenfalls in den Blick und bezieht sich dafür auf das Konzept des Rahmens von Goffman. Der Rahmen einer Situation ist in seiner Komplexität jenes Dritte, welches die handelnden Akteure in einer sozialen Situation, wie beispielsweise der Erziehungsberatung, umgibt, welcher aber auch die Regeln des Verstehens und Handelns innerhalb der Beratungssituation bestimmt. Der Rahmen im Sinne einer Grenze »sagt« bzw. »gibt Antwort« auf die Frage, worum es in einer bestimmten sozialen Situation überhaupt geht, wie diese interpretiert werden soll, welche Regeln gelten und welche Handlungen sozusagen aus dem Rahmen »fallen«. Es ist daher keineswegs so, dass die Regeln, Normen und Werte in einer Beratungssituation von vornherein *insgesamt* festgelegt sind, sondern dass sich die Beteiligten fortlaufend über den Rahmen der Situation verständigen müssen. Da der Rahmen der Situation in der Erziehungsberatung relativ elastisch ist, entsteht ein breiter Raum für Verständigung über die jeweiligen Bedeutungen und Folgen der geschilderten Problemlagen zwischen den Beratern und Klienten. Da die Klienten und die Berater allerdings nicht voraussetzungslos über den Rahmen der Situation verhandeln, sondern gleichzeitig in vorgegebenen sozialen und institutionellen Kontexten verankert sind, werden unweigerlich normative Problemstellungen im Beratungsverlauf virulent (vgl. Körner 2000, 2004; Krebs/Müller 1998).

Hörster (2003) legt in diesem Zusammenhang dar, dass in der pädagogischen Triade unzählige Schwierigkeiten und Entscheidungskonflikte zusammenlaufen, denen sich die Klienten als »Eigentümer« (Hörster) eines Problems und die Berater als Träger einer professionellen Rolle stellen müssen. Da das zu »reparierende Objekt« (Hörster), das Anliegen oder aber der Eigentümer eines Problems nicht immer eindeutig auszumachen sind, wie das z. B. bei »geschickten« Klienten in der Erziehungsberatung öfters der Fall ist, entsteht in der Beratung eine prekäre Situation. Diese führt leicht zu Störungen in der Kommunikation und kann Spannungen hervorrufen, die beispielsweise in Kämpfen um die Definitionsmacht der Frage »Was ist hier eigentlich los und was soll geändert werden?« einmünden können und destruktiv wirken. Um im Rahmen der Erziehungsberatung diese Spannungen und Konflikte balancieren zu können, benötigen Klienten und Berater Bezugspunkte außerhalb der engeren Beratungstriade. Die Triade »Klient – Berater – dritter Pol« muss um einen »vierten Pol« erweitert werden. In vielen Fällen bleiben die Beziehungen zum vierten Pol mit seinen Vorgaben und Regeln implizit und sind in der Grafik daher gestrichelt dargestellt (vgl. Grieser 2007: 564f.)[1]:

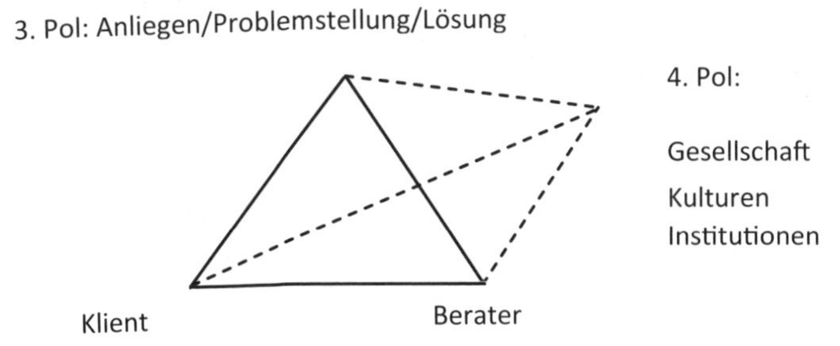

Abb. 1: Beratungstriade plus 4. Pol

Der vierte Pol der Beratungstriade repräsentiert die institutionellen Aufgaben der Erziehungsberatung, die »auferlegten Relevanzen« der Gesellschaft, die

1 Die folgenden Schaubilder habe ich in Anlehnung an Grieser (2003, 2007), Hörster (2003) und Tietel (2002, 2004) entwickelt.

nicht umgangen werden können. In Zeiten, in denen sich Lebensstile pluralisieren und traditionelle Wertvorstellungen relativieren, werden Kommunikation, Responsivität und Flexibilität zu entscheidenden Kriterien problemlösender Beratung. Es steht die Passung der Beratungsnachfragen mit einem dementsprechenden Angebot zur Diskussion. Erziehungsberatung muss diesen Konstellationen mit einer Kultur des Erwägens und der Öffnung Rechnung tragen und kann nicht einfach versuchen, adaptiv die Vorgaben des vierten Pols durchsetzen. D. h., es muss ein triangulärer Raum »kasuistischer Produktivität« (Hörster) zur Verfügung gestellt werden. Es muss für die Berater möglich sein, gemeinsam mit den Klienten einen alternativen Blick auf die von ihnen erzählten Geschichten zu werfen. Mit Hilfe dieser Herangehensweise verschieben sich die Bedeutungshorizonte einer Fallgeschichte, die in der Unmittelbarkeit des Beratungsgeschehens entsteht, auf exzentrisch-reflexive Ebenen. Eine Fallgeschichte in einem triadischen Modus plus vierten Pol zu betrachten, heißt, diese Geschichte je nach Lage der Dinge aus verschiedenen Positionen zu reflektieren. Möglich sind folgende Dreiecke (vgl. Abb. 1): »Klient – Berater – dritter Pol«, »Klient – Berater – vierter Pol«, »Berater – dritter Pol – vierter Pol« und »Klient – vierter Pol – dritter Pol«. Hierbei handelt es sich immer um veränderte Perspektiven, die einen Blick auf eine andere Fall- bzw. Beziehungskonstellation frei geben. Damit rücken prospektive Verständigungsmuster ins Blickfeld. Es werden eingeschliffene soziale Orientierungen und biografisch festgelegte Verhaltensmuster infrage gestellt und verflüssigt. Es können quasi durch eine »spielerische« Verschiebung von Sinn und Bedeutung innerhalb des szenischen Materials, durch eine veränderte Interpretation und Kombination der Szenen erweiterte Handlungsoptionen von den Klienten und den Beratern im Verlauf der Beratung antizipiert und durchgespielt werden (vgl. Grieser 2003). Buchholz (1993) nennt diese kombinatorischen, fallbezogenen Verlagerungen die Rotation der Triaden.

Eine in diesem Sinne verstandene, fallbezogene Triangulierung ist jedoch an eine bestimmte Form der »organisatorischen Triangulierung« (Tietel 2002) gebunden. Zu nennen ist hier die fallbezogene Zusammenarbeit im Team einer Beratungsstelle als Teil einer differenzierten institutionellen Reflexionskultur. Dazu gehört, dass gemäß SGB VIII fachlich und methodisch multiprofessionelle Qualifikationen vertreten sind. Eine sinnvolle Form diese Vorgabe zu realisieren, sind regelmäßige Teamsitzungen, die zur Besprechung und Reflexion der Neuanmeldungen und laufenden Fälle genutzt werden.

Diese organisatorische Triangulierung stellt ein Instrument der Qualitätssicherung dar. Außerdem wird dadurch gewährleistet, dass jeder Fall von der Institution bzw. dem Team wahrgenommen und in multiprofessionelle bzw. multiperspektivische Reflexionsmodi eingefädelt wird, die als triangulierender »Motor« genutzt werden können. Das Team fungiert gegenüber dem Fall und dem damit betrauten Berater als eine Instanz, die die personenbezogenen und psychodynamischen Aspekte der Beratungsbeziehung vor dem Hintergrund methodisch-professioneller Standards trianguliert (vgl. Tietel 2004). Im Team als Gruppe entwickelt sich ein fallbezogener Interaktions- und Reflexionsprozess, der die wesentlichen intrapsychischen, interpersonellen und sozialen Dimensionen und Verstrickungen der Beratungsbeziehung spiegelt. Diese Form der Resonanz kann eine szenische Neukonstruktion bisher nicht erkannter Bedeutungszusammenhänge darstellen, die malignen Verklammerungen vorbeugt (vgl. Finger-Trescher 1999: 187; Bauriedl 1998).

Diese organisatorische Triangulierung fungiert jedoch auch als »das Dritte« (Tietel 2004) im Sinne eines vierten Pols, indem der Fall vor dem Hintergrund gesellschaftlicher sowie sozio-kultureller Entwicklungen und Erfordernisse und institutionell-gesetzlicher Vorgaben, kurz den auferlegten Relevanzen, analysiert wird. Die Rotation der Triaden auf dieser Ebene sorgt ebenfalls für eine Öffnung bisher eingenommener Positionen und trägt maßgeblich dazu bei, dass die institutionelle Erziehungsberatung ein bedarfsgerechtes und sich fortentwickelndes Angebot vorhalten kann. Schematisch lässt sich die Struktur organisatorischer Triangulierung wie folgt darstellen:

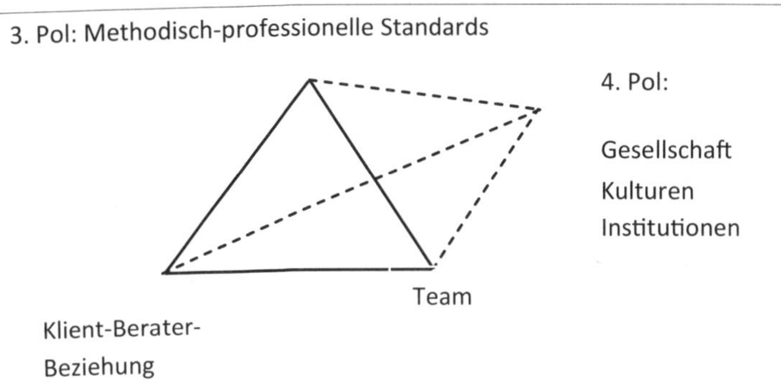

Abb. 2: Organisatorische Triangulierung plus 4. Pol

Im hier vertretenen Ansatz sind Dialog und Intersubjektivität grundlegende Bedingungen der Beratung. Menschliche Individualität kann sich nur in Gegenseitigkeit mit anderen Personen entfalten und ist in zwischenmenschliche Interdependenzen eingebunden. Intersubjektive Anerkennung entfaltet sich dort, wo diese Reziprozität sozial gegeben ist. Dies schließt eine prinzipielle Gleichheit der Individuen ein. Diese Ebene der Gleichheit ist allerdings unweigerlich auf die anderen als andere, d. h. auf die Differenz der Personen, bezogen (vgl. Benjamin 1990; Borst 2004; Honneth 1990, 1997; Katzenbach 2004). In diesem sozialen und intersubjektiven Bezugsrahmen möchte ich mein Konzept triadischer Verhältnisse in sich wandelnden sozialen, individuellen und institutionellen Kontexten verorten (vgl. Tietel 2002, 2004; Krebs 2008). Triangulierung ist mit der Potenzialität zur Freiheit in sozialen Bindungen verkoppelt (vgl. Grieser 2007). Diese Freiheit, sich zwischen Möglichkeiten zu entscheiden, setzt eine »triadische Kompetenz« (Bürgin/Klitzing 2001) voraus, d. h. die Fähigkeit sich mindestens zwei Optionen gleichzeitig gegenüberzusehen, abzuwägen und eine Entscheidung zu treffen. Diese Freiheit bricht sich jedoch an sozialen, kulturellen, methodisch-professionellen Vorgaben und Standards, die sich durch die »Fenster« (Grieser 2003) der dritten und vierten Pole in den verschiedenen Triangulierungskontexten drängen und die im Hinblick auf ihr jeweiliges triangulierendes Potenzial mit in die Beratung einbezogen und kritisch hinterfragt werden müssen. Mit Hilfe einer triangulierenden Reflexion und Selbstreflexion und einer damit verbundenen Neuverortung seitens der Klienten und der Berater, die sich in diesem Prozess ebenfalls verändern, wird es möglich, eingeschliffene Verhaltensmuster zu verändern, den Raum innerer Freiheit zu vergrößern und bedarfsgerechte Angebote zu entwickeln.

Fallbeispiel

Meine Darlegungen möchte ich anhand eines Fallbeispiels[2] aus der institutionellen Erziehungsberatung erläutern. Ich werde Auszüge aus einer Beratung vorstellen und möchte diese Fallgeschichte im Nachgang unter verschiedenen triadischen Gesichtspunkten reflektieren. Dies soll einerseits die Brauchbar-

2 Das Fallbeispiel ist anonymisiert, damit Rückschlüsse auf die tatsächlichen Personen nicht möglich sind.

keit eines triadentheoretischen Ansatzes illustrieren, der es erlaubt, Beobachtungen sinnhaft zu rekonstruieren. Andererseits soll gezeigt werden, dass die damit verbundenen Bedeutungsverschiebungen und Neukonstruktionen »festgefahrene« Handlungs- und Konfliktmuster »verflüssigen« können.

Ein seit Jahren von seiner Familie getrennt lebender Vater macht sich Sorgen, ob seine zehnjährige Tochter, die die vierte Grundschulklasse besucht und eine gute Schülerin ist, bei der Mutter noch gut aufgehoben ist. Er berichtet, dass Michelle oft niedergeschlagen sei. Sie beklage sich bei ihm über das Gezänke der Mutter, der sie nie etwas recht machen könne.

Herr S. sieht seine Tochter fast jedes Wochenende für ein oder zwei Tage. Er lebt mit einer neuen Partnerin und ihrem sechsjährigen Sohn zusammen. Dieser hat auch regelmäßig Kontakt zu seinem leiblichen Vater. Die Konflikte in seiner neuen Familie schätzt er als durchschnittlich ein. Es klappe auch recht gut, wenn seine Tochter da ist.

Aus der Sicht des Vaters hat Michelles Mutter psychische Probleme, oft würden sich Hochstimmungen und Niedergeschlagenheit unvermittelt abwechseln. Es ist ihm unverständlich, wieso sie keine Arbeit hat. Sie ist gut ausgebildet und eine intelligente Frau. Er stellt sich die Frage, wie er auf die Mutter einwirken kann, damit sie sich der Tochter gegenüber anders verhält. Wenn sich nichts ändern würde, könnte er sich vorstellen, Michelle zu sich zu nehmen. Sie haben das gemeinsame Sorgerecht für die Tochter. Allerdings – so fügt er sofort hinzu – kann er sich nicht vorstellen, dass Michelle damit einverstanden wäre. Sie ist viel zu stark an die Mutter gebunden, um sich von ihr trennen zu können. Sie fühle sich für die Mutter verantwortlich. Er legt dar, dass Michelle für ihr Alter manchmal sehr reif sei und auch in anderen Dingen wie eine Jugendliche wirke.

Herr S. redet sich in Rage, denn ständig gebe es Querelen wegen des Geldes, obwohl er regelmäßig Unterhalt zahlt. Seine »Ex-Frau«, von der er allerdings noch nicht geschieden ist, fordere mehr bzw. zusätzliche Leistungen, wie z. B. die Kosten für das Reiten von Michelle, aber auch für sich. Oft zahlt Herr S., obwohl er nicht muss. Michelle setze ihn ebenfalls unter Druck. Sie fordere aber weniger etwas für sich, sondern mehr für die Mutter. Er versteht dies so, dass er sich mehr um die Mutter kümmern solle.

Herr S. formuliert, dass er sich oft zerrissen fühlt, denn schließlich will er mit seiner jetzigen Partnerin eine familiäre Perspektive aufbauen, vielleicht auch ein gemeinsames Kind bekommen. Die Scheidung plant Herr S. schon lange. Er traut sich aber nicht, diese einzureichen. Er befürchtet, dass seine »Ex-Frau« dies nicht verkraften könnte. Es klingt an, dass er in diesem Fall Michelle nicht nur die Familie, sondern dann auch noch die Mutter genommen hätte. Diese Schlussfolgerung irritiert mich. Ich denke, dass er seine Bedeutung in dieser Hinsicht überschätzt. Herr S. »verbeißt« sich weiter in Vorwürfe gegen seine »Ex-Frau«, von der er glaubt, dass sie sich hängen lässt. Sie müsste einmal eine Therapie machen und sollte sich richtig um Arbeit bemühen. Außerdem überlaste sie Michelle, weil sie sie als Stütze missbrauche. Dann animiere seine »Ex-Frau« ihn auch immer wieder zu Treffen, die er eigentlich nicht wolle, denen er sich allerdings nur schwer entziehen könne.

Ich weise Herrn S. darauf hin, dass ich den Eindruck habe, dass er doch vorrangig etwas für sich klären müsste, bevor er etwas für Michelle klären kann. Er ist über diese Bemerkung erstaunt und beharrt darauf, dass es in der Beratung doch hauptsächlich um Michelle geht. Ich stimme dem zwar prinzipiell zu, unterstreiche jedoch, dass es für Michelle schwierig sein dürfte, aus ihrer stützenden Funktion für die Mutter und ihren Loyalitätskonflikten herauszukommen, wenn dies noch nicht einmal der Vater schaffen würde. Ich frage ihn auch, wie er das verhältnismäßig intensive Kümmern um seine »Ex-Frau« mit seinem Wunsch, eine neue Familie aufzubauen, die ja auch für Michelle da sein kann, vereinbaren kann. Dass es deswegen mit seiner Partnerin auch häufiger Krach gibt, deutet er an. Er will dies aber nicht weiter vertiefen. Er konzediert, dass er Ähnliches auch schon gedacht hat. Außerdem ärgert er sich über sich selbst, dass er sich – wie er sinngemäß sagt – immer wieder an seinen Schuldgefühlen packen lässt. Auf dieser Schuldgefühlsschiene wären sich Michelle und ihre Mutter manchmal ziemlich einig. Michelle kämpfe um ihn, und er sei sich nicht sicher, ob sie ihn nicht am liebsten zur Rückkehr in die erste Familie animieren möchte. Ich denke an dieser Stelle an einen »Hahn im Korb«, um den die Frauen kämpfen.

Wir berühren auch noch das Thema, dass er mit seinem Entschluss zur Trennung, für viel Leid gesorgt hat. Er hebt hervor, dass er die ständigen Auseinandersetzungen mit seiner Frau und ihre Depressionen, die dann wieder in unberechenbare Höhenflüge einmündeten, nicht mehr ausgehalten hätte. Aus seiner Sicht musste er zudem die Außenbezüge der Familie im Wesentlichen alleine regeln. Besonders belastend empfand er, dass seine Frau ohne sein Wissen Schulden gemacht hatte, die ihn noch Jahre später belasteten. Als er sich trennte, gab es keine andere Frau, wie er versichert. Wir besprechen dann die

Frage, ob er nicht ein grundsätzliches Recht für sich in Anspruch genommen hat, wenn er seine persönlichen Lebensperspektiven wahrt und sich nicht für eine mittlerweile ungeliebte Frau »opfert«. Entscheidend wäre doch, dass er seine väterliche Verantwortung wahrnimmt und seiner Tochter als Bezugsperson wirklich zur Verfügung steht.

In den Gesprächen versucht Herr S. rational und gefasst zu sein. Er will sich nicht in den Sog der »gefährlichen« Gefühle hineinziehen lassen; wohin dies führt, erlebt er ja bei seiner Frau. Für meine Wahrnehmung ist Herr S. seiner »Ex-Frau« allerdings ähnlicher als ihm lieb sein dürfte. Wie sie kommt er »nicht vom Fleck«. Seine Hemmung im Hinblick auf die Klärung seiner familiären Beziehungen macht mich ungeduldig. Ich tendiere dazu, vorzupreschen, die Differenzierung zu betonen, spüre allerdings, dass ich dann den Kontakt zu ihm verlieren würde. Herr S. fühlt sich von dem Gedanken ziemlich aufgewühlt, dass er seiner Tochter wahrscheinlich nur weiterhelfen kann, wenn er seine Positionen und Haltungen in den angesprochenen Fragen klärt, d. h. wenn er sich einerseits mehr abgrenzt und andererseits andere Beziehungsformen mit seinen familiären Partnern in seinen zwei Familien aushandelt. Ich bemerke dazu, dass diese Klärungen vielleicht ebenfalls dazu beitragen, dass seine Angst abnimmt, die Tochter zu verlieren. Denn wenn er vorlebt, dass er sich von Michelles Mutter angemessen abgrenzt und sich einer anderen erwachsenen Frau zuwendet, dann kann dies doch für Michelle ebenfalls mehr Klarheit zur Folge haben. Einerseits sieht sie, dass sie den Vater nicht »besitzt«, andererseits erlebt sie, dass Differenzierung von der Mutter möglich ist. Sie könnte dieses Stück Freiheit, das vom Vater vorgelebt wird, schätzen lernen.

Herr S. kommt auch mehrmals auf die Frage zurück, ob er nicht endlich die Scheidung einreichen sollte. Diese und andere Fragen bleiben allerdings offen, da Herr S. die Beratung nach dem zweiten Gespräch beendet. Sie hat für ihn offensichtlich den Zweck des Sortierens erfüllt.

In der Beratung will der Vater seine Tochter als Klientin anbieten. Ich bekomme jedoch schnell den Eindruck, dass dies eine Verschiebung darstellt. Es geht eigentlich um seine Rolle in diesem Geflecht der zwei Familien. Unterstützt wird diese Wahrnehmung dadurch, dass er nicht beabsichtigt, mir seine Tochter persönlich vorzustellen. Er kann sich im Verlauf der kurzen Beratung mit dieser Perspektive auseinandersetzen, die auf die Frage zielt, wer eigentlich der Klient ist und wessen Probleme bearbeitet werden sollen. Diese Perspektivenverschiebung öffnet den Beratungsraum im Hinblick auf einen dritten Pol in der Beratungstriade. Dieser, und das ist zentral, ist nicht mit Herrn S. und seiner Familienkonstellation identisch. Dieser Pol ist unter Bezugnahme auf den Beratungsrahmen geschaffen worden. Er eröffnet die Freiheit, dass der Klient über sich und sein Umfeld in einem »Als-ob-Modus« nachdenken und mögliche Entscheidungen antizipieren kann (vgl. Abb. 1).

Diese Freiheit steht auch dem Berater zur Verfügung, wobei ich angeregt durch Reflexionen im Team der Beratungsstelle, Fragen an die Beratung anlege, die sich aus der Quelle eines vierten Pols speisen (vgl. Abb. 1 und 2). Beispielhaft möchte ich hier nur nennen, dass die Kinder- und Jugendhilfe, und damit auch Beratungsstellen, gehalten sind, im Falle einer Trennung von Eltern an Bedingungen mitzuwirken, die »eine dem Wohl des Kindes […] förderliche Wahrnehmung der Elternverantwortung« (SGB VIII, §17 [1] 3) gewährleisten. D. h., in diesen Fällen macht die Gesellschaft in Gestalt des Gesetzgebers bzw. das sozio-kulturelle System eine triangulierende Funktion geltend, die verbindlich ist. Das bedeutet, die Eltern, hier der Vater, sind dahingehend zu unterstützen, dass sie ihre Elternverantwortung wahrnehmen können, unabhängig davon, für welche Familienkonstellation sie sich entscheiden.

Diese triangulierenden Potenziale stoßen in dem Fall auf ein familiäres Beziehungsfeld, und dabei habe ich vornehmlich die Interaktion von Vater und Tochter im Blick, die ich in Anlehnung an Buchholz als eine »Triade mit zwei Müttern« (1993) bezeichnen möchte. Herr S. stellt in dieser Triade gegenüber Michelle den Vater und eine Art »Mappa« (Buchholz) dar, wobei die Mutter die tendenziell ausgeschlossene Vierte ist. Diese Konstellation, die erhebliche Widersprüche in sich birgt, scheint zum Beratungszeitpunkt in eine Schieflage geraten zu sein.

In der von Herrn S. vermittelten Familienkonstellation stehen der Differenzierungsverlust und damit verbundene depressive und ängstliche Stimmungen im Vordergrund. Der von Herrn S. angegebene Trennungsgrund weist im Umkehrschluss auch in diese Richtung. Herr S. wehrte sich gegen einen Zusammenbruch der ehelichen bzw. elterlichen Triade, in dessen Verlauf er sich als Alleinverantwortlicher für die Regelung der schwierigen Außenbeziehungen sah. Die Triade drohte aus seiner Sicht im Sog der entdifferenzierenden, manisch-depressiven Stimmungen seiner Frau unterzugehen. Darin drückt sich eine auf Spaltung beruhende »Ambitendenz« (Mahler) aus.

Diese Ambitendenzen zwischen Individuation und Entdifferenzierung sowie Fusion blockieren sich gegenseitig und scheinen in der Familie Entwicklung zu arretieren. Herr S. will seiner Tochter diese Blockade nicht zumuten. Er sieht darin zu Recht eine Gefahr für ihre Entwicklung. Michelle, die auch schon adoleszente Entwicklungstendenzen zeigt, findet für ihr Bestreben nach mehr Unabhängigkeit nur wenig Anerkennung; auch keine ausreichende beim Vater, der dafür zu konturlos ist und sie nicht nur in einer kindlichen, sondern auch in einer ödipalen Abhängigkeit »festhält«.

Herr S., der in Schuldgefühlen und Loyalitätskonflikten gefangen ist, kann sein Streben nach mehr Unabhängigkeit und Freiheit in einem neuen Lebensabschnitt gleichfalls nur mühsam realisieren. Ich würde vermuten, dass er spürt, dass er diesen Schritt in seiner Rolle als »Mappa«, der über einige Trennungsjahre die Familienkonstellation in einem fragilen Gleichgewicht hielt, nicht vollziehen kann. Weder im Hinblick auf die Trennung von seiner »Ex-Frau«, im Hinblick auf Michelle und schon gar nicht im Hinblick auf seine neue Liebe und Familie. Um dies zu erreichen, müsste er seine familiären Beziehungsfelder reorganisieren.

Diese Widersprüche und die Zerrissenheit von Herrn S. werden im Verlauf der Beratung deutlich spürbar, insofern ich dazu tendiere, die progressive, d. h. differenzierende Seite des Konflikts zu forcieren und somit die Gefahr besteht, dem Klienten »davon zu laufen«; ein Gedanke und Impuls, der das Familien- sowie das Beratungsgeschehen durchzieht. Herr S. tendiert in diesen Momenten mir gegenüber dazu, den mütterlichen Anteil seiner Elternverantwortung zu betonen. Dies könnte auch der Hintergrund für seine Angst sein, dass Michelle durch ein Mehr an Differenzierung die Mutter verliert.

Herr S. verharrt allerdings nicht in diesen Positionen. Er macht einen wichtigen Schritt, indem er sich in die verschiedenen Rollen der anderen, d. h. der Mutter, der Tochter und seiner Partnerin hinein versetzt. Er bringt dadurch die starren Triaden zum Rotieren (vgl. Buchholz 1993). Dies erleichtert es mir wiederum, mein progressives Tempo herunterzufahren.

In diesem Prozess kommen zwei Momente zum Tragen. Der Beratungskontakt reißt trotz der geschilderten Spannungen nicht ab, und es kann eine Beziehungsstruktur geschaffen werden, die Benjamin (2004) als die »Gemeinschaft im Dritten« bezeichnet. D. h., es entsteht die Form einer Anerkennungsbeziehung, die Gemeinsamkeit und Differenz, wenn auch spannungsreich, integrieren kann (vgl. Benjamin 1990). Diese repräsentiert die Erfahrung miteinander geteilter Verhaltensmuster, die etwas Drittes im Beziehungs- bzw.

Beratungsgeschehens markieren. In diesem Beziehungsmodus richten sich die Beteiligten an gemeinsamen Erfahrungen aus, die sich nicht auf ein Schema von Aktion/Reaktion reduzieren lassen (vgl. Benjamin 2004: 76f.). Diesem auf Erfahrung, affektiver Resonanz und dialogischer Ausgestaltung der Beratung fußenden Dritten gesellt sich gemäß Benjamin aber noch eine andere Form des Dritten hinzu. Es ist das »Dritte in der Gemeinschaft« (ebd.: 74f.).

Es handelt sich hier um die Fähigkeit, innerlich seiner selbst gewahr zu bleiben und Spannungen auszuhalten, die sich daraus ergeben, dass die eigenen Sichtweisen und Bedürfnisse mit denen der anderen nicht übereinstimmen, während man trotzdem versucht, auf sein Gegenüber eingestimmt zu bleiben. Dieses Vermögen wird von der Autorin auch als elterliche Funktion bezeichnet. Mit anderen Worten, Eltern behalten gegenüber ihrem Kind die Gewissheit, dass Kummer, Schmerz und Spannungen bei entsprechender Einfühlung vorübergehen werden, wenn sie die Spannung zwischen der Einfühlung bzw. einer identifikatorischen Verschmelzung und ihrer Beobachterfunktion aufrecht erhalten können (vgl. Dammasch/Metzger 1999; Dammasch 2008).

Dieser aus der Beobachterfunktion hervorgehende triadische Raum muss aber für das Gegenüber spürbar und erfahrbar bleiben, wenn er einerseits seine integrierende Wirkung entfalten und andererseits eine symbolisch-reflexive Funktion stabilisieren soll. Dafür bedarf es der Erfahrung der Gemeinschaft im Dritten, an die das symbolisch-reflexive Handeln anknüpfen kann. Es entsteht so eine Situation, in der Metakommunikation möglich ist, und eine »triadische Kompetenz« konstituiert sich (vgl. Klitzing 1998; Bürgin/Klitzing 2001).

Das Teilen von Erfahrung, die Zweisamkeit in der Eltern-Kind-Beziehung bzw. hier in der Beratungsbeziehung sind das Fundament dafür, dass triangulierende Vorgänge in Gang kommen können. Die Funktion der Gemeinschaft im Dritten und des Dritten in der Gemeinschaft sind Funktionen, die zwar einerseits in einem Spiegelverhältnis stehen, die andererseits gleichfalls nicht spannungsfrei zu positionieren sind. Diese Funktionen und Prozesse zeigen auf, dass intersubjektive und intrapsychische Triangulierung direkt zusammengehören, jedoch nicht zeitgleich verlaufen (vgl. Buchholz 1993: 113; Bürgin/Klitzing 2001: 524f.; Benjamin 1990: 51). In einem Schaubild würde ich diese Konstellation wie folgt skizzieren:

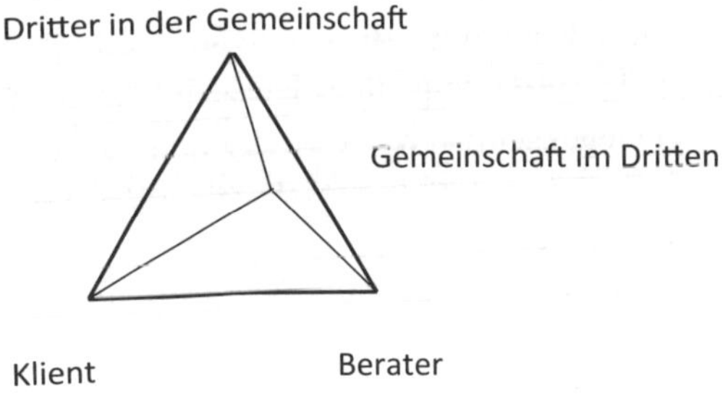

Abb. 3: Trianguläres Modell intersubjektiver und intrapsychischer Strukturbildung

In dieser Beratung kann aus meiner Sicht von einem Ziel im engeren Sinn nicht gesprochen werden. Dies hätte wahrscheinlich auch der Intention von Herrn S. widersprochen. Er wollte die Beratung als Raum zur Reflexion nutzen. Nun ist es jedoch ebenso illusorisch, so zu tun, als würden Berater keine Vorstellung von Entwicklung und Veränderung haben, die ein Mehr an Freiheits- und Handlungsspielräumen bieten und der Elternverantwortung gerechter werden. Ich möchte daher zum Abschluss dieses Beitrages ein »angemesseneres« Beziehungsmodell skizzieren. Dieses muss einerseits auf den Fall bzw. die Klienten zugeschnitten sein, andererseits muss es aber auch über diesen hinausweisen. Es muss anschlussfähig an andere Fälle sein, damit Fallarbeit breiter reflektierbar und evaluierbar wird, und es muss den professionellen Diskurs widerspiegeln und an die Regeln der Profession anknüpfen (vgl. Oevermann 1996; Müller 1985). Dies ist auch eine Aufgabe organisatorischer Triangulierung (vgl. Abb. 2).

Als Leitvorstellung dieser Beratung und anderer ähnlicher Fälle von Trennung und Scheidung können für mein Dafürhalten nur eine Palette verschiedener triadischer Familienmodelle dienen, *die mehr oder weniger gleichzeitig nebeneinander bestehen können*, sich aber auch durch verschiedene Abstraktionsgrade ausweisen. Ich will hier nicht in eine grundsätzliche Diskussion einsteigen und die Bandbreite tatsächlich existierender Familienmodelle abdecken. Ich möchte mich auf ein integrierendes Modell für die Familien von Herrn S. beschränken, das zudem primär auf eine Reformulierung seiner Rolle als Vater zugeschnitten ist.

Ein integratives Modell beruht auf der Rotation der Triaden als Einstieg in Suchbewegungen, die ein höherstufiges Beziehungsmodell als die »Triade mit zwei Müttern« (Buchholz 1993) beinhaltet. Diese höher gestufte Triade beinhaltet die Momente der Gegenseitigkeit in Beziehungen, die Perspektivität der damit verbundenen Bedeutungen und beruht darauf, dass das trianguläre Modell intersubjektiver und intrapsychischer Strukturbildung (vgl. Abb. 3) nochmals eine Reorganisation erfährt, indem ein übergreifender Blickwinkel konstruiert wird.

Dieses Beziehungsmodell könnte folgendes beinhalten: Herr S. ordnet sich primär seiner neuen Partnerin und ihrem gemeinsamen Familienprojekt zu. Michelle gehört zu dieser Familie als Tochter bzw. Stieftochter. Dafür müsste er es schaffen, seine von Trennungsschuld aufgeladene Verklammerung an seine erste Frau in den Hintergrund treten zu lassen. Diese Schritte können gewagt werden, wenn klar ist, dass damit verantwortliche Wege betreten werden. Herr S. könnte seinem Hauptanliegen gerechter werden, seiner Tochter einen perspektivisch guten Entwicklungsraum zu öffnen, der auch für die kommende Jugendphase tragfähig ist.

Die Adoleszenz beinhaltet das Verlassen der Eltern und im günstigen Fall ihr Wiederfinden auf einer erweiterten Stufenleiter, auf der Herkunftsfamilie und soziale Welt zugunsten der letzteren eine neue Gewichtung erfahren. Patchwork-Familien können trotz ihrer Probleme Teil einer solchen Entwicklung werden. Wenn ein Kind im Übergang zum Jugendalter mit der Gründung einer zweiten Familie konfrontiert wird, bedeutet dies unweigerlich die Öffnung des primären familiären Feldes hin zur sozialen und kulturellen Welt. Eine andere Familienkultur relativiert die eigene Familie, entzerrt infantile und ödipale Verstrickungen und erfordert Anpassung und Differenzierung. Dafür benötigten Kinder, hier Michelle, begleitende Bezugspersonen, d. h. ihren Vater, die diese Öffnung unterstützen. In Michelles Fall scheint die Mutter aufgrund ihrer Probleme in dieser Beziehung wenig Potenzial zu haben. Umso wichtiger wäre es, dass der Vater hier eine Vorreiterrolle übernimmt, die als Katalysator (vgl. Abelin 1986) wirksam werden kann.

Dieses Entwicklungsmodell hat eine entsprechend flexible und reflexive Struktur der verschiedenen triadischen Beziehungsfelder zur Vorraussetzung, die als fünfpolige Beziehungspyramide skizziert werden kann.

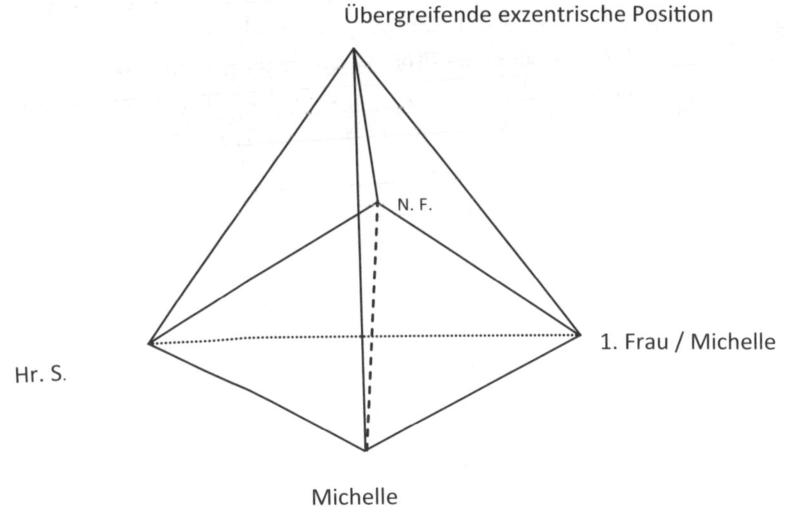

Abb. 4: Fünfpolige Beziehungspyramide

Dieses Modell einer fünfpoligen Beziehungspyramide[3] reflektiert, wenn auch in grober Form, die möglichen Dreieckskonstellationen in einer Patchwork-Familie. Das Gelingen dieses Familienprojektes ist davon abhängig, dass die beteiligten Personen diese Konstellationen ausbalancieren können. Notwendig dafür ist, dass die Triaden in ihrer Gesamtheit ins Blickfeld gerückt werden. Dafür müssen die einzelnen Triaden von den beteiligten Personen zum Rotieren gebracht, d. h. die eigenen Perspektiven mit denen der anderen in Relation gesetzt werden, um daraus dann veränderte Beziehungsmodalitäten zu schöpfen. Die Triaden erweitern oder verengen sich, indem die Beteiligten zwischen Anerkennung und Negation um veränderte Kompromisse ringen. Diese beru-

[3] Erläuterung des Modells: N. F. heißt neue Familie; mit der Abkürzung ist keine Wertung verbunden, sondern diese ist allein grafischen Gründen geschuldet. Die gepunktete Linie zwischen der Position von Herrn S. und erster Frau/Michelle soll ausdrücken, dass diese Verbindung eher nachrangige Bedeutung hat. Die gestrichelte Linie zwischen Michelle und N. F. soll ausdrücken, dass die Tochter sich wahrscheinlich vorrangig über den Vater als Mitglied der neuen Familie definiert. Die durchgezogenen Linien drücken gleichwertige Bedeutungsebenen aus.

hen auf einem Verlust eingeschliffener Balancen zwischen Intrapsychischem und Intersubjektivem, zwischen Phantasie und Realität und münden unter günstigen Voraussetzungen in einen Prozess ein, in dem sich Beziehungspartner je nach Bedeutungsgrad als zusammengehörig bzw. getrennt definieren und erleben.

Literatur

Abelin, E. L. (1986): Die Theorie der frühkindlichen Triangulation. Von der Psychologie zur Psychoanalyse. In: Stork, J. (Hrsg.): Das Vaterbild in Kontinuität und Wandlung. Bad Cannstadt: frommann & holzboog.

Bauriedl, T. (1998): Die Triangularität menschlicher Beziehungen und der Fortschrittsglaube der psychoanalytischen Entwicklungstheorie. In: Bürgin, D. (Hrsg.): Triangulierung. Der Übergang zur Elternschaft. Stuttgart: Schattauer.

Benjamin, J. (1990): Ein Entwurf zur Intersubjektivität. Anerkennung und Zerstörung. In: Benjamin, J. (Hrsg.): Phantasie und Geschlecht. Studien über Idealisierung, Anerkennung und Differenz. Frankfurt a. M.: Stroemfeld, 1993.

Benjamin, J. (2004): Tue ich oder wird mir angetan? Ein intersubjektives Triangulierungskonzept. In: Altmeyer, M./Thomä, H. (Hrsg.): Die vernetzte Seele. Die intersubjektive Wende in der Psychoanalyse. Stuttgart: Klett-Cotta.

Borst, E. (2004): »Anerkennung« als konstitutives Merkmal sozialpädagogischer Bildungsvorstellungen. In: Neue Praxis, 34, 259-270.

Buchholz, M. (1993): Dreiecksgeschichten. Eine klinische Theorie psychoanalytischer Familientherapie. Göttingen: Vandenhoeck & Ruprecht.

Bürgin, D./Klitzing, K. v. (2001): Zur Psychoanalyse von Kindern und Jugendlichen. Triadische Kompetenz: Ressource für die psychische Entwicklung. Aus der Forschung über die Entwicklung der Eltern-Kind-Triade. In: Bohleber, W./Drews, S. (Hrsg.): Die Gegenwart der Psychoanalyse – die Psychoanalyse der Gegenwart. Stuttgart: Klett-Verlag, 2002.

Dammasch, F./Metzger, H.-G. (1999): Die Suche nach der Differenz – Zur Bedeutung des Vaters in der familialen Triade. In: Zeitschrift für psychoanalytische Theorie und Praxis, 14, 284-307.

Dammasch, F. (2008): Der Junge ohne väterliche Struktur. In: Haubl, R./Dammasch, F./Krebs, H. (Hrsg.): Riskante Kindheit. Psychoanalyse und Bildungsprozesse. Göttingen: Vandenhoeck & Ruprecht, erscheint 2009.

Finger-Trescher, U. (1999): Psychoanalytisch-pädagogische Strukturmerkmale von Erziehungsberatung in der Institution. Zur Konzeption der Beratungsstelle für Eltern, Kinder und Jugendliche der Stadt Offenbach/M. In: Datler, W./Figdor, H./Gstach, J. (Hrsg.) (1999): Die Wiederentdeckung der Freude am Kind. Psychoanalytisch-pädagogische Erziehungsberatung heute. Gießen: Psychosozial-Verlag.

Finger-Trescher, U. (2006): Erziehungsberatung im Kontext der Jugendhilfe. Dienstleistung und Profession. In: Schnoor, H. (Hrsg.): Psychosoziale Beratung in der Sozial- und Rehabilitationspädagogik. Stuttgart: Kohlhammer.

Grieser, J. (2003): Von der Triade zum triangulären Raum. In: Forum der Psychoanalyse, 19, 99-115.

Grieser, J. (2007): Freiheit und Entwicklung im triangulären Raum. In: Psyche, 61, 560-589.

Honneth, A. (1990): Integrität und Missachtung. Grundmotive einer Moral der Anerkennung. In: Merkur. Deutsche Zeitschrift für europäisches Denken, 44, 1043-1054.

Honneth, A. (1997): Anerkennung und moralische Verpflichtung. In: Zeitschrift für philosophische Forschung, 51, 25-41.

Hörster, R. (2003): Fallverstehen. Zur Entwicklung kasuistischer Produktivität in der Sozialpädagogik. In: Helsper, W./Hörster, R./Kade, J. (Hrsg.): Ungewissheit. Pädagogische Felder im Modernisierungsprozess. Weilerswist: Velbrück Wissenschaft.

Katzenbach, D. (2004): Das Problem des Fremdverstehens. Psychoanalytische Reflexion als Beitrag zur Professionalisierung geistigbehindertenpädagogischen Handelns. In: Wüllenweber, E. (Hrsg.): Soziale Probleme von Menschen mit geistiger Behinderung. Stuttgart: Kohlhammer.

Klitzing, K. v. (1998): »Wenn aus zwei drei werden…«. Ergebnisse einer prospektiven Studie zur Entstehung der Eltern-Kind-Beziehung. In: Bürgin, D. (Hrsg.): Triangulierung. Der Übergang zur Elternschaft. Stuttgart: Schattauer.

Körner, J. (2000): Die trianguläre Struktur sozialpädagogischer Situationen. Variante(n) einer Fallgeschichte (II. Teil). In: Ahrbeck, B./Körner, J. (2000) (Hrsg.): Der vergessene Dritte – Ödipale Konflikte in Erziehung und Therapie. Neuwied: Luchterhand.

Körner, J. (2004): Die trianguläre Situation in der Psychoanalyse und der psychoanalytischen Pädagogik. In: Hörster, R./Küster, E. W./Wolff, S. (Hrsg.): Orte der Verständigung. Beiträge zum sozialpädagogischen Argumentieren. Freiburg i. Brsg.: Lambertus.

Krebs, H./Müller, B. (1998). Der psychoanalytische Begriff des Settings und seine Rahmenbedingungen im Kontext der Jugendhilfe. In: Müller, B./Finger-Trescher, U./ Krebs, H. (Hrsg.): Jahrbuch für Psychoanalytische Pädagogik. (Bd. 9). Gießen: Psychosozial-Verlag.

Krebs, H. (1999): Der Erstkontakt in der institutionellen Erziehungsberatung – dargestellt am Beispiel eines von psychosozialer Ausgrenzung bedrohten Jugendlichen und seiner Familie. In: Datler, W./Figdor, H./Gstach, J. (Hrsg.): Die Wiederentdeckung der Freude am Kind. Psychoanalytisch-pädagogische Erziehungsberatung heute. Gießen: Psychosozial-Verlag.

Krebs, H. (2008): Methodische Aspekte professionellen Handelns. In: Haubl, R./Dammasch, F./Krebs, H. (Hrsg.): Riskante Kindheit. Psychoanalyse und Bildungsprozesse. Göttingen: Vandenhoeck & Ruprecht, erscheint 2009.

Müller, B. (1985): Die Last der großen Hoffnungen: methodisches Handeln und Selbstkontrolle in sozialen Berufen. Weinheim: Juventa, 1991.

Müller, B. (1993). Sozialpädagogisches Können: ein Lehrbuch zur multiperspektivischen Fallarbeit. Freiburg i. Brsg.: Lambertus, 1994.

Müller, B. (2000): Die trianguläre Struktur sozialpädagogischer Situationen. Variante(n) einer Fallgeschichte (I. Teil). In: Ahrbeck, B./Körner, J. (Hrsg.): Der vergessene Dritte – Ödipale Konflikte in Erziehung und Therapie. Neuwied: Luchterhand.

Müller, B. (2001): Methoden. In: Otto, H. U./Thiersch, H. (Hrsg.): Handbuch Sozialarbeit/Sozialpädagogik. Neuwied: Luchterhand.

Oevermann, U. (1996): Theoretische Skizze einer revidierten Theorie professionalisierten Handelns. In: Combe, A./Helsper, W. (Hrsg.): Pädagogische Professionalität. Untersuchungen zum Typus pädagogischen Handelns. Frankfurt a. M.: Suhrkamp.

Schon, L. (2000): Triangulierung. In: Mertens, W./Waldvogel. B. (Hrsg.): Handbuch psychoanalytischer Grundbegriffe. Stuttgart: Kohlhammer, 2002.

Schnoor, H. (Hrsg.) (2006a): Psychosoziale Beratung in der Sozial- und Rehabilitationspädagogik. Stuttgart: Kohlhammer.

Schnoor, H. (2006b): Psychosoziale Beratung und Psychotherapie: Annäherungen – Abgrenzungen – Ergänzungen. In: Schnoor, H. (Hrsg.): Psychosoziale Beratung in der Sozial- und Rehabilitationspädagogik. Stuttgart: Kohlhammer.

Schülein, J. A. (1998): Zur Entwicklung selbstreflexiver Kompetenz. In: Forum Supervision, 6, 7-20

Schülein, J. A. (1999): Probleme und Risiken institutionalisierter Selbstreflexion. In: Forum Supervision, 7, 24-38.

Tietel, E. (2002): Trianguläre Räume und soziale Häute in Organisationen. In: Pühl, H. (Hrsg.): Supervision. Aspekte organisationeller Beratung. Berlin: Leutner.

Tietel, E. (2004): Institutionelle Triangulierung aus psychoanalytischer und systemischer Sicht. In: Triangel-Institut (Hrsg.): Brücken und Tücken psychoanalytisch-systemischer Beratung. Berlin: Leutner.

Weber, S. M. (2006): Vergessene Kontexte? Organisation als Bezugspunkt von Beratung. In: Schnoor, H. (Hrsg.): Psychosoziale Beratung in der Sozial- und Rehabilitationspädagogik. Stuttgart: Kohlhammer.

Sozialgesetzbuch (SGB) VIII/Kinder- und Jugendhilfe (1990): www.bmfsfj.de.

Wiesner, R./Kaufmann, F./Mörsberger, T./Oberloskamp, H./Struck, J. (Hrsg.) (1995): SGB VIII. Kinder- und Jugendhilfe. München: Verlag C. H. Beck.

Walter Lotz

Entwicklung pädagogischer Handlungskompetenz und die Struktur der Triangularität

Pädagogisches Handeln als Balancieren und Relationieren

Pädagogisches Handeln in den Handlungsformen des Unterrichts und der Beratung, der Betreuung und Sozialen Gruppenarbeit, der Familienhilfe und präventiven Projektarbeit u. a. steht im Spannungsfeld zweier Grundorientierungen: Es ist an funktionalen Bestimmungsmomenten des fachlichen Auftrags und der institutionellen Rolle, rechtlichen Vorgaben und Richtlinien, zu vermittelnden Inhalten von Curricula und anerkannten Verfahrensstandards orientiert. Durch solche funktionalen Bestimmungsmomente steht das pädagogische Handeln in einem ersten fachlichen Rahmen, der es perspektivisch ausrichtet.

Entwicklungsförderung als grundlegende pädagogische Aufgabe im Spannungsfeld personaler Integrität und sozialer Integration lässt sich aber weder technisch noch strategisch bewerkstelligen, sie gelingt nicht »nach Rezept« – das würde den heranwachsenden Menschen zur Maschine reduzieren. Und sie gelingt nicht nach manipulativem Kalkül – das würde das Moment der Selbstbestimmung im Entwicklungsprozess negieren. Pädagogisches Handeln muss daher ebenso auf situationsbezogene kommunikative Offenheit ausgerichtet sein, ohne die eine vertrauensvolle Beziehung als entscheidende Wirkungsgröße der Erziehung nicht aufgebaut werden kann. Neben den funktionalen sind es daher also die kommunikativen Anteile, die kompetentes pädagogisches Handeln ausmachen. Das *Spannungsfeld funktionaler und kommunikativer Bestimmungsmomente* verlangt damit vom Handelnden ein ständiges Ausbalancieren von Nähe und Distanz im Beziehungsgeschehen, das vom Absturz in Privatheit ebenso bedroht ist wie vom Absturz in technische oder strategische Bemächtigung.

Unter der Perspektive der Professionalität kommt ein zweiter Balanceanspruch hinzu: Professionen bearbeiten zentrale gesellschaftliche Aufgaben-

und Problembereiche mit prekärer Entscheidungsgrundlage und daher hoher Begründungsverpflichtung, der sie u. a. durch einen wissenschaftlichen Theoriehintergrund und dic akademische Ausbildung der Professionsangehörigen nachkommen. Professionen beziehen sich einerseits auf wissenschaftliche Disziplinen, sie bringen aber mit ihrem Bezug auf konkrete Fallsituationen, die keine direkte und lineare Ableitung (Transfer) der Problembearbeitung von allgemeinem Theoriewissen aus ermöglichen, auch andere Betrachtungsperspektiven ein. Professionelles Handeln bearbeitet daher eine Differenz zwischen den Abstraktionen wissenschaftlicher Theorien und den konkreten Merkmalen des Einzelfalls, der einmalig, komplex und nicht vollständig unter die wissenschaftliche Abstraktion zu subsumieren ist. Die lebenspraktisch-anschauliche Perspektive aller am Fall Beteiligten und die fachlich-systematisierende Perspektive relevanter Fallmerkmale sind daher – neben den Theoriebezügen – wesentliche Zugänge des professionellen pädagogischen Handelns. Das damit aufgeworfene *Spannungsfeld von Abstraktion und Konkretion* macht das Relationieren unterschiedlicher (alltagspraktisch-narrativer, fachlich-systematischer und abstrahierend-theoriebezogener) Reflexionsweisen erforderlich; es ist vom Absturz ins Theoretische und Ideologische ebenso bedroht wie vom Absturz in alltagspraktische Wurstelei.

Pädagogisches Handeln enthält als dynamisch-situatives Beziehungsgeschehen (im Rahmen funktionaler Bestimmung) einerseits emotional-affektive Momente, in denen auch unbewusste Anteile aller Beteiligten wirksam sind. Es ist andererseits – als Handeln – bewusstseinsfähiges und der Argumentation zugängliches Tun, das immer wieder als grundlegende Kompetenz die Fähigkeit zur Triangulierung erfordert, zum einen im Sinne seiner Begründungsverpflichtung, zum anderen im Dienste der Psychohygiene. Ohne die Möglichkeit der Begründung steht es im »Verdacht« von Zufall und Willkür, und ohne Absicherung der eigenen Personalität und kommunikativen Beziehungsfähigkeit gerät der oder die Handelnde in die Fallstricke blinden Agierens und in die Gefahr des Burnout.

Indem die Nähe-Distanz-Balance im Spannungsfeld von Funktionalität und Kommunikation sowie die Relationierung konkreter und abstrakter Fallbezüge grundlegende Anforderungen an die pädagogisch Handelnden stellen, benötigen diese Orientierungshilfen, um den jeweiligen Handlungsanlass und die darauf bezogene Vorgehensweise argumentativ bestimmen zu können. Dies gelingt in der triangulären Struktur des Bewusstseins.

Wo in den Handlungsformen der Beratung und des Unterrichts, der Betreuung und Sozialen Gruppenarbeit etc. dem kommunikativen Bestimmungsmoment eine besondere Bedeutung zukommt, wird dieses trianguläre Bewusstsein durch die Orientierungen einer kommunikativen Handlungskonzeption gestützt. Denn diese gibt Navigationshilfen in der triangulären Struktur aus handelndem Subjekt, den konzeptionellen Sinnbezügen und der offenen, d. h. interpretationsbedürftigen Situation.

Triangulierende Navigationshilfen einer kommunikativen Handlungskonzeption

Eine zum funktional und kommunikativ bestimmten Handeln hilfreiche Konzeption bietet sowohl pragmatische als auch normative Orientierungen in einem ausgearbeiteten, aber auch ergänzungsfähigen Sinnsystem an, das situations- und prozessbezogene Entscheidungen eröffnet und zu klären hilft. Es muss dabei weit genug angelegt sein, um unterschiedliche Handlungsformen aufzunehmen und eng genug, um für diese Orientierungen abzugeben und überprüfbare Wirkung zu entfalten (vgl. Reiser 2005), sowie es möglich machen, die jeweils funktionalen Bestimmungsmerkmale mit Kriterien kommunikativen Handelns zu verbinden. Eine solche Handlungskonzeption kann eine vermittelnde Funktion zwischen Theorie und Praxis, zwischen abstrahierenden und konkretisierenden Fallzugängen einnehmen und sowohl den biografisch-persönlichen Anteilen der Handelnden als auch den fachlichen Kriterien im Ausbalancieren von Nähe und Distanz gerecht werden. Erforderlich dazu ist ihr »generativer Gebrauch«: Indem der Handelnde den Anlass seines Tuns aufschlüsseln (Situationsdeutung) und in Bezug zu Wertmaßstäben setzen kann (Vision) sowie Grundeinstellungen zum Arbeitsprozess (Haltung) abzusichern und Möglichkeiten zur angemessenen Vorgehensweise (Methode) zu gewinnen in der Lage ist, bestimmt er in der triadischen Denkfigur aus Fallsituation, konzeptionellen Inhalten und handelndem Subjekt sein Tun.

Die Themenzentrierte Interaktion (TZI) gibt als kommunikative Handlungskonzeption mit den vier Faktoren ICH – WIR – ES – GLOBE ihres Reflexionsmodells – veranschaulicht durch ein Dreieck in einer Kugel – einerseits eine pragmatische Orientierung zur Reflexion des Handelns unter den

Perspektiven der Subjektivität, Intersubjektivität, Objektivität[1] und Kontextualität vor. Dieses Modell enthält andererseits auf der Grundlage der TZI-Aussagesystematik[2] auch normative Implikationen[3], die ich mit den pädagogischen Leitideen der Bildung (Subjektivität – Objektivität), Begegnung (Subjektivität – Intersubjektivität), Kooperation (Intersubjektivität – Objektivität) und Verantwortung (Kontextualität) zu erfassen versuche (vgl. Lotz 2003, 2007).

Zur pädagogischen Arbeit mit dieser Handlungskonzeption habe ich eine Verfahrensweise entwickelt und erprobt, mit der es möglich wird, pädagogische Prozesse sowohl phänomenal differenziert als auch fachlich systematisiert in vier Schritten zu erfassen. In einem ersten Schritt wird das Geschehen sowohl erzählerisch-anschaulich als auch durch die oben genannten vier Faktoren systematisiert festgehalten. Diese Situationsdeutung wird in einem zweiten Schritt durch Überlegungen zum institutionellen Auftrag, fachlichen Anliegen und der eigenen persönlichen Teilhabe am Fall ergänzt. In einem dritten Schritt kommt es nun dadurch zu einer bewertenden Fokussierung, dass zu den genannten pädagogischen Leitideen formulierte Kompetenzen an das Geschehen »angelegt« werden (vgl. Lotz 2007: 63ff.). Sie sind in Theorie verankerte Anhaltspunkte, die zur genaueren Aufschlüsselung des praktischen Geschehens herangezogen werden. Dies geschieht dadurch, dass einzelne Phänomene aus dem Prozessverlauf, in den Zusammenhang mit Leitideen und Kompetenzen gebracht, als Indikatoren für dessen Qualität betrachtet werden. Indikatoren sind damit Verbindungsglieder zwischen den leitideebezogenen Kompetenzen einerseits und dem phänomenalen Geschehen andererseits; sie gehören sowohl der Theorie als auch der Praxis an. Sie sind Anzeichen für die Qualität des pädagogischen Prozesses, die aus den bewertenden Kriterien der Leitideen und Kompetenzen und den phänomenalen Ereignissen interpretativ erschlossen werden. In einem vierten Schritt geht es dann darum, aus der gleichermaßen detailreichen wie verdichteten Prozessanalyse spezifische Hinweise für Haltung und Methode zur weiteren Prozessgestaltung zu gewinnen.

Der trianguläre mentale Raum, den das »Dreieck in der Kugel« eröffnet,

---

1 Objektivität ist hier im Sinne einer »dritten Sache« (Aufgabe, Inhalt, Gegenstand, Vergegenständlichung) gemeint.

2 Zu Axiomen, Postulaten, Hilfsregeln und methodischen Prinzipien vgl. Matzdorf/Cohn (2003) und Reiser (1995).

3 »Das Vierfaktoren-Modell des Dreiecks in der Kugel enthält die Grundlagen humanistischer Ethik« (Cohn 1984: 438).

wird durch eine regulierte und reflektierte Arbeitsbeziehung (ICH – WIR: Begegnung) konstituiert, in der sich die Beteiligten auf jeweils unterschiedliche Weise auf ein Drittes der Zustände, Aufgaben, Ziele etc. beziehen (ICH – ES: Bildung), das sie in einem sie verbindenden Prozess bearbeiten (WIR – ES: Kooperation). Dieses Dritte weist über die Akteure und ihre Kommunikation hinaus, sowohl auf die Profession als fachlichen Rahmen als auch auf die Welt, in der sie leben (GLOBE: Verantwortung).

Das pädagogische Handeln wird dadurch triangulär, dass spezifische Kompetenzen der Abwägung »ins Spiel« kommen:

a) im Spannungsfeld der Begegnung: sich einerseits authentisch-differenziert mitteilen und andererseits wechselseitig Vertrauen aufbauen;
b) im Spannungsfeld der Bildung: einerseits Inhalte, Aufgaben, Zustände etc. sachgerecht zum Gegenstand machen und andererseits den eigenständigen Prozess der Bedeutungsbildung behaupten;
c) im Spannungsfeld der Kooperation: einerseits den anderen mit eigenen Perspektiven konfrontieren und sich andererseits auf etwas Gemeinsames einigen;
d) im Spannungsfeld der Verantwortung: einwirkende Kontexte einerseits umgestalten und sie andererseits sichern und erhalten.

Die symbolische Repräsentation dieser grundlegenden Aspekte des pädagogischen Geschehens kann auf unterschiedliche Weise erfolgen: durch alltagspraktisch-narrative Zugänge, durch die fachlich konzeptionelle Reflexion und durch den Einbezug abstrahierender Theorie. Das Sinnsystem der kommunikativen Handlungskonzeption TZI kann dabei als vermittelnder Bezugspunkt zur Nähe-Distanz-Balance und zur Relationierung von Konkretion und Abstraktion genutzt werden.

Fragestellung und Vorgehensweise der Untersuchung

Themenzentrierte Interaktion als eine professionelle kommunikative Handlungskonzeption ist u. a.[4] Gegenstand des Arbeitens und Lernens im Theo-

4 Wir vermitteln im Theorie-Praxis-Seminar »Konzeptionelle Ansätze in der Sozialen Arbeit« die kommunikativen Handlungskonzeptionen des Personzentrierten Ansatzes, der

rie-Praxis-Seminar des Studiengangs Sozialpädagogik der Fachhochschule Frankfurt am Main, das ich seit einigen Jahren zusammen mit Christiane Zimmermann-Lotz, Beraterin und Supervisorin in einer familientherapeutischen Praxis, anbiete. Die Studierenden sollen durch praktische Erfahrung und systematische, an der TZI-Konzeption ausgerichtete Reflexion handeln lernen, d. h. zunehmend in der Lage sein, Handlungsanlässe aufzuschlüsseln, Werturteile abzuwägen sowie aufgabenbezogene Grundeinstellungen und methodische Interventionsmöglichkeiten zu gewinnen.

Themenzentrierte Interaktion ist über diesen Inhalt des Lernens hinaus für uns ein Gestaltungs- und Reflexionsinstrument der studentischen Lernprozesse. Wir untersuchen dabei nach den in den beiden ersten Abschnitten ausgeführten Kriterien die Entwicklungsprozesse sowohl bei Einzelnen als auch im Zusammenhang der Gruppe von 18 Studierenden, die über einen Zeitraum von drei Semestern kontinuierlich mit jeweils sechs Semesterwochenstunden zusammenarbeiten, ein Praktikum von 50 Tagen absolvieren und fünf begleitende Theorieveranstaltungen besuchen.

Neben dieser inhaltlichen Vermittlung und der methodischen Gestaltung themenzentrierten Vorgehens haben wir im Seminardurchgang vom Sommersemester 2006 bis Sommersemester 2007 mit Hilfe des Verfahrens der Themenzentrierten Prozessanalyse die Lernprozesse der Studierenden differenziert im Hinblick auf die triangulären Kompetenzaspekte untersucht. Hilfsmittel dazu war das Protokollverfahren in den vier oben genannten Schritten:

Themenzentrierte Prozessanalyse

1. Situationsdeutung: Ereignisse – Szenarien – Konstellationen

Faktor ICH: die einzelnen Beteiligten und Merkmale, die sie charakterisieren

Faktor WIR: strukturelle und dynamische Aspekte der Beziehungskonfigurationen

Faktor ES: die Gegenstände in ihrer objektiven Bedeutung und subjektiven Bedeutsamkeit

Faktor GLOBE: gesellschaftliche Ebene – Ebene der Lebensumwelt der Adressatinnen und Adressaten – berufsfeldspezifische und institutionelle Ebene – Ebene des Rahmens und Settings

Themenzentrierten Interaktion und einer psychoanalytisch ausgerichteten Pädagogik.

2. Situationsdeutung: institutioneller Auftrag – fachliches Anliegen – persönliche Teilhabe

3. Vision: Indikatoren zu leitideebezogenen Kompetenzen

Kompetenzen zur Bildung (Bd):

»Etwas zum Gegenstand machen in seiner objektiven Bedeutung und subjektiven Bedeutsamkeit.« **Bd-D**

»Sich etwas zu eigen machen, das eine neue Qualität der Bezugnahme auf die Gegenstände begründet.« **Bd-I**

Kompetenzen zur Begegnung (Bg):

»Etwas von sich offenbaren und eine Anfrage an den/die anderen richten.« **Bg-DS**

»Authentisch Antwort geben in Vergegenwärtigung des/der anderen.« **Bg-DA**

»Vertrauen aufbauen als berechtigte Hoffnung auf die wechselseitige Anerkennung als Person.« **Bg-I**

Kompetenzen zur Kooperation (Ko):

»Mit dem eigenen Gegenstandsbezug den/die anderen konfrontieren.« **Ko-D**

»Sich auf etwas Gemeinsames einigen und darauf Bezug nehmen in einem synergetischen Lern- und Arbeitsprozess.« **Ko-I**

Kompetenzen zur Verantwortung (Ve):

»Die Verhältnisse destabilisieren, verändern, umgestalten, umstürzen … in verantworteter Entscheidung.« **Ve-D**

»Die Verhältnisse bestätigen, erhalten, absichern, wiederherstellen … in verantworteter Entscheidung.« **Ve-I**

4. Haltung und Methode:

– aufmerksam nach innen und außen	**THEMA**
– personal bezogen in der fachlichen Rolle	
– selektiv authentisch	**STRUKTUR**
– transparent und argumentativ in situativer Angemessenheit	
– partizipierend am Prozess im Wechselbezug zum »exzentrischen Standpunkt«	**INTERVENTIONEN**

Im Mittelpunkt der Prozessanalyse stand die Frage nach kritischen Konstellationen im Lernprozess, d. h. nach äußeren und/oder inneren Erschwernissen auf dem Weg zur Entwicklung einer triangulären Struktur in der Ausgestaltung und Reflexion des eigenen pädagogischen Handelns. Unsere Annahme war, dass sich diese nicht umstandslos einstellt, sondern von Schwierigkeiten und mitunter auch von Entwicklungskrisen begleitet ist. Mit Hilfe der Prozessanalyse wollten wir solchen hemmenden und förderlichen Merkmalen differenziert nachgehen.

Die Begleitung der studentischen Entwicklungsprozesse während des Theorie-Praxis-Seminars und die anschließende Auswertung der Protokolle hatten folgenden Ablauf:

- Zeitnah nach jedem Seminartermin (als wöchentlich vierstündige Veranstaltungen und als zweitägige Blockseminare) erstellten wir aus der Leitungsperspektive eine TZI-Prozessanalyse mit Hilfe des Protokollformulars. Nach jedem Semester führten wir eine ausführliche Evaluation der Veranstaltung aus studentischer Sicht durch und hielten die Ergebnisse im Protokoll fest.
- Nach Beendigung der dreisemestrigen Veranstaltung und dem Vorliegen von insgesamt 34 drei- bis vierseitigen Protokollen erarbeitete ich eine inhaltliche Zusammenfassung aller Protokolle, z. T. durch Kurzfassung von Protokollinhalten, z. T. durch Zitate aus den Protokollen. Diese Zusammenfassung wurde anschließend von der Co-Leiterin überprüft.
- Diese 80-seitige Zusammenfassung der Protokolle bildete das Rohmaterial zum Herausarbeiten von Hypothesen zu kritischen Konstellationen im Lernprozess. Beim Durcharbeiten der Zusammenfassung sammelten wir Beschreibungen von singulären Ereignissen, wiederkehrenden Situationen oder andere, bereits abstrahierende Hinweise darauf und systematisierten sie durch die Formulierung von Hypothesen.

Ergebnisse: Hypothesen zur Kompetenzentwicklung pädagogischen Handelns

1. Hypothese: Fachliche Kompetenzentwicklung benötigt Zeit zur *Erfahrung der Selbstwirksamkeit* in der Auseinandersetzung mit Anforderungen an das pädagogische Handeln. Eine instrumentelle Orientierung an »Rezepten« oder die identifikatorische Anlehnung an solche Personen, die das Handeln »beherrschen«, verkürzt nur scheinbar diese Entwicklungszeit, verfehlt aber letztlich die Intention der Entwicklung eigener Handlungskompetenzen.

Im pädagogischen Handeln ist immer wieder mit Problemsituationen zu rechnen, in denen sich ein bestimmter äußerer Erfolg oder die innere Überzeugung, genau und eindeutig das Richtige getan zu haben, nicht – oder nicht gleich – einstellen. Dadurch entstehen Anspannungen, die durch die Hinwendung an ein technisch abgesichertes Vorgehen oder an idealisierte Personen, die scheinbar alle Probleme umstandslos lösen können, zu vermeiden versucht werden.

Mit dieser Konstellation im Entwicklungsprozess wurden wir zu Beginn des Seminars konfrontiert. Denn die Erwartungen der Studierenden waren in hohem Maße am Kompetenzgewinn für ihr Handeln im Berufsfeld orientiert, verbunden mit der Hoffnung, Problemsituationen in der Praxis schnell, sicher und fachlich souverän lösen zu können. In diese Erwartungen gingen bei einem großen Teil der Studierenden Wunschvorstellungen ein, Unsicherheiten im Handeln gänzlich zu vermeiden und alle Fälle möglichst leicht zu »knacken«. So war u. a. der Wunsch nach Vorführung eines entsprechenden Videos mit Beispielen, wie man es richtig macht, eine didaktische Anregung, die die Studierenden vorbrachten.

Mit dieser »Allmachtsphantasie« verbunden waren Beziehungserwartungen an die Seminarleitung, die einerseits als Kompetenzvorschuss eine gute Grundlage für unsere Prozessgestaltung waren, andererseits aber als unrealistische Zuschreibungen ein Übertragungsszenarium eröffneten, das auf die inhaltlichen Auseinandersetzungen einwirkte. Dies zeigte sich in einem ersten Rollenspiel, in dem die Dozentin um »einen leichten Beratungsfall« gebeten hatte, um daran ein mögliches methodisches Vorgehen aufzuzeigen. Dieser Vorschlag wurde nun geradezu mit dem Gegenteil beantwortet: Eine Studentin spielte die Mutter eines mutistischen Kindes aus ihrem Kindergarten, die die deutsche Sprache nicht beherrscht, nicht zu einer Problematisierung der Schwierigkeiten ihres Kindes bereit ist, kein eigenes Anliegen hat und auf kein Angebot der Beraterin eingeht. Auch in einem zweiten Rollenspiel standen recht schwierige Kommunikationsbedingungen im Vordergrund. Hier spielte eine Studentin eine blinde und geistig behinderte Frau.

Mit ihren Fallbeispielen brachten die Studierenden besondere Erwartungen an die Seminarleitung und an das konzeptionsbezogene Vorgehen ein, die im zweiten Protokoll festgehalten sind: Die auffällige Umkehr der Vorgabe und die dadurch in Gang gekommene Inszenierung schwieriger Beratungssituationen verdeutlichten die implizite Hoffnung, die Seminarleitung möge doch gleich zu Beginn zeigen, dass »professionell« alles geht und konzeptionsbezogenes Handeln die eigenen Schwierigkeiten schnell auflöst. Durch die beiden »umgekehrten« Fälle verschärften die Studierenden die fachliche Kompetenzfrage zu einem »entweder-oder-Spiel«, das eine Beziehungserwartung enthält, »in der es zwischen Gefolgschaft (›Was die jetzt erfolgreich vormacht, das mache ich in Bewunderung nach!‹) und Abwertung (›Wenn die das nicht kann, dann taugt das und die nichts!‹) nur wenig Raum gibt« (1. Rubrik des 2. Protokolls).

Dieser Erwartungsdruck an die Seminarleitung, ideale Lösungen für schwierige Praxisprobleme vorzuführen, verbunden mit dem Wunsch nach Auflösung von Unsicherheiten und Anspannungen, war eine gut nachvollziehbare Hoffnung, die aber auch eine Hürde im eigenen Entwicklungsprozess darstellte. Wir antworteten darauf mit einer vorsichtigen Dekonstruktion unrealistischer Erwartungen und dem Aufzeigen von »Möglichkeiten in erweiterbaren Grenzen«, die im Zusammenhang der Erfahrung eigener Selbstwirksamkeit immer mehr ins Zentrum unserer »Werkstatt« kamen. So reagierte Frau Neumann[5] auf die Erfahrung ihrer distanzlosen Überfürsorglichkeit in einem Rollenspiel mit der Bemerkung, »dies sei ihr in unauslöschlicher Erinnerung. So etwas würde ihr in einer Beratung sehr schnell auffallen – und tendenziell nicht mehr passieren […] sie habe viel über sich und ihr Reagieren gelernt« (1. Rubrik des 10. Protokolls).

Solche Entwicklungsprozesse, gestützt durch einen Wechsel von Übung und Reflexion, vermittelten im Seminarverlauf allmählich einen Zugewinn an eigenen Kompetenzen; dies entspannte auch die Beziehungen zwischen den Studierenden und der Seminarleitung.

2. Hypothese: Der Umgang mit der Komplexität des Falls erfordert »Spielräume« für eine sorgfältige Einschätzung der Angemessenheit unterschiedlicher Zugänge und Betrachtungsweisen im *Bewusstsein der Perspektivität*. Die »fest gefahrene« identifikatorische Einnahme einer »Position im Fall« oder die klischeehafte Auflösung wesentlicher Zusammenhänge zugunsten einer eingeengten Fallbetrachtung verfehlen die Intentionen fachlich angemessenen Handelns.

Das, was pädagogisch »der Fall« ist, liegt nicht von vornherein »auf der Hand« und ergibt sich nicht eindeutig, sondern muss aus Vorgaben, Richtli-

[5] Alle Namen im Text sind geändert.

nien, Rahmenbedingungen etc. *und* aus kommunikativ von den handelnden Personen gewonnenen Bestimmungsmomenten multiperspektivisch aufgeschlüsselt werden. Die Offenheit einer Situation und die Unbestimmtheit ihrer Interpretation machen es erforderlich, dass funktionale und kommunikative Anteile in der Fallbearbeitung sorgfältig aufeinander bezogen werden. Es kommt also darauf an, sachliche Aspekte der Profession und persönliche Aspekte des Handelnden in der Fallbearbeitung gleichermaßen zu beachten, so dass die Schnittstelle von Fachlichkeit und Persönlichkeit der besonderen Aufmerksamkeit im Lernprozess bedarf.

Insofern beschäftigten wir uns bereits in einem frühen Stadium des Seminars mit »einer grundsätzlichen Problemstellung fachlichen Handelns – dem Perspektivenwechsel von subjektiver ›unmittelbarer Teilhabe‹ zu fachlich reflektierter Vorgehensweise, die eine entsprechende Haltung und produktives methodisches Vorgehen verlangt«. Damit ist der Anspruch einer Transformation verbunden, die als »fachlich erforderliche Kompetenz« (1. Rubrik des 6. Protokolls) erkannt werden muss – um sie erarbeiten zu können. Die Themen dieser Erarbeitung im Seminarverlauf waren »Kongruent im Dialog – Wie kann ich als Person eine andere Person beraten?«, »Wie bringe ich mein subjektives Fallerleben in eine konzeptionsbezogene fachliche Betrachtung?«, »Klienten, die mich persönlich herausfordern« und »Rollengerechte Gestaltung fachlicher Interaktion – ohne sich selbst zu verleugnen: Welche Möglichkeiten sehen wir?«.

Dabei tauchten recht unterschiedliche individuelle Zugänge zu Beratungssituationen auf, die sich auch gruppendynamisch, z. B. in Ungeduld, Unmut oder Abwehr bei der einen Untergruppe und Zugewandtheit, Mitschwingen und Offenheit bei einer anderen, zeigten. Es kam vor, dass sich solche Untergruppen in ihren Zugängen gegenseitig hochschaukelten und dann im Plenum eine Konstellation von heftiger Behauptung und Gegenbehauptung entstand, die die Frage nach der Angemessenheit der Fallbearbeitung blockierte. War diese Frage durch »Schnellschüsse« aus unreflektierter Gefühlsstimmung heraus erledigt, oder löste sich die Komplexität des Falls durch vereinfachte Fachbegriffe und über den Fall gestülpte Theoriefragmente auf, dann wurde es erforderlich, »den Identifizierungen ›im Fall‹ einerseits Raum zu geben und andererseits diese zum Gegenstand zu machen […] Dies könnte gelingen, wenn die einzelnen Studierenden sich darüber klar werden, ›als wen‹ sie der Fall anspricht, welche Position sie dadurch im Fall einnehmen, welches Sprechen und Antworten sich in ihnen abbildet und wie sie dabei ›unmittelbare Teilhabe‹ und Reflexivität gleichermaßen absichern können« (3. Rubrik des 5. Protokolls).

Positiv wirksam war dabei eine von der Gruppe von Anfang an gut gesicherte Arbeitsatmosphäre, in der es zunehmend möglich wurde, »dass der eine etwas ganz anders erlebt als die andere, ohne dass dies Kontakte und Zusammenarbeit erschweren würde – ganz im Gegenteil [...] Das (in der Gruppe) etablierte Integrationsniveau wirkt wie eine Einladung zur Differenzierung, auch wenn das hinsichtlich einzelner Teilnehmenden noch sehr unterschiedlich ist« (3. Rubrik des 6. Protokolls).

Unser methodisches Vorgehen war darauf ausgerichtet, jeweilige Vereinseitigungen einerseits im Hinblick auf die darin enthaltenen produktiven Anteile und Möglichkeiten aufzugreifen und sie andererseits um fehlende Momente und alternative Betrachtungen zu erweitern. Die Fähigkeit, gleichermaßen perspektivisch-vielfältig wie pointiert-fachlich Stellung zu nehmen, entwickelte sich insbesondere im dritten Semester des Theorie-Praxis-Seminars, indem z. B. in der Auseinandersetzung mit einem Fallbeispiel aus der Literatur in der Gruppe »eine interessante, lebendige und authentische Diskussion« entstand, die »durch inhaltlich differenzierte, persönlich transparente Beiträge und durch die wechselseitige Bezugnahme aufeinender eine intensive Durchdringung von Handlungsmöglichkeiten eröffnete« (1. Rubrik des 30. Protokolls).

3. Hypothese: Kommunikative Handlungskonzeptionen sind »generative Aussagesysteme« mit normativen und pragmatischen Anteilen sowie expliziten und impliziten Potenzialen. Diese Potenziale verwirklichen Handelnde erst in der Beweglichkeit eines *generativen Gebrauchs der Konzeption* – zum einen *im Bezug auf deren fachlich intendierte Sinngehalte*. Ideologisierung oder Simplifizierung der Konzeption im Dienste von Selbstbestätigung und Absicherung verfehlen die Intention konzeptionsbezogener Handlungskompetenzen.

Konzeptionelle Sinnzusammenhänge sind wirkmächtige Handlungsorientierungen, wenn sie wertbezogene Vorstellungen vertreten und gleichzeitig auf pragmatische Vorgehensweisen ausgerichtet sind. Kommunikative Handlungskonzeptionen wie die Themenzentrierte Interaktion gewinnen durch die Verankerung des Methodischen im Normativen an Attraktivität, die ihre Kehrseite in einem unreflektierten und oberflächlichen Gebrauch der konzeptionellen Aussageinhalte hat. Insofern verwundert es nicht, dass im konzeptionsbezogenen Lernprozess zunächst die Wirkmächtigkeit humanistischer Leitideen den Erwartungshorizont der Studierenden dominierte. Die damit verbundenen Vorstellungen konzeptionsbezogenen Handelns müssen aber in den Zusammenhang praktischer Erfahrungen und theoretischer Erörterungen gebracht werden. Denn erst im allmählichen Abgleich von Idee, Erfahrung und Reflexion gewinnt der Lernprozess an Lebendigkeit und Profil – und die Konzeption wird zum Bezugspunkt kreativen Handelns.

Zunächst war das Bild, das die Studierenden von humanistisch begründeten Handlungskonzeptionen hatten, durch ausschließlich freundliche Zustimmung, Konfliktvermeidung und eine alles akzeptierende Toleranz gekennzeichnet. Doch bereits erste Versuche, an solch vereinfachenden Vorstellungen entlang das eigene Handeln in fachlichen Problemsituationen auszurichten, zeigten, dass die Eindimensionalität einer ausschließlich harmonischen Haltung den konzeptionellen Handlungsspielraum deutlich einschränkte. Und dieses anfängliche Missverständnis wurde dann z. B. dadurch zu kompensieren versucht, dass der Handelnde nach außen hin zwar empathisch und zugewandt zu erscheinen versuchte, sein Vorgehen aber eher von strategischen Überlegungen bestimmt war. So hielt Herr Dierig im Zusammenhang der Frage, ob es sinnvoll sei, dass die Beraterin ihren Auftrag und ihre Absichten dem Klienten transparent mache, »ein solches Vorgehen für sehr unklug […], denn dann kann der Klient einen ja ›austricksen‹. Ist er dagegen in seiner Rolle nicht offen, dann kann er den Klienten dazu verleiten, offen zu werden« (1. Rubrik des 9. Protokolls).

Um im Rahmen einer Konzeption situationsbezogen angemessen handeln zu können, bedarf es daher auch der begrifflichen Anstrengung, um, an Sinnzusammenhängen orientiert, Spannungsfelder auszuloten, Spielräume abzustecken und Handlungsmöglichkeiten abzuwägen. Es war daher besonders beachtenswert, dass in den Diskussionen konzeptionsbezogener Leitideen gerade der Aspekt zwischenmenschlicher Beziehung im fachlichen Kommunikationsprozess zu begrifflichen Unklarheiten führte. Uns schien es, als seien mit den Begriffen Empathie und Begegnung sowohl intensive Wunschvorstellungen als auch heftige Befürchtungen gleichermaßen verbunden, so dass die für die pädagogische Arbeit wichtigen Momente gegenseitigen Vertrauens und wechselseitiger Anerkennung als Person, so lange abgewehrt werden mussten, wie sie Differenz und Konflikt zugunsten reiner Beziehungsharmonie ausschlossen:

> Es ist zur Zeit schwer, die Abgrenzungsseite im Begegnungsprozess zum Gegenstand zu machen […] In der Gruppe dominiert ein Begriffsverständnis von Distanz und Konflikt ausschließender bzw. vermeidender Nähe, die zum Verlust der Handlungsautonomie im scheinbaren Begegnungsprozess führen kann [...] Dabei wertet der harmoniedominierte Begriff aber die fachlichen Möglichkeiten, die in Einfühlung und Zuwendung, Selbstoffenbarung und authentischer Antwort liegen, ab. Begegnung in der Differenz und als Spannung zu sehen, das gelingt zur Zeit noch nicht. Das hat vielleicht auch etwas mit dem Zugang zum Berufsfeld zu tun, mit möglicherweise vorhandenen unbewussten Phantasien, die um eine »soziale« Beziehungsatmosphäre im Unterschied zur »rauen Wirtschaft« oder »kühlen Technik« kreisen. Wer sich um die bedürftige Klientel Sozialer Arbeit kümmert, der kann mit der Funktionalität seines Auftrages versuchen, seine Autonomie zu sichern und in der Hilfebedürftigkeit des Klienten seine Interdependenz spüren (Modell des »hilflosen Helfers«). Dass die damit verbundenen Wünsche und Befürchtungen ein heißes Amalgam abgeben, das die sachlich-nüchterne Arbeit am Begriff zunächst einmal vereinseitigt, ist deutlich spürbar gewesen. (3. Rubrik des 17. Protokolls)

4. Hypothese: Auf kommunikatives Handeln ausgerichtete Lernprozesse haben neben der inhaltlichen Bedeutung konzeptioneller Sinngehalte auch subjektive Bedeutsamkeiten und intersubjektives Beziehungsgeschehen zu berücksichtigen. Der *generative Gebrauch der Konzeption* gelingt damit erst durch den *mitteilbaren Bezug auf die persönlichen Beweggründe der handelnden Person*. Die Annahme, dass Selbstreflexion und die Kommunikation der eigenen Beweggründe vernachlässigbar sind, lässt die »Träger« der zu entwickelnden Kompetenzen außer Acht.

Im fachlichen Handeln geht es ebenso um die kognitiv-distanzierte Durchdringung des Falls wie um die Regulierung eigener Emotionen und Affekte im Prozess der Bedeutungsbildung. Insofern haben wir besonders im Zusammenhang der Entwicklung eigener Praxisvorhaben der Studierenden viel Wert darauf gelegt, ihre persönlichen Anliegen in das Praktikum einfließen zu lassen. Zu einer Kontroverse kam es, als wir die Vorhaben der Einzelnen im Hinblick auf ihre handlungsleitenden Themen und die dafür möglichen Strukturen diskutierten. Im Unterschied zu allen anderen Teilnehmenden zeigte Frau Prades Entwurf nämlich keinerlei Anhaltspunkte für das, was sie interessierte, ausprobieren oder erreichen wollte. Ich konfrontierte sie mit meinem Eindruck, dass das Persönliche ihres auch sachlich kaum erkennbaren Vorhabens aus ihrem Entwurf völlig ausgeschlossen sei. Die Anspannung, die dadurch zwischen ihr und mir, aber auch innerhalb des Plenums entstand, wurde erst nach zwei Wochen von ihr aufgelöst. Sie teilte mit, »dass es ihr grundsätzlich schwer fällt, sich mit vorgegebenen Inhalten und Strukturen zu arrangieren und sie für sich zu nutzen. Diese wirken auf sie bedrohlich und sie fühlt sich davon eingeengt, so dass ihr erster Impuls darauf die Abwehr der als heteronome ›Übergriffe‹ erlebten Anforderungen ist« (1. Rubrik des 25. Protokolls). Die Atmosphäre des Gesprächs wurde nun zusehends persönlich-offen und geprägt vom wechselseitigen Versuch des Verstehens und der gemeinsamen Suche nach Möglichkeiten, mit denen sie ihr Anliegen auch in die Diskussion der Gruppe einbringen konnte.

Neben der Berücksichtigung des subjektiven Faktors war die Beachtung der intersubjektiven Gruppendynamik ein wichtiges Moment der Prozessanalyse. Die Seminargruppe entwickelte sehr schnell eine »prästabilisierte Harmonie«, die einerseits eine gute Arbeitsgrundlage von Anfang an bot, andererseits aber eine nur begrenzte Entwicklungsdynamik eröffnete. Denn das stabile Arbeitsfundament war gleichzeitig ein sicherer Ort der Zurückhaltung bei Verunsicherung und Irritation, dadurch blieben aber die unmittelbare Bezugnahme auf persönlich-fachliche Aussagen und die Kommunikationskultur im Plenum wenig entwickelt. Interessant war dabei, dass die Männer zwar tendenziell unruhig-fluktuierend und kaum vorhersehbar wirkten, dafür aber unmittelbarer und weniger kontrolliert kommunizierten als die Frauen. Während diese verbindlich den Prozess sicherten, entstand bei den Männern »schnell ein Kampf-Flucht-Aktionspotenzial«, das viel Anstrengung erforderte. Dabei brachten »die Männer mit ihrem höheren Aufmerksamkeits-, Verwöhn- und Interventionsbedarf durchaus interessante Impulse in die Projektarbeit ein – pragmatische Rumpeligkeit, feine und sensible Intellektualität, warmherzige Offenheit, naive Unbekümmertheit – das wirkt auf die ›gleichförmigeren‹ Frauen auch abwechslungsreich und anregend« (1. Rubrik des 12. Protokolls).

Wir haben das tendenziell beobachtbare Verhalten der Frauen bei fachlichen Stellungnahmen und im Austausch des Plenums zum einen als wechselseitig gesicherten Schutz vor Positionierung und Zuschreibung gesehen. Zum anderen hat sich eine spezifische gruppendynamische Konstellation darauf verstärkend ausgewirkt, die sich im Laufe der Zeit um zwei Frauen organisierte: Beide waren deutlich erkennbare »Leistungszentren« mit kompetenten fachlichen Stellungnahmen und präzisen, sachlich zutreffenden Rückmeldungen zu Beiträgen anderer. Dabei boten sie recht unterschiedliche, gruppendynamisch hoch wirksame Bezugspole an: Frau Beier den Pol interdependenter Zuverlässigkeit und emotionaler Hilfsbereitschaft, Frau Prade den Gegenpol autonomer Abgrenzung und schnell wechselnder kommunikativer Bezugnahme. Damit besetzten beide Protagonistinnen mit den »Mitgliedern« ihrer Bezugsgruppen jeweils einen Pol des Spannungsfeldes von Autonomie und Interdependenz. Die Auftrennung unserer gemeinsamen Beziehungsbasis in emotionale Verlässlichkeit und Vertrauen auf der einen Seite und vitale Unabhängigkeit und authentischen Selbstbezug auf der anderen Seite spaltete aber das Plenum auf und lähmte das interaktionelle Zusammenspiel. Die selbstreflexiv-kommunikative Aufarbeitung der hinter dieser Gruppendynamik stehenden persönlichen Beweggründe war in unserem Rahmen nur ansatzweise leistbar – aber die Unterscheidung von Möglichkeiten und Begrenzungen gehört ja schließlich zur Triangularität unseres Handelns.

Literatur

Farau, A./Cohn, R. C. (1984): Gelebte Geschichte der Psychotherapie. Zwei Perspektiven. Stuttgart: Klett-Cotta.

Lotz, W. (2003): Sozialpädagogisches Handeln. Eine Grundlegung sozialer Beziehungsarbeit mit Themenzentrierter Interaktion. Mainz: Matthias-Grünewald-Verlag.

Lotz, W. (2007) : Themenzentrierte Prozessanalyse. Ein Instrument zur Sicherung der Qualität professionellen kommunikativen Handelns. In: Themenzentrierte Interaktion, 21:1.

Matzdorf, P./Cohn, R. C. (2003): Das Konzept der Themenzentrierten Interaktion. In: Löhmer, C./Standhardt, R. (Hrsg.): TZI. Pädagogisch-therapeutische Gruppenarbeit nach Ruth C. Cohn. Stuttgart: Klett-Cotta.

Reiser, H. (1995): TZI als pädagogisches System. In: Reiser, H./Lotz, W.: Themenzentrierte Interaktion als Pädagogik. Mainz: Matthias-Grünewald-Verlag.

Reiser, H. (2005): Professionelle Konzepte und das Handlungsfeld Sonderpädagogik. In: Horster, D. et al. (Hrsg.): Sonderpädagogische Professionalität. Wiesbaden: VS Verlag für Sozialwissenschaften.

Autorinnen und Autoren

Frank Dammasch, Prof. Dr. phil., Diplom-Soziologe, Diplom-Pädagoge, analytischer Kinder- und Jugendlichen-Psychotherapeut, Professor für psychosoziale Störungen von Kindern und Jugendlichen am Fachbereich Soziale Arbeit und Gesundheit der Fachhochschule Frankfurt a. M.. Kontrollanalytiker und Supervisor am Institut für analytische Kinder- und Jugendlichen Psychotherapie in Frankfurt. Forschungen und Veröffentlichungen zur Bedeutung des abwesenden Vaters für die Kindesentwicklung, zur Triangulierung, zu Störungsbildern (hyperaktive und mutistische Jungen und Mädchen). Mitherausgeber der Fachzeitschrift *Analytische Kinder- und Jugendlichen-Psychotherapie*, zahlreiche Buchveröffentlichungen.

Wilfried Datler, Ao Univ. Prof., Dr. phil., leitet die Forschungseinheit Psychoanalytische Pädagogik am Institut für Bildungswissenschaft der Universität Wien. Er ist Lehranalytiker im Österreichischen Verein für Individualpsychologie (ÖVIP), Mitglied der Infant Observation Study Group Vienna und im Vorstand der Kommission Psychoanalytische Pädagogik der Deutschen Gesellschaft für Erziehungswissenschaft (DGfE).

Tamara Fischmann, Dipl.-Psych., Dr. rer. med., Psychoanalytikerin in eigener Praxis, Klinisch-wissenschaftliche Mitarbeiterin des Sigmund-Freud-Instituts in Frankfurt a. M.. Schwerpunkte: Grundlagenforschung, Traum- und Gedächtnisforschung, Methodologie. Zahlreiche Publikationen zur klinischen und empirischen Forschung in der Psychoanalyse.

Nina Hover-Reisner, Mag. phil., Studium der Pädagogik und Fächerkombination Sonder- und Heilpädagogik an der Universität Wien, absolviert zurzeit ein Doktoratsstudium im Fachbereich Pädagogik an der Universität Wien. Sie arbeitete in der außerfamiliären Betreuung von Kleinst-, Klein- und Schulkindern und ist aktuell als wissenschaftliche Mitarbeiterin der Forschungseinheit Psychoanalytische Pädagogik des Instituts für Bildungswissenschaft an der Universität Wien im Rahmen der drittmittelfinanzierten »Wiener Kinderkrippenstudie« tätig.

Dieter Katzenbach, Prof. Dr. phil., Diplom-Pädagoge und Sonderschullehrer, lehrt an der Johann Wolfgang Goethe-Universität Frankfurt a. M. am Institut für Sonderpädagogik. Schwerpunkte seiner Lehr- und Forschungstätigkeit: Zusammenhänge zwischen emotionaler und kognitiver Entwicklung und ihrer Störungen, der gemeinsame Unterricht behinderter und nichtbehinderter Kinder und Neue Medien in der sonderpädagogischen Förderung, zahlreiche Veröffentlichungen.

Heinz Krebs, Dr. phil., Diplom-Pädagoge, Supervisor (DGSv), Kinder- und Jugendlichenpsychotherapeut; Mitarbeiter einer Beratungsstelle für Eltern, Kinder und Jugendliche und Tätigkeit in freier Praxis mit den Schwerpunkten Erziehungs- und Familienberatung, Kinder- und Jugendlichenpsychotherapie, Supervision und Fortbildung; Lehrbeauftragter am Fachbereich Erziehungswissenschaften der J. W. Goethe-Universität; zweiter Vorsitzender des Frankfurter Arbeitskreises für Psychoanalytische Pädagogik (FAPP); diverse Veröffentlichungen zu den genannten Fachgebieten.

Luise Läzer, cand. Dr. phil., Diplom-Soziologin, Wissenschaftliche Mitarbeiterin am Sigmund-Freud-Institut in Frankfurt a. M. sowie Wissenschaftliche Mitarbeiterin und Lehrbeauftragte am Institut für Psychoanalyse der Universität Kassel. Schwerpunkte: quantitative und qualitative Methoden, Einstellungsforschung, Psychotherapieforschung.

Marianne Leuzinger-Bohleber, Dr. phil., Professorin für Psychoanalytische Psychologie an der Universität Kassel, Geschäftsführende Direktorin des Sigmund-Freud-Instituts in Frankfurt a. M., Lehranalytikerin (DPV). Visiting Professor des University College London, Chair des Research Commitees for Conceptual Research der IPA. Arbeitsgebiete: klinische und empirische Forschung in der Psychoanalyse, Adoleszenz, psychoanalytische Entwicklungspsychologie, Psychoanalyse und Cognitive Science.

Walter Lotz, Dr. phil., Diplom-Pädagoge, Professor für Pädagogik mit psychoanalytischem Schwerpunkt am Fachbereich Soziale Arbeit und Gesundheit der Fachhochschule Frankfurt a. M.; Veröffentlichungen zur Professionalisierung pädagogischen Handelns; TZI-Lehrbeauftragter (Ruth-Cohn-Institut, Basel).

Bernd Niedergesäß, Dr., Diplom-Pädagoge und Kindertherapeut, Geschäftsführer des integrativen Kinderhauses Mainkrokodile, in dem 140 behinderte und nichtbehinderte Kinder zwischen zwei Monaten und 14 Jahren betreut werden.

Tomas Plänkers, Dr. phil., Diplom-Psychologe, Psychoanalytiker (DPV, IPA), Wissenschaftlicher Mitarbeiter am Sigmund-Freud-Institut in Frankfurt a. M. und niedergelassen in eigener Praxis. Lehranalytiker am Frankfurter Psychoanalytischen Institut. Zahlreiche Veröffentlichungen auf den Gebieten der Theorie, Praxis und Geschichte der Psychoanalyse und der Sozialpsychologie.

Jessica Ruth, Diplom-Pädagogin, Studium der Erziehungswissenschaften mit dem Schwerpunkt Sonder- und Heilpädagogik sowie des Lehramts an Förderschulen an der Goethe-Universität Frankfurt a. M., z. Zt. Promotionsstudie zum Zusammenhang der Triangulierungs- und Lernfähigkeit von Grundschulkindern an der Goethe-Universität Frankfurt a. M.. Mitarbeit an Forschungsprojekten im Bereich der Benachteiligtenförderung und der Betreuung psychisch kranker Menschen. Forschungs- und Arbeitsschwerpunkte sind psychoanalytische und konstruktivistische Entwicklungs- und Lerntheorien, Bedeutung szenischen Fallverstehens für die pädagogische Arbeit, disziplin- und professionstheoretische Fragestellungen zum Verhältnis von Therapie und Pädagogik sowie Methoden qualitativer Sozial- und Evaluationsforschung.

Inken Seifert-Karb, Diplom-Pädagogin, psychoanalytische Paar- und Familientherapeutin (BvPPF); Leiterin einer Beratungsstelle für Eltern mit Säuglingen und Kleinkindern in städtischer Trägerschaft; Dozentin der Sektion Paar-, Familien- und Sozialtherapie am Institut für Psychoanalyse und Psychotherapie, Gießen. Koordinatorin der deutschen Arbeitsgruppe »Psychotherapie und Psychoanalyse« in der GAIMH (German Speaking Association for Infant Mental Health); Forschungsarbeit zur Früherkennung von Belastungssituationen in der frühesten Eltern-Kind-Beziehung mit dem Fokus »Triadische Interaktion und unbewusste Familiendynamik«. Erhielt 2002 den Präventionspreis »Frühe Kindheit« der Deutschen Liga für das Kind.

Kornelia Steinhardt, Dr. phil., Wissenschaftliche Mitarbeiterin in der Forschungseinheit Psychoanalytische Pädagogik am Institut für Bildungswissenschaft der Universität Wien, Supervisorin und Coach (ÖVS), Gruppenanalytikerin (ÖAGG), Psychoanalytikerin i. A. (WPV), Mitglied der Infant Observation Study Group Vienna. Sie arbeitet zu Themen der frühen Entwicklung, Beratung und Supervision.

Kathrin Trunkenpolz, Mag. phil., Studium der Pädagogik und Fächerkombination Sonder- und Heilpädagogik an der Universität Wien, absolviert zurzeit ein Doktoratsstudium im Fachbereich Pädagogik an der Universität Wien. Sie arbeitete in der Betreuung von Menschen mit geistiger Behinderung und ist aktuell als wissenschaftliche Mitarbeiterin der Forschungseinheit Psychoanalytische Pädagogik des Instituts für Bildungswissenschaft an der Universität Wien im Rahmen eines drittmittelfinanzierten Projekts zum Thema »Lebensqualität von Menschen mit Demenz in Pflegeheimen« tätig.